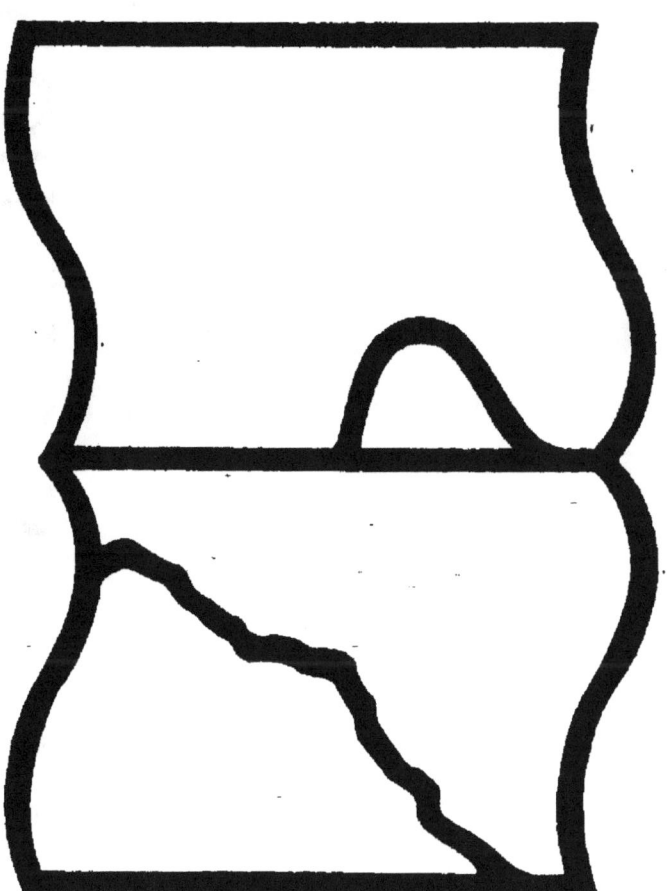

Texte détérioré — reliure défectueuse

NF Z 43-120-11

Reliure serrée

QUESTIONS

SUR

L'ENCYCLOPÉDIE,

PAR

DES AMATEURS.

SEPTIEME PARTIE.

M. DCC. LXXI.

QUESTIONS
SUR
L'ENCYCLOPEDIE.

HÉRÉSIE.

Ot grec qui signifie *croyance, opinion de choix*. Il n'est pas trop à l'honneur de la raison humaine qu'on se soit haï, persécuté, massacré, brûlé pour des opinions choisies ; mais ce qui est encor fort peu à notre honneur, c'est que cette manie nous ait été particulière comme la lèpre l'était aux Hébreux, & jadis la vérole aux Caraïbes.

Nous savons bien, théologiquement parlant, que l'hérésie étant devenue un crime,

Septiéme partie. A

ainsi que le mot une injure : nous savons, dis-je, que l'église latine pouvant seule avoir raison, elle a été en droit de réprouver tous ceux qui étaient d'une opinion différente de la sienne.

Voyez les conciles de Constantinople à l'article Concile.

D'un autre côté l'église grecque avait le même droit ; aussi réprouva-t-elle les Romains quand ils eurent choisi une autre opinion que les Grecs sur la procession du St. Esprit, sur les viandes de carême, sur l'autorité du pape, &c. &c.

Mais sur quel fondement parvint-on enfin à faire brûler quand on fut le plus fort, ceux qui avaient des opinions de choix ? Ils étaient sans doute criminels devant Dieu, puisqu'ils étaient opiniâtres. Ils devaient donc, comme on n'en doute pas, être brûlés pendant toute l'éternité dans l'autre monde. Mais pourquoi les brûler à petit feu dans celui-ci ? Ils représentaient que c'était entreprendre sur la justice de Dieu ; que ce supplice était bien dur de la part des hommes ; que de plus il était inutile, puisqu'une heure de souffrances ajoutée à l'éternité est comme zéro.

Les ames pieuses répondaient à ces reproches que rien n'était plus juste que de placer sur des brasiers ardens quiconque avait une *opinion choisie* ; que c'était se conformer à Dieu que de faire brûler ceux qu'il devait brûler lui-même ; & qu'enfin puisqu'un bucher d'une heure ou deux est zéro par rapport à l'éternité, il importait très peu qu'on brûlât cinq ou six provinces pour des opinions de choix, pour des hérésies.

On demande aujourd'hui chez quels antropophages ces questions furent agitées, & leurs solutions prouvées par les faits ? nous sommes forcés d'avouer que ce fut chez nous mêmes, dans les mêmes villes où l'on ne s'occupe que d'opéra, de comédies, de bals, de modes & d'amour.

Malheureusement ce fut un tyran qui introduisit la méthode de faire mourir les hérétiques ; non pas un de ces tyrans équivoques qui sont regardés comme des saints dans un parti, & comme des monstres dans l'autre. C'était un *Maxime*, compétiteur de *Théodose I*, tyran avéré par l'empire entier dans la rigueur du mot.

Il fit périr à Trèves par la main des bourreaux, l'Espagnol *Priscillien* & ses adhérens, dont les opinions furent jugées erronées par quelques évèques d'Espagne. Ces prélats sollicitèrent le supplice des priscillianistes avec une charité si ardente, que *Maxime* ne put leur rien refuser. Il ne tint pas même à eux qu'on ne fit couper le cou à *St. Martin* comme à un hérétique. Il fut bienheureux de

Histoire de l'église quatrième siécle.

sortir de Trèves, & de s'en retourner à Tours.

Il ne faut qu'un exemple pour établir un usage. Le premier qui chez les Scythes fouilla dans la cervelle de son ennemi & fit une coupe de son crâne, fut suivi par tout ce qu'il y avait de plus illustre chez les Scythes. Ainsi fut consacrée la coutume d'employer des bourreaux pour couper des opinions.

On ne vit jamais d'hérésie chez les anciennes religions, parce qu'elles ne connurent que la morale & le culte. Dès que la métaphysique fut un peu liée au christianisme, on disputa; & de la dispute nâquirent différens partis comme dans les écoles de philosophie. Il était impossible que cette métaphysique ne mêlât pas ses incertitudes à la foi qu'on devait à JESUS-CHRIST. Il n'avait rien écrit, & son incarnation était un problème que les nouveaux chrétiens, qui n'étaient pas inspirés par lui-même, résolvaient de plusieurs manières différentes. *Chacun prenait parti*, comme dit expressément St. Paul; *les uns étaient pour Apollos, les autres pour Cephas*.

1: Aux Corinth. chap. 1. ℣. 11. & 12.

Les chrétiens en général s'appellèrent longtems *Nazaréens*; & même les Gentils ne leur donnèrent guères d'autre nom dans les deux

HÉRÉSIE.

premiers siécles. Mais il y eut bientôt une école particulière de nazaréens qui eurent un évangile différent des quatre canoniques. On a même prétendu que cet évangile ne différait que très peu de celui de St. Matthieu, & lui était antérieur. *St. Epiphane & St. Jérôme* placent les nazaréens dans le berceau du chriſtianiſme.

Ceux qui ſe crurent plus ſavans que les autres prirent le titre de gnoſtiques, les *connaiſſeurs*; & ce nom fut longtems ſi honorable, que *St. Clément* d'Alexandrie dans ſes *Stromates*, appelle toûjours les bons chrétiens, vrais gnoſtiques. *Heureux ceux qui ſont entrés dans la ſainteté gnoſtique!* Liv. I. N°. 7.

Celui qui mérite le nom de gnoſtique, réſiſte aux ſéducteurs, & donne à quiconque demande. Liv. IV. N°. 4.

Le cinquiéme & ſixiéme livre des *Stromates* ne roulent que ſur la perfection du gnoſtique.

Les ébionites étaient inconteſtablement du tems des apôtres. Ce nom qui ſignifie *pauvre*, leur rendait chère la pauvreté dans laquelle JESUS était né. *a*)

---

a) Il paraît peu vraiſemblable que les autres chrétiens les ayent appellés *ébionites* pour faire entendre qu'ils étaient *pauvres d'entendement*. On prétend qu'ils croyaient JESUS fils de *Joſeph*.

A iij

HÉRÉSIE.

Cérinthe était auſſi ancien ; *b*) on lui attribuait l'Apocalypſe de St. Jean. On croit même que *St. Paul* & lui eurent de violentes diſputes.

Il ſemble à notre faible entendement que l'on devait attendre des premiers diſciples, une déclaration ſolemnelle, une profeſſion de foi complette & inaltérable, qui terminât toutes les diſputes paſſées, & qui prévînt toutes les querelles futures : Dieu ne le permit pas. Le ſymbole nommé *des apôtres*, qui eſt court, & où ne ſe trouvent ni la conſubſtantiabilité, ni le mot *trinité*, ni les ſept ſacremens, ne parut que du tems de *St. Jérôme*, de *St. Auguſtin* & du célèbre prêtre d'Aquilée *Rufin*. Ce fut, dit-on, ce ſaint prêtre ennemi de *St. Jérôme* qui le rédigea.

Les héréſies avaient eu le tems de ſe multiplier, on en comptait plus de cinquante dès le cinquiéme ſiécle.

Sans oſer ſcruter les voies de la providence impénétrables à l'eſprit humain, & conſultant autant qu'il eſt permis les lueurs

b) *Cérinthe* & les ſiens diſaient que Jesus n'était devenu Christ qu'après ſon batême. *Cérinthe* fut le premier auteur de la doctrine du règne de mille ans, qui fut embraſſée par tant de pères de l'égliſe.

de notre faible raifon, il femble que de tant d'opinions fur tant d'articles il y en eut toûjours quelqu'une qui devait prévaloir. Celle-là était l'orthodoxe, *droit enseignement*. Les autres fociétés fe difaient bien orthodoxes auffi; mais étant les plus faibles, on ne leur donna que le nom d'*hérétiques*.

Lorfque dans la fuite des tems l'églife chrétienne orientale, mère de l'églife d'occident, eut rompu fans retour avec fa fille, chacune refta fouveraine chez elle; & chacune eut fes héréfies particulières, nées de l'opinion dominante.

Les barbares du nord étant nouvellement chrétiens, ne purent avoir les mêmes fentimens que les contrées méridionales, parce qu'ils ne purent adopter les mêmes ufages. Par exemple, ils ne purent de longtems adorer les images puifqu'ils n'avaient ni peintres, ni fculpteurs. Il était bien dangereux de batifer un enfant en hyver dans le Danube, dans le Vefer, dans l'Elbe.

Ce n'était pas une chofe aifée pour les habitans des bords de la mer Baltique, de favoir précifément les opinions du Milanais & de la marche d'Ancone. Les peuples du midi & du nord de l'Europe eurent donc des opinions choifies, différentes les unes des autres.

C'est, ce me semble, la raison pour laquelle *Claude* évêque de Turin, conserva dans le neuvième siécle tous les usages & tous les dogmes reçus au huitiéme & au septiéme depuis le pays des Allobroges jusqu'à l'Elbe & au Danube.

Ces dogmes & ces usages se perpétuèrent dans les vallées & dans les creux des montagnes, & vers les bords du Rhône chez des peuples ignorés, que la déprédation générale laissait en paix dans leur retraite & dans leur pauvreté, jusqu'à ce qu'enfin ils parurent sous le nom de *Vaudois* au douziéme siécle, & sous celui d'*Albigeois* au treiziéme. On sait comme leurs *opinions choisies* furent traitées; comme on prècha contre eux des croisades, quel carnage on en fit, & comment depuis ce tems jusqu'à nos jours il n'y eut pas une année de douceur & de tolérance dans l'Europe.

C'est un grand mal d'être hérétique; mais est-ce un grand bien de soutenir l'orthodoxie par des soldats & par des bourreaux? ne vaudrait-il pas mieux que chacun mangeât son pain en paix à l'ombre de son figuier? Je ne fais cette proposition qu'en tremblant.

SECTION SECONDE.

De l'extirpation des héréfies.

Il faut, ce me femble, diftinguer dans une héréfie l'opinion & la faction. Dès les premiers tems du chriftianifme les opinions furent partagées, comme nous l'avons vu. Les chrétiens d'Alexandrie ne penfaient pas fur plufieurs points comme ceux d'Antioche. Les Achaiens étaient oppofés aux Afiatiques. Cette diverfité a duré dans tous les tems & durera vraifemblablement toûjours. JESUS-CHRIST qui pouvait réunir tous fes fidèles dans le même fentiment, ne l'a pas fait; il eft donc à préfumer qu'il ne l'a pas voulu, & que fon deffein était d'exercer toutes fes églifes à l'indulgence & à la charité, en leur permettant des fyftèmes différens, qui tous fe réuniffaient à le reconnaître pour leur chef & leur maître. Toutes ces fectes longtems tolérées par les empereurs ou cachées à leurs yeux, ne pouvaient fe perfécuter & fe profcrire les unes les autres, puifqu'elles étaient également foumifes aux magiftrats Romains; elles ne pouvaient que difputer. Quand les magiftrats les pourfuivirent, elles réclamèrent toutes également le droit de la nature; elles dirent, Laiffez-nous adorer DIEU en paix; ne nous raviffez pas la liberté que vous accordez aux Juifs.

Toutes les sectes aujourd'hui peuvent tenir le même discours à ceux qui les oppriment. Elles peuvent dire aux peuples qui ont donné des privilèges aux Juifs, Traitez-nous comme vous traitez ces enfans de *Jacob*, laissez-nous prier DIEU comme eux selon notre conscience. Notre opinion ne fait pas plus de tort à votre état que n'en fait le judaïsme. Vous tolérez les ennemis de JESUS-CHRIST : tolerez-nous donc nous qui adorons JESUS-CHRIST, & qui ne différons de vous que sur des subtilités de théologie ; ne vous privez pas vous-mêmes de sujets utiles. Il vous importe qu'ils travaillent à vos manufactures, à votre marine, à la culture de vos terres ; & il ne vous importe point qu'ils ayent quelques autres articles de foi que vous. C'est de leurs bras que vous avez besoin, & non de leur catéchisme.

La faction est une chose toute différente. Il arrive toûjours, & néceffairement, qu'une secte persécutée dégénère en faction. Les opprimés se réunissent & s'encouragent. Ils ont plus d'industrie pour fortifier leur parti que la secte dominante n'en a pour l'exterminer. Il faut ou qu'ils soient écrasés ou qu'ils écrasent. C'est ce qui arriva après la persécution excitée en 303 par le césar *Galérius*, les deux dernières années de l'empire de *Dioclétien*. Les chrétiens ayant été favorisés par

Dioclétien pendant dix-huit années entières, étaient devenus trop nombreux & trop riches pour être exterminés. Ils se donnèrent à *Conſtance Chlore*, ils combattirent pour *Conſtantin* ſon fils, & il y eut une révolution entière dans l'empire.

On peut comparer les petites choſes aux grandes, quand c'eſt le même eſprit qui les dirige. Une pareille révolution eſt arrivée en Hollande, en Ecoſſe, en Suiſſe. Quand *Ferdinand & Iſabelle* chaſſèrent d'Eſpagne les Juifs qui y étaient établis, non-ſeulement avant la maiſon régnante, mais avant les Maures & les Goths, & même avant les Carthaginois; les Juifs auraient fait une révolution en Eſpagne, s'ils avaient été auſſi guerriers que riches, & s'ils avaient pu s'entendre avec les Arabes.

En un mot, jamais ſecte n'a changé le gouvernement que quand le déſeſpoir lui a fourni des armes. *Mahomet* lui-même n'a réuſſi que pour avoir été chaſſé de la Mecque, & parce qu'on y avait mis ſa tête à prix.

Voulez-vous donc empêcher qu'une ſecte ne bouleverſe un état, uſez de tolérance; imitez la ſage conduite que tiennent aujourd'hui l'Allemagne, l'Angleterre, la Hollande, le Dannemarck, la Ruſſie. Il n'y a d'autre parti à prendre en politique avec une secte nouvelle, que de faire mourir sans pitié les chefs & les adhérens, hommes, femmes, enfans sans en excepter un seul, ou de les tolérer quand la secte est nombreuse. Le premier parti est d'un monstre, le second est d'un sage.

Enchaînez à l'état tous les sujets de l'état par leur intérêt ; que le quaker & le Turc trouvent leur avantage à vivre sous vos loix. La religion est de DIEU à l'homme ; la loi civile est de vous à vos peuples.

HERMÈS, ou ERMÈS, ou MERCURE TRISMÉGISTE, ou THAUT, ou TAUT, ou THOT.

ON néglige cet ancien livre de *Mercure Trismégiste*, & on peut n'avoir pas tort. Il a paru à des philosophes un sublime galimatias ; & c'est peut-être pour cette raison qu'on l'a cru l'ouvrage d'un grand platonicien.

Toutefois, dans ce chaos théologique, que de choses propres à étonner & à soumettre l'esprit humain ! DIEU dont la triple essence est sagesse, puissance & bonté; DIEU formant le monde par sa pensée, par son verbe; DIEU créant des Dieux subalternes; DIEU ordonnant à ces Dieux de diriger les orbes célestes, & de présider au monde; le soleil fils de DIEU; l'homme image de DIEU par la pensée; la lumière principal ouvrage de DIEU, essence divine; toutes ces grandes & vives images éblouïrent l'imagination subjuguée.

Il reste à savoir si ce livre aussi célèbre que peu lu, fut l'ouvrage d'un Grec ou d'un Égyptien.

St. Augustin ne balance pas à croire que le livre est d'un Egyptien, qui prétendait être descendu de l'ancien *Mercure*, de cet ancien *Thaut*, premier législateur de l'Egypte. *Cité de Dieu liv. VIII. ch. XXVI.*

Il est vrai que *St. Augustin* ne savait pas plus l'égyptien que le grec; mais il faut bien que de son tems on ne doutât pas que l'*Hermès* dont nous avons la théologie, ne fût un sage de l'Egypte, antérieur probablement au tems d'*Alexandre*, & l'un des prêtres que *Platon* alla consulter.

Il m'a toûjours paru que la théologie de *Platon* ne ressemblait en rien à celle des autres Grecs, si ce n'est à celle de *Timée* qui avait voyagé en Egypte ainsi que *Pythagore*.

L'*Hermès Trismégiste* que nous avons, est écrit dans un grec barbare, assujetti continuellement à une marche étrangère. C'est une preuve qu'il n'est qu'une traduction dans laquelle on a plus suivi les paroles que le sens.

Joseph Scaliger qui aida le seigneur de *Candale* évêque d'Aire à traduire l'*Hermès* ou *Mercure Trismégiste*, ne doute pas que l'original ne fût égyptien.

Ajoutez à ces raisons qu'il n'est pas vraisemblable qu'un Grec eût adressé si souvent la parole à *Thaut*. Il n'est guères dans la nature qu'on parle avec tant d'effusion de cœur à un étranger ; du moins on n'en voit aucun exemple dans l'antiquité.

L'*Esculape* Egyptien qu'on fait parler dans ce livre & qui peut-être en est l'auteur, écrit au roi d'Egypte Ammon, *Gardez-vous bien de souffrir que les Grecs traduisent les livres de notre Mercure, de notre Thaut, parce qu'ils le défigureraient*. Certainement un Grec n'aurait pas parlé ainsi.

<small>Préface du Mercure Trismégiste.</small>

Toutes les vraisemblances font donc que ce fameux livre est égyptien.

Il y a une autre réflexion à faire, c'est que les systèmes d'*Hermès* & de *Platon* conspiraient également à s'étendre chez les écoles juives dès le tems des *Ptolomées*. Cette doctrine y fit bientôt de très grands progrès. Vous la voyez étalée toute entière chez le juif *Philon*, homme savant à la mode de ces tems-là.

HERMÈS.

Il copie des passages entiers de *Mercure Trismégiste* dans son chapitre de la formation du monde. *Premièrement*, dit-il, DIEU *fit le monde intelligible, le ciel incorporel, & la terre invisible; après il créa l'essence incorporelle de l'eau & de l'esprit, & enfin l'essence de la lumière incorporelle patron du soleil & de tous les astres.*

Telle est la doctrine d'Hermès toute pure. Il ajoute *que le verbe ou la pensée invisible & intellectuelle est l'image de* DIEU.

Voilà la création du monde par le verbe, par la pensée, par le *logos*, bien nettement exprimée.

Vient ensuite la doctrine des nombres qui passa des Egyptiens aux Juifs. Il appelle la raison la *parente de* DIEU. Le nombre de *sept* est l'accomplissement de toute chose; & c'est pourquoi, dit-il, la lyre n'a que sept cordes.

En un mot, *Philon* possédait toute la philosophie de son tems.

On se trompe donc quand on croit que les Juifs sous le règne d'*Hérode*, étaient plongés dans la même espèce d'ignorance où ils étaient auparavant. Il est évident que *St. Paul* était très instruit; il n'y a qu'à lire le premier chapitre de St. Jean qui est si différent des autres, pour voir que l'auteur écrit précisément comme Hermès & comme Platon.

Au commencement était le verbe, & le verbe, le logos, était avec Dieu, *&* Dieu *était le logos ; tout a été fait par lui, & sans lui rien n'est de ce qui fut fait. Dans lui était la vie ; & la vie était la lumière des hommes.*

C'est ainsi que St. Paul dit que Dieu *a créé les siécles par son fils.*

Epit. aux Hébreux ch 1. ℣. 2.

Dès le tems des apôtres vous voyez des sociétés entières de chrétiens qui ne font que trop savans, & qui substituent une philosophie fantastique à la simplicité de la foi. Les *Simons*, les *Ménandre*, les *Cérinthe* enseignaient précisément les dogmes d'*Hermès*. Leurs éons n'étaient autre chose que les Dieux subalternes créés par le Grand-Etre. Tous les premiers chrétiens ne furent donc pas des hommes sans lettres comme on le dit tous les jours, puisqu'il y en avait plusieurs qui abusaient de leur littérature, & que même dans les *Actes* le gouverneur Festus dit à Paul; *Tu es fou, Paul, trop de science t'a mis hors de sens.*

Cérinthe dogmatisait du tems de St. Jean l'évangéliste. Ses erreurs étaient d'une métaphysique profonde & déliée. Les défauts qu'il remarquait dans la construction du monde, lui firent penser, comme le dit le docteur *Dupin*, que ce n'était pas le Dieu souverain qui l'avait formé, mais une vertu inférieure

à

à ce premier principe, laquelle n'avait pas connaiſſance du Dieu ſouverain. C'était vouloir corriger le ſyſtème de *Platon* même; c'était ſe tromper comme chrétien & comme philoſophe. Mais c'était en même tems montrer un eſprit très délié & très exercé.

Il en eſt de même des primitifs appellés *quakers*, dont nous avons tant parlé. On les a pris pour des hommes qui ne ſavaient que parler du nez, & qui ne feſaient nul uſage de leur raiſon. Cependant, il y en eut pluſieurs parmi eux qui employaient toutes les fineſſes de la dialectique. L'entouſiaſme n'eſt pas toûjours le compagnon de l'ignorance totale; il l'eſt ſouvent d'une ſcience erronée.

DE L'HISTOIRE.

COmme nous avons déja vingt mille ouvrages, la plûpart en pluſieurs volumes, ſur la ſeule hiſtoire de France, & qu'un lecteur qui vivrait cent ans n'aurait pas le tems d'en lire la moitié, je crois qu'il eſt bon de ſavoir ſe borner.

Nous ſommes obligés de joindre à la connaiſſance de notre pays celle de l'hiſtoire de nos voiſins. Il nous eſt encor moins permis d'ignorer les grandes actions des Grecs & des Romains, & leurs loix qui font en grande partie les nôtres.

Mais fi à cette étude nous voulions ajouter celle d'une antiquité plus reculée, nous reffemblerions alors à un homme qui abandonnerait *Polybe* pour étudier férieufement les *Mille & une nuit*. Toutes les origines des peuples font vifiblement des fables ; la raifon en eft que les hommes ont dû vivre longtems en corps de peuple & apprendre à faire du pain & des habits (ce qui était fort difficile) avant d'apprendre à tranfmettre toutes leurs penfées à la poftérité, ce qui était plus difficile encor. L'art d'écrire n'a pas probablement plus de fix mille ans chez les Chinois, & quoiqu'en ayent dit les Caldéens & les Egyptiens, il n'y a guères d'apparence qu'ils ayent fu plutôt écrire & lire couramment.

L'hiftoire des tems antérieurs ne put donc être tranfmife que de mémoire, & on fait affez combien le fouvenir des chofes paffées s'altère de génération en génération. C'eft l'imagination feule qui a écrit les premières hiftoires. Non-feulement chaque peuple inventa fon origine, mais il inventa auffi l'origine du monde entier. Ne nous perdons point dans cet abîme, & allons au fait.

DE L'HISTOIRE.

DÉFINITION.

L'histoire est le récit des faits donnés pour vrais, au contraire de la fable qui est le récit des faits donnés pour faux.

Il y a l'histoire des opinions qui n'est guères que le recueil des erreurs humaines.

L'histoire des arts, peut être la plus utile de toutes, quand elle joint à la connaissance de l'invention & du progrès des arts la description de leur mécanisme.

L'histoire naturelle improprement dite *histoire*, est une partie essentielle de la physique. On a divisé l'histoire des événemens en sacrée & prophane ; l'histoire sacrée est une suite des opérations divines & miraculeuses, par lesquelles il a plu à DIEU de conduire autrefois la nation Juive, & d'exercer aujourd'hui notre foi.

Si j'apprenais l'hébreu, les sciences, l'histoire !
Tout cela c'est la mer à boire.

PREMIERS FONDEMENS DE L'HISTOIRE.

Les premiers fondemens de toute histoire, sont les récits des pères aux enfans, transmis ensuite d'une génération à une autre ; ils ne sont tout au plus que probables dans leur origine, quand ils ne choquent point

B ij

le fens commun; & ils perdent un degré de probabilité à chaque génération. Avec le tems la fable fe groffit, & la vérité fe perd : delà vient que toutes les origines des peuples font abfurdes. Ainfi les Egyptiens avaient été gouvernés par les Dieux pendant beaucoup de fiécles ; ils l'avaient été enfuite par des demidieux ; enfin ils avaient eu des rois pendant onze mille trois cent quarante ans ; & le foleil dans cet efpace de tems avait changé quatre fois d'orient & d'occident.

Les Phéniciens du tems d'*Alexandre* prétendaient être établis dans leur pays depuis trente mille ans ; & ces trente mille ans étaient remplis d'autant de prodiges que la chronologie égyptienne. J'avoue qu'il eft phyfiquement très poffible que la Phénicie ait exifté non-feulement trente mille ans, mais trente mille milliards de fiécles, & qu'elle ait éprouvé, ainfi que le refte du globe, trente millions de révolutions. Mais nous n'en avons pas de connaiffance.

On fait quel merveilleux ridicule règne dans l'ancienne hiftoire des Grecs.

Les Romains, tout férieux qu'ils étaient, n'ont pas moins enveloppé de fables l'hiftoire de leurs premiers fiécles. Ce peuple fi récent en comparaifon des nations afiatiques, a été cinq cent années fans hiftoriens. Ainfi il n'eft pas furprenant que *Romulus* ait été le fils de *Mars*, qu'une louve ait été fa nourrice, qu'il ait marché avec vingt mille hommes de fon village de Rome contre vingt-cinq mille combattans du village des Sabins ; qu'enfuite il foit devenu Dieu ; que *Turquin l'ancien* ait coupé une pierre avec un rafoir, & qu'une veftale ait tiré à terre un vaiffeau avec fa ceinture, &c.

Les premières annales de toutes nos nations modernes ne font pas moins fabuleufes ; les chofes prodigieufes & improbables doivent être quelquefois rapportées, mais comme des preuves de la crédulité humaine : elles entrent dans l'hiftoire des opinions & des fottifes. Mais le champ eft trop immenfe.

DES MONUMENS.

Pour connaître avec un peu de certitude quelque chofe de l'hiftoire ancienne, il n'eft qu'un feul moyen ; c'eft de voir s'il refte quelques monumens inconteftables. Nous n'en avons que trois par écrit ; le premier eft le recueil des obfervations aftronomiques faites pendant dix-neuf cent ans de fuite à Babilone, envoyées par *Alexandre* en Grèce, & employées dans l'almagefte de *Ptolomée*. Cette fuite d'obfervations qui remonte à deux mille deux cent trente-quatre ans avant notre ère vulgaire, prouve invinciblement que les Babi-

Ioniens exiftaient en corps de peuple plufieurs fiécles auparavant : car les arts ne font que l'ouvrage du tems ; & la pareffe naturelle aux hommes les laiffe des milliers d'années fans autres connaiffances & fans autres talens que ceux de fe nourrir, de fe défendre des injures de l'air & de s'égorger. Qu'on en juge par les Germains & par les Anglais du tems de *Céfar*, par les Tartares d'aujourd'hui, par les deux tiers de l'Afrique, & par tous les peuples que nous avons trouvés dans l'Amérique, en exceptant à quelques égards les royaumes du Pérou & du Mexique, & la république de Tlafcala. Qu'on fe fouvienne que dans tout ce nouveau monde perfonne ne favait ni lire ni écrire.

Le fecond monument eft l'éclipfe centrale du foleil calculée à la Chine deux mille cent cinquante-cinq ans avant notre ère vulgaire, & reconnue véritable par tous nos aftronomes. Il faut dire des Chinois la même chofe que des peuples de Babilone ; ils compofaient déja fans doute un vafte empire policé. Mais ce qui met les Chinois au deffus de tous les peuples de la terre, c'eft que ni leurs loix, ni leurs mœurs, ni la langue que parlent chez eux les lettrés, n'ont changé depuis environ quatre mille ans. Cependant cette nation & celle de l'Inde, les plus anciennes de toutes celles qui fubfiftent aujourd'hui, celles qui possèdent le plus vaste & le plus beau pays, celles qui ont inventé presque tous les arts avant que nous en eussions appris quelques-uns, ont toûjours été omises jusqu'à nos jours dans nos prétendues histoires universelles. Et quand un Espagnol & un Français fesaient le dénombrement des nations, ni l'un ni l'autre ne manquait d'appeller son pays la première monarchie du monde, & son roi le plus grand roi du monde, se flattant que son roi lui donnerait une pension dès qu'il aurait lu son livre.

Le troisiéme monument, fort inférieur aux deux autres, subsiste dans les marbres d'Arondel: la chronique d'Athènes y est gravée deux cent soixante-trois ans avant notre ère; mais elle ne remonte que jusqu'à *Cécrops*, treize cent dix-neuf ans au delà du tems où elle fut gravée. Voilà dans l'histoire de toute l'antiquité les seules époques incontestables que nous ayons.

Fesons une sérieuse attention à ces marbres rapportés de Grèce par le lord *Arondel*. Leur chronique commence quinze cent soixante & dix-sept ans avant notre ère. C'est aujourd'hui une antiquité de 3348 ans; & vous n'y voyez pas un seul fait qui tienne du miraculeux, du prodigieux. Il en est de même des olympiades, ce n'est pas là qu'on doit dire

Grecia mendax, la menteuse Grèce. Les Grecs savaient très bien distinguer l'histoire de la fable, & les faits réels des contes d'*Hérodote*; ainsi que dans leurs affaires sérieuses leurs orateurs n'empruntaient rien des discours des sophistes ni des images des poëtes.

La date de la prise de Troye est spécifiée dans ces marbres, mais il n'y est parlé ni des flèches d'*Apollon* ni du sacrifice d'*Iphigénie*, ni des combats ridicules des Dieux. La date des inventions de *Triptolème* & de *Cérès* s'y trouve; mais *Cérès* n'y est pas appellée *déesse*. On y fait mention d'un poëme sur l'enlévement de *Proserpine*; il n'y est point dit qu'elle soit fille de *Jupiter* & d'une déesse, & qu'elle soit femme du Dieu des enfers.

Hercule est initié aux mystères d'*Eleusine*; mais pas un mot sur ses douze travaux, ni sur son passage en Afrique dans sa tasse, ni sur sa divinité.

Chez nous, au contraire, un étendart est apporté du ciel par un ange aux moines de St. Denis, un pigeon apporte une bouteille d'huile dans une église de Rheims; deux armées de serpens se livrent une bataille rangée en Allemagne; un archevêque de Mayence est assiégé & mangé par des rats: & pour comble, on a grand soin de marquer l'année de ces avantures. Et l'abbé *Lenglet* compile, compile ces impertinences; & les almanachs les ont cent fois répétées ; & c'eſt ainſi qu'on a inſtruit la jeuneſſe ; & toutes ces fadaiſes ſont entrées dans l'éducation des princes.

Toute hiſtoire eſt récente. Il n'eſt pas étonnant qu'on n'ait point d'hiſtoire ancienne prophane au delà d'environ quatre mille années. Les révolutions de ce globe, la longue & univerſelle ignorance de cet art qui tranſmet les faits par l'écriture, en ſont cauſe. Il reſte encor pluſieurs peuples qui n'en ont aucun uſage. Cet art ne fut commun que chez un très petit nombre de nations policées ; & même était-il en très peu de mains. Rien de plus rare chez les Français & chez les Germains, que de ſavoir écrire, juſqu'au quatorziéme ſiécle de notre ère vulgaire : preſque tous les actes n'étaient atteſtés que par témoins. Ce ne fut en France que ſous *Charles VII* en 1454 que l'on commença à rédiger par écrit quelques coutumes de France. L'art d'écrire était encor plus rare chez les Eſpagnols, & delà vient que leur hiſtoire eſt ſi ſéche & ſi incertaine, juſqu'au tems de *Ferdinand & d'Iſabelle*. On voit par-là combien le très petit nombre d'hommes qui ſavaient écrire, pouvaient en impoſer, & combien il a été facile de nous faire croire les plus énormes abſurdités.

Il y a des nations qui ont ſubjugué une partie de la terre ſans avoir l'uſage des caractères. Nous favons que *Gengis-Kan* conquit une partie de l'Afie au commencement du treiziéme fiécle ; mais ce n'eft ni par lui ni par les Tartares que nous le favons. Leur hiftoire écrite par les Chinois & traduite par le père *Gaubil*, dit que ces Tartares n'avaient point alors l'art d'écrire.

Cet art ne dut pas être moins inconnu au Scythe *Ogus-Kan*, nommé *Madiès* par les Perfans & par les Grecs, qui conquit une partie de l'Europe & de l'Afie, fi longtems avant le régne de *Cyrus*. Il eft prefque fûr qu'alors fur cent nations, il y en avait à peine deux ou trois qui employaffent des caractères. Il fe peut que dans un ancien monde détruit, les hommes ayent connu l'écriture & les autres arts. Mais dans le nôtre ils font tous très récens.

Il refte des monumens d'une autre efpèce, qui fervent à conftater feulement l'antiquité reculée de certains peuples & qui précèdent toutes les époques connues, & tous les livres ; ce font les prodiges d'architecture, comme les pyramides & les palais d'Egypte qui ont réfifté au tems. *Hérodote* qui vivait il y a deux mille deux cent ans & qui les avait vus, n'avait pu apprendre des prêtres égyptiens dans quel tems on les avait élevés.

Il eft difficile de donner à la plus ancienne des pyramides moins de quatre mille ans d'antiquité ; mais il faut confidérer que ces efforts de l'oftentation des rois n'ont pu être commencés que longtems après l'établiſſement des villes. Mais pour bâtir des villes dans un pays inondé tous les ans, remarquons toûjours qu'il avait falu d'abord relever le terrain, les villes fur des pilotis dans ce terrain de vafe, & les rendre inacceſſibles à l'inondation : il avait falu avant de prendre ce parti néceſſaire & avant d'être en état de tenter ces grands travaux, que les peuples fe fuſſent pratiqué des retraites pendant la crue du Nil, au milieu des rochers qui forment deux chaînes à droite & à gauche de ce fleuve. Il avait falu que ces peuples raſſemblés euſſent les inſtrumens du labourage, ceux de l'architecture, une grande connaiſſance de l'arpentage, avec des loix & une police. Tout cela demande néceſſairement un efpace de tems prodigieux. Nous voyons par les longs détails qui retardent tous les jours nos entrepriſes les plus néceſſaires & les plus petites, combien il eſt difficile de faire de grandes choſes ; & qu'il faut non-feulement une opiniâtreté infatigable, mais pluſieurs générations animées de cette opiniâtreté.

Cependant que ce foit *Menès*, *Thot* ou *Chéops*, ou *Rameſſès*, qui ayent élevé une ou deux de ces prodigieuſes maſſes, nous n'en ferons pas plus inſtruits de l'hiſtoire de l'ancienne Egypte : la langue de ce peuple eſt perdue. Nous ne ſavons donc autre choſe, ſinon qu'avant les plus anciens hiſtoriens il y avait de quoi faire une hiſtoire ancienne.

DE L'ANCIENNE EGYPTE.

Comme l'hiſtoire des Egyptiens n'eſt pas écrite par des auteurs ſacrés, il eſt permis de s'en moquer. On l'a déja fait avec ſuccès ſur ſes dix-huit mille villes, & ſur Thèbes aux cent portes, par leſquelles ſortait un million de ſoldats, outre des chariots armés ; ce qui ſuppoſait cinq millions au moins d'habitans dans la ville, tandis que l'Egypte entière ne contient aujourd'hui que trois millions d'ames.

Preſque tout ce qu'on raconte de l'ancienne Egypte a été écrit apparemment avec une plume tirée de l'aile du phénix, qui venait ſe brûler tous les cinq cent ans dans le temple d'Hiéropolis pour y renaître.

Les Egyptiens adoraient-ils en effet des bœufs, des boucs, des crocodiles, des ſinges, des chats & juſqu'à des oignons ? Il ſuffit qu'on l'ait dit une fois pour que mille copiſtes l'ayent redit en vers & en proſe. Le premier qui fit tomber tant de nations en erreur ſur les Egyptiens eſt *Sanchoniaton*, le plus ancien auteur que nous ayons parmi ceux dont les Grecs nous ont conservé des fragmens. Il était voisin des Hébreux, & incontestablement plus ancien que *Moïse*, puisqu'il ne parle pas de *Moïse*, & qu'il aurait fait mention sans doute d'un si grand homme, & de ses épouvantables prodiges, s'il fût venu après lui, ou s'il avait été son contemporain.

Voîci comme il s'exprime : „ Ces choses
„ sont écrites dans l'histoire du monde de
„ *Thaut* & dans ses mémoires. Mais ces
„ premiers hommes consacrèrent des plan-
„ tes & des productions de la terre ; ils leur
„ attribuèrent la divinité, ils révérèrent les
„ choses qui les nourrissaient ; ils leur offri-
„ rent leur boire & leur manger, cette reli-
„ gion étant conforme à la faiblesse de leurs
„ esprits ; &c. "

Il est très remarquable que *Sanchoniaton*, qui vivait avant *Moïse*, cite les livres de *Thaut* qui avaient huit cent ans d'antiquité ; mais il est plus remarquable encor que *Sanchoniaton* s'est trompé, s'il a cru que les Egyptiens rendaient aux oignons le même hommage qu'ils rendaient à leur *Isis*. Ils ne les adoraient certainement pas comme des dieux suprêmes, puis qu'ils les mangeaient. *Cicéron*, qui vivait dans le tems où *César* conquit l'Egypte, dit dans son live de la Divination *qu'il n'y a point de superstitions que les hommes n'ayent embrassée ; mais qu'il n'est encor* aucune nation qui se soit avisée de manger ses Dieux.

De quoi se seraient nourris les Egyptiens, s'ils avaient adoré tous les bœufs & tous les oignons ? J'ose croire & même dire, que l'auteur de l'*Essai sur l'histoire générale & sur les mœurs des nations* a dénoué le nœud de cette difficulté, en disant qu'il faut faire une grande différence entre un oignon consacré & un oignon Dieu. Le bœuf *Apis* était consacré ; mais les autres bœufs étaient mangés par les prêtres & par tout le peuple.

Une ville d'Egypte avait consacré un chat pour remercier les Dieux d'avoir fait naître des chats qui mangent des souris. *Diodore* de Sicile rapporte que les Egyptiens massacrèrent de son tems un Romain qui avait eu le malheur de tuer un chat par mégarde. Il est très vraisemblable que c'était le chat consacré. Je ne voudrais pas tuer une cigogne en Hollande ; on y est persuadé qu'elles portent bonheur aux maisons sur le toit desquelles elles se perchent. Un Hollandais de mauvaise humeur me ferait payer cher sa cigogne.

Dans un nome d'Egypte, voisin du Nil, il y avait un crocodile sacré. C'était apparemment pour obtenir des Dieux que les crocodiles mangeassent moins de petits enfans.

Origène, qui vivait dans Alexandrie & qui devait être bien instruit de la religion du pays, s'exprime ainſi dans ſa réponſe à *Celſe*, au livre III. „ Nous n'imitons point les „ Egyptiens dans le culte d'*Iſis* & d'*Oſiris* ; „ nous n'y joignons point *Minerve* comme „ ceux du nome de Sais. " Il dit dans un autre endroit : „ *Ammon* ne ſouffre pas que les „ habitans de la ville d'Apis vers la Libie „ mangent des vaches. " Il eſt clair par ces paſſages qu'on adorait *Iſis* & *Oſiris*.

Il dit encor : „ Il n'y aurait rien de mau- „ vais à s'abſtenir des animaux utiles aux „ hommes ; mais épargner un crocodile, l'eſ- „ timer conſacré à je ne ſais quelle divinité, „ n'eſt-ce pas une extrême folie ? "

Il eſt évident par tous ces paſſages que les prêtres, les shoen, ou shotim d'Egypte adoraient des Dieux, & non pas des bêtes. Ce n'eſt pas que les manœuvres, les blanchiſſeuſes, la racaille de toute eſpèce ne priſſent communément pour une divinité la bête conſacrée. Il eſt très vraiſemblable même que des dévotes de cour, encouragées dans leur zèle par quelques shoen d'Egypt, ayent cru le bœuf *Apis* un Dieu ; & lui ayent fait des neuvaines.

Le monde eſt vieux, mais l'hiſtoire eſt d'hier. Celle que nous nommons *ancienne* & qui eſt en effet très récente, ne remonte guères qu'à quatre ou cinq mille ans : nous n'avons avant ce tems que quelques probabilités : elles nous ont été tranfmifes dans les annales des bracmanes, dans la chronique chinoife, dans l'hiftoire d'*Hérodote*. Les anciennes chroniques chinoifes ne regardent que cet empire féparé du refte du monde. *Hérodote* plus intéreffant pour nous, parle de la terre alors connue. En récitant aux Grecs les neuf livres de fon hiftoire, il les enchanta par la nouveauté de cette entreprife & par le charme de fa diction, & furtout par les fables.

D'HÉRODOTE.

Prefque tout ce qu'il raconte fur la foi des étrangers eft fabuleux ; mais tout ce qu'il a vu eft vrai. On apprend de lui par exemple, quelle extrême opulence & quelle fplendeur régnait dans l'Afie mineure, aujourd'hui (dit-on) pauvre & dépeuplée. Il a vu à Delphes les préfens d'or prodigieux que les rois de Lydie avaient envoyés au temple ; & il parle à des auditeurs qui connaiffaient Delphes comme lui. Or, quel efpace de tems a dû s'écouler avant que des rois de Lydie euffent pu amaffer affez de tréfors fuperflus pour faire des préfens fi confidérables à un temple étranger !

Mais quand *Hérodote* rapporte les contes qu'il a entendus, fon livre n'eft plus qu'un roman qui reffemble aux fables miléfiennes.

C'eft

C'est un *Candaule* qui montre sa femme toute nue à son ami *Gigès*; c'est cette femme qui par modestie ne laisse à *Gigès* que le choix de tuer son mari, d'épouser la veuve ou de périr.

C'est un oracle de Delphes qui devine que dans le même tems qu'il parle, *Créfus* à cent lieuës de là fait cuire une tortue dans un plat d'airain.

C'est dommage que *Rollin* d'ailleurs estimable, répete tous les contes de cette espèce, admire la science de l'oracle & la véracité d'*Apollon*, ainsi que la pudeur de la femme du roi *Candaule*; & à ce sujet il propose à la police d'empêcher les jeunes gens de se baigner dans la rivière. Le tems est si cher, & l'histoire si immense, qu'il faut épargner aux lecteurs de telles fables & de telles moralités.

L'histoire de *Cyrus* est toute défigurée par des traditions fabuleuses. Il y a grande apparence que ce *Kiro* ou *Kofrou*, qu'on nomme *Cyrus*, à la tête des peuples guerriers d'Elam, conquit en effet Babilone amollie par les délices. Mais on ne sait pas seulement quel roi régnait alors à Babilone; les uns disent *Baltazar*, les autres *Anaboth*. Hérodote fait tuer *Cyrus* dans une expédition contre les Massagètes. *Xénophon* dans son roman moral & politique le fait mourir dans son lit.

Septiéme partie. C

On ne fait autre chose dans ces ténèbres de l'histoire, sinon qu'il y avait depuis très longtems de vastes empires, & des tyrans dont la puissance était fondée sur la misère publique ; que la tyrannie était parvenue jusqu'à dépouiller les hommes de leur virilité, pour s'en servir à d'infames plaisirs au sortir de l'enfance, & pour les employer dans leur vieillesse à la garde des femmes ; que la superstition gouvernait les hommes ; qu'un songe était regardé comme un avis du ciel, & qu'il décidait de la paix & de la guerre, &c.

A mesure qu'*Hérodote* dans son histoire se rapproche de son tems, il est mieux instruit & plus vrai. Il faut avouer que l'histoire ne commence pour nous qu'aux entreprises des Perses contre les Grecs. On ne trouve avant ces grands événemens que quelques récits vagues, enveloppés de contes puériles. *Hérodote* devient le modèle des historiens quand il décrit ces prodigieux préparatifs de *Xerxès* pour aller subjuguer la Grèce & ensuite l'Europe. Il exagère sans doute le nombre de ses soldats ; mais il les mène avec une exactitude géographique de Suze jusqu'à la ville d'Athènes. Il nous apprend comment étaient armés tant de peuples différens que ce monarque traînait après lui : aucun n'est oublié du fond de l'Arabie & de l'Egypte jusqu'au delà de la Bactriane & de l'extrémité septentrionale de la mer Caspienne, pays alors habité par des peuples puiſſans, & aujourd'hui par des Tartares vagabonds. Toutes les nations, depuis le Bosphore de Thrace juſqu'au Gange, ſont ſous ſes étendarts.

On voit avec étonnement que ce prince poſſédait plus de terrain que n'en eut l'empire Romain. Il avait tout ce qui appartient aujourd'hui au grand-mogol en deçà du Gange; toute la Perſe, & tout le pays des Usbecs, tout l'empire des Turcs ſi vous en exceptez la Romanie; mais en récompenſe il poſſédait l'Arabie. On voit par l'étendue de ſes états quel eſt le tort des déclamateurs en vers & en proſe, de traiter de fou *Alexandre*, vengeur de la Grèce, pour avoir ſubjugué l'empire de l'ennemi des Grecs. Il alla en Egypte, à Tyr & dans l'Inde, mais il le devait; & Tyr, l'Egypte & l'Inde appartenaient à la puiſſance qui avait ravagé la Grèce.

Voyez l'article Alexandre.

USAGE QU'ON PEUT FAIRE D'HÉRODOTE.

Hérodote eut le même mérite qu'*Homère*; il fut le premier hiſtorien comme *Homère* le premier poète épique, & tout deux ſaiſirent les beautés propres d'un art qu'on croit inconnu avant eux. C'eſt un ſpectacle admirable dans *Hérodote* que cet empereur de l'Afie, & de l'Afrique, qui fait paffer fon armée immenfe fur un pont de bateaux d'Afie en Europe, qui prend la Thrace, la Macédoine, la Theffalie, l'Achaïe fupérieure, & qui entre dans Athènes abandonnée & déferte. On ne s'attend point que les Athéniens fans ville, fans territoire, réfugiés fur leurs vaiffeaux avec quelques autres Grecs, mettront en fuite la nombreufe flotte du grand roi ; qu'ils rentreront chez eux en vainqueurs, qu'ils forceront *Xerxès* à ramener ignominieufement les débris de fon armée, & qu'enfuite ils lui défendront par un traité de naviger fur leurs mers. Cette fupériorité d'un petit peuple généreux, libre fur toute l'Afie efclave, eft peut-être ce qu'il y a de plus glorieux chez les hommes. On apprend auffi par cet événement que les peuples de l'Occident ont toûjours été meilleurs marins que les peuples Afiatiques. Quand on lit l'hiftoire moderne, la victoire de Lépante fait fouvenir de celle de Salamine, & on compare *Don Juan d'Autriche & Colone*, à *Thémiftocle & à Euribiades*. Voilà peut-être le feul fruit qu'on peut tirer de la connaiffance de ces tems reculés.

Il eft toûjours bien hardi de vouloir pénétrer dans les deffeins de DIEU ; mais cette temérité eft mêlée d'un grand ridicule quand on veut prouver que le DIEU de tous les peuples de la terre & de toutes les créatures des autres globes, ne s'occupait des révolutions de l'Asie, & qu'il n'envoyait lui-même tant de conquérans les uns apres les autres, qu'en considération du petit peuple Juif, tantôt pour l'abaisser, tantôt pour le relever, toûjours pour l'instruire, & que cette petite horde opiniâtre & rebelle était le centre & l'objet des révolutions de la terre.

Si le conquérant mémorable qu'on a nommé *Cyrus* se rend maître de Babilone, c'est uniquement pour donner à quelques Juifs la permission d'aller chez eux. Si *Alexandre* est vainqueur de *Darius*, c'est pour établir des fripiers juifs dans Alexandrie. Quand les Romains joignent la Syrie à leur vaste domination, & englobent le petit pays de Judée dans leur empire, c'est encor pour instruire les Juifs. Les Arabes & les Turcs ne sont venus que pour corriger ce peuple. Il faut avouer qu'il a eu une excellente éducation; jamais on n'eut tant de précepteurs, & jamais on n'en profita si mal!

On serait aussi bien reçu à dire que *Ferdinand* & *Isabelle* ne réunirent les provinces de l'Espagne que pour chasser une partie des Juifs & pour brûler l'autre; que les Hollandais n'ont secoué le joug du tyran *Philippe II* que pour avoir dix mille Juifs dans Amsterdam, & que Dieu n'a établi le chef visible de l'église catholique au Vatican, que pour y entretenir des synagogues moyennant finance. Nous savons bien que la providence s'étend sur toute la terre ; mais c'est par cette raison là même qu'elle n'est pas bornée à un seul peuple.

DE THUCIDIDE.

Revenons aux Grecs. *Thucidide*, successeur d'*Hérodote*, se borne à nous détailler l'histoire de la guerre du Péloponèse, pays qui n'est pas plus grand qu'une province de France ou d'Allemagne, mais qui a produit des hommes en tout genre dignes d'une réputation immortelle : & comme si la guerre civile, le plus horrible des fléaux, ajoutait un nouveau feu & de nouveaux ressorts à l'esprit humain, c'est dans ce tems que tous les arts florissaient en Grèce. C'est ainsi qu'ils commencent à se perfectionner ensuite à Rome dans d'autres guerres civiles du tems de *César* ; & qu'ils renaissent encore dans notre quinziéme & seiziéme siécle de l'ère vulgaire, parmi les troubles de l'Italie.

ÉPOQUE D'ALEXANDRE.

Après cette guerre du Péloponèse, décrite par *Thucidide*, vient le tems célèbre d'*Aléxandre*, prince digne d'être élevé par *Aristote*, qui fonde beaucoup plus de villes que les autres conquérans n'en ont détruit, & qui change le commerce de l'univers.

De son tems & de celui de ses successeurs florissait Carthage, & la république Romaine commençait à fixer sur elle les regards des nations. Tout le Nord & l'Occident sont ensevelis dans la barbarie. Les Celtes, les Germains, tous les peuples du Nord sont inconnus. (Voyez l'article *Alexandre*.)

Si *Quinte-Curce* n'avait pas défiguré l'histoire d'*Alexandre* par mille fables, que de nos jours tant de déclamateurs ont répétées, *Alexandre* serait le seul héros de l'antiquité dont on aurait une histoire véritable. On ne sort point d'étonnement quand on voit des historiens Latins venus quatre cent ans après lui, faire assiéger par *Alexandre* des villes indiennes auxquelles ils ne donnent que des noms grecs, & dont quelques-unes n'ont jamais existé.

Quinte-Curce après avoir placé le Tanaïs au delà de la mer Caspienne, ne manque pas de dire que le Gange en se détournant vers l'orient, porte aussi bien que l'Indus ses eaux dans la mer Rouge qui est à l'occident. Cela ressemble au discours de *Trimalcion* qui dit, qu'il a chez lui une Niobé enfermée dans le cheval de Troye; & qu'*Annibal*, au sac de Troye, ayant pris toutes les statues d'or & d'argent, en fit l'airain de Corinthe.

On suppose qu'il assiége une ville nommée *Ora* près du fleuve Indus, & non loin de sa source. C'est tout juste le grand chemin de la capitale de l'empire, à huit cent milles du pays où l'on prétend que séjournait *Porus*, à ce que prétendent nos missionnaires.

Après cette petite excursion sur l'Inde, dans laquelle *Alexandre* porta ses armes par le même chemin que le *Sha-Nadir* prit de nos jours, c'est-à-dire par la Perse & le Candahar, continuons l'examen de *Quinte-Curce*.

Il lui plaît d'envoyer une ambassade des Scythes à *Alexandre* sur les bords du fleuve Jaxartés. Il leur met dans la bouche une harangue telle que les Américains auraient dû la faire aux premiers conquérans Espagnols. Il peint ces Scythes comme des hommes paisibles & justes, tout étonnés de voir un voleur Grec venu de si loin pour subjuguer des peuples que leurs vertus rendaient indomptables. Il ne songe pas que ces Scythes invincibles avaient été subjugués par les rois de Perse. Ces mêmes Scythes si paisibles & si justes se contredisent bien honteusement dans la harangue de *Quinte-Curce*; ils avouent qu'ils ont porté le fer & la flamme jusques dans la haute Asie. Ce sont en effet ces mêmes Tartares qui joints à tant de hordes du Nord, ont dévasté si longtems l'univers connu, depuis la Chine jusqu'au mont Atlas.

Toutes ces harangues des historiens seraient fort belles dans un poëme épique où l'on aime fort les profopopées. Elles font l'appanage de la fiction, & c'eft malheureufement ce qui fait que les hiftoires en font remplies ; l'auteur fe met fans façon à la place de fon héros.

Quinte-Curce fait écrire une lettre par *Aléxandre* à *Darius*. Le héros de la Grèce dit dans cette lettre que *le monde ne peut fouffrir deux foleils ni deux maîtres*. Rollin trouve avec raifon qu'il y a plus d'enflure que de grandeur dans cette lettre. Il pouvait ajouter qu'il y a encor plus de fottife que d'enflure. Mais *Alexandre* l'a-t-il écrite ? C'eft-là ce qu'il falait examiner. Il n'appartient qu'à *Don-Japhet* d'Arménie le fou de Charles-Quint, de dire que *deux foleils dans un lieu trop étroit, rendraient trop excessif le contraire du froid*. Mais Alexandre était-il un Don-Japhet d'Arménie ?

Un traducteur de l'énergique *Tacite*, ne trouvant point dans cet hiftorien la lettre de *Tibère* au fénat contre *Séjan*, s'avife de la donner de fa tête, & de fe mettre à la fois à la place de l'empereur & de *Tacite*. Je fais que *Tite-Live* prête fouvent des harangues à fes héros ; quel a été le but de *Tite-Live ?* de montrer de l'efprit & de l'éloquence. Je lui dirais volontiers, Si tu veux haranguer, va plaider devant le fénat de Rome ; fi tu veux écrire l'hiftoire, ne nous dis que la vérité.

N'oublions pas la prétendue *Thaleſtris* reine des Amazones, qui vint trouver *Alexandre* pour le prier de lui faire un enfant. Apparemment le rendez-vous fut donné ſur les bords du prétendu Tanaïs.

DES PEUPLES NOUVEAUX ET PARTICULIÉREMENT DES JUIFS.

C'eſt une grande queſtion parmi pluſieurs théologiens, ſi les livres purement hiſtoriques des Juifs ont été inſpirés; car pour les livres de préceptes & pour les prophéties, il n'eſt point de chrétien qui en doute, & les prophètes eux-mêmes diſent tous qu'ils écrivent au nom de DIEU. Ainſi on ne peut s'empêcher de les croire ſur leur parole ſans une grande impiété. Mais il s'agit de ſavoir ſi DIEU a été réellement dans tous les tems l'hiſtorien du peuple Juif.

Nous avons dit, & il faut redire que *Le Clerc* & d'autres théologiens de Hollande, prétendent qu'il n'était pas néceſſaire que DIEU daignât dicter toutes les annales hébraïques, & qu'il abandonna cette partie à la ſcience & à la foi humaine. *Grotius*, *Simon*, *Dupin* ne s'éloignent pas de ce ſentiment; ils penſent que DIEU diſpoſa ſeulement l'eſprit des écrivains à n'annoncer que la vérité.

On ne connait point les auteurs du livre des Juges, ni de ceux des Rois & des Paralipomènes. Les premiers écrivains Hébreux citent d'ailleurs d'autres livres qui ont été perdus, comme (*a*) celui des guerres du Seigneur, le (*b*) Droiturier ou le livre des Justes, celui (*c*) des jours de Salomon & (*d*) ceux des annales des rois d'Israel & de Juda.

Il y a surtout des textes qu'il est difficile de concilier : par exemple, on voit dans le Pentateuque que les Juifs sacrifièrent dans le désert au Seigneur, & que leur seule idolâtrie fut celle du veau d'or ; il est dit dans Jérémie, (*e*) dans Amos (*f*) & dans le discours de *St. Étienne*, (*g*) qu'ils adorèrent pendant quarante ans le Dieu *Moloch* & le Dieu *Remphan*, & qu'ils ne sacrifierent point au Seigneur.

Il n'est pas aisé de comprendre comment Dieu aurait dicté l'histoire des rois de Juda & d'Israel, puisque les rois d'Israel étaient hérétiques, & que même quand les Hébreux voulurent avoir des rois, Dieu leur déclara expressément par la bouche de son prophète *Samuël*, que (*h*) c'est rejetter Dieu que de vouloir obéir à des monarques. Or plusieurs savans ont été étonnés que Dieu voulût être l'historien d'un peuple qui avait renoncé à être gouverné immédiatement par lui.

(*a*) Nomb. c. XXI. ℣. 14.
(*b*) Josué c. X. ℣. 13. & L. II. des Rois c. X. ℣. 18.
(*c*) L. III. des Rois c. XI. ℣. 41.
(*d*) L. III. des Rois c. XIV. ℣. 19, 29 & ailleurs.
(*e*) c. VII. ℣. 22.
(*f*) c. V. ℣. 26.
(*g*) Actes des apôt. c. VII ℣. 43.
(*h*) L. I. des Rois c. X. ℣. 19.

Quelques critiques trop hardis ont demandé, si DIEU peut avoir dicté (*i*) que le premier roi *Saül* remporta une victoire à la tête
de trois cent trente mille hommes, puisqu'il
est dit (*k*) qu'il n'y avait que deux épées
dans toute la nation, & (*l*) qu'ils étaient
obligés d'aller chez les Philistins pour faire
aiguiser leurs coignées & leurs serpettes ?

Si DIEU peut avoir dicté que *David* qui
(*m*) était selon son cœur, se mit (*n*) à la
tête de quatre cent brigands chargés de dettes
& de crimes ; si *David* peut avoir commis toutes les horreurs que la raison peu éclairée
par la foi ose lui reprocher ?

Si DIEU a pu dicter les contradictions qui
se trouvent entre l'histoire des Rois & les Paralipomènes ?

On a encor prétendu que l'histoire des
Rois ne contenant que des événemens sans
aucune instruction & même beaucoup de
crimes affreux, il ne paraissait pas digne de
l'Etre éternel d'écrire ces événemens & ces
crimes ; mais nous sommes bien loin de vouloir descendre dans cet abîme théologique ;
nous respectons, comme nous le devons,
sans examen tout ce que la synagogue &
l'église chrétienne ont respecté.

Qu'il nous soit seulement permis de demander encor une fois, pourquoi les Juifs qui
avaient une si grande horreur pour les Egyp-

(*i*) L. 1. des Rois c. XI. ⅌. 8.
(*k*) L. 1. des Rois c. XIII. ⅌. 22.
(*l*) L. 1. des Rois c. XIII. ⅌. 20.
(*m*) L. 1. des Rois c. XIII. ⅌. 14.
(*n*) L. 1. des Rois c. XXII. ⅌. 2.

tiens, prirent pourtant toutes les coutumes égyptiennes, la circoncifion, les ablutions, les jeûnes, les robes de lin, le bouc émiffaire, la vache rouffe, le ferpent d'airain & cent autres ufages dont nous avons déja parlé?

Quelle langue parlaient-ils dans le défert? Il eft dit au pfaume LXXX. qu'ils n'entendirent pas l'idiome qu'on parlait au delà de la mer Rouge. Leur langage au fortir de l'Egypte était-il égyptien ? c'eft donc en langue égyptienne que le Pentateuque aurait été écrit. Mais pourquoi ne retrouve-t-on dans les caractères famaritains, qui font ceux des anciens Juifs, aucune trace des caractères d'Egypte ? Pourquoi aucun mot égyptien dans leur patois mêlé de tyrien, d'azotien & de fyriaque corompu ?

Quel était le pharaon fous lequel ils s'enfuirent ? Etait-ce l'Ethiopien *Actifan*, dont il eft dit dans *Diodore* de Sicile, qu'il bannit une troupe de voleurs vers le mont Sina après leur avoir fait couper le nez ?

Quel prince régnait à Tyr, lorfque les Juifs entrèrent dans le pays de Canaan ? Le pays de Tyr & de Sidon était-il alors une république ou une monarchie ?

D'où vient que *Sanchoniaton* qui était de Phénicie ne parle point des Hébreux ? S'il en avait parlé, *Eusèbe* qui rapporte des pages entières de *Sanchoniaton*, n'aurait-il pas fait valoir un si glorieux témoignage en faveur de la nation Hébraïque, comme nous le remarquons ailleurs ?

Pourquoi ni dans les monumens qui nous restent de l'Egypte, ni dans le Shasta, ou dans le Védam des Indiens, ni dans les livres des Chinois, ni dans les loix de *Zoroastre*, ni dans aucun ancien auteur Grec ne trouve-t-on aucun des noms des premiers patriarches Juifs qui font la source du genre humain ?

Comment *Noé* le restaurateur de la race des hommes, dont les enfans se partagèrent tout l'hémisphère, a-t-il été absolument inconnu dans cet hémisphère ?

Comment *Hénoch*, *Seth*, *Caïn*, *Abel*, *Eve*, *Adam* le premier homme, ont-ils été partout ignorés, excepté dans la nation Juive ?

Nous avons déja rapporté une partie de ces questions. On en fait mille autres encor plus épineuses que notre discrétion passe sous silence ; mais les livres des Juifs ne font pas comme les autres livres, un ouvrage des hommes. Ils font d'une nature entièrement différente ; ils exigent la vénération & ne permettent aucune critique. Le champ du pyrrhonisme est ouvert pour tous les autres peuples ; mais il est fermé pour les Juifs. Nous sommes à leur égard comme les Égyptiens qui étaient plongés dans les plus épaisses ténèbres de la nuit, tandis que les Juifs jouïssaient du plus beau soleil dans la petite contrée de Geffen ou Goffen.

Ainsi n'admettons nul doute sur l'histoire de ce fameux peuple réduit à deux hordes ou tribus & demi ; tout y est mystère & prophétie, parce que ce peuple est le précurseur des chrétiens. Tout y est prodige, parce que c'est DIEU qui est à la tête de cette nation sacrée. En un mot, l'histoire juive est celle de DIEU même, & n'a rien de commun avec la faible raison de toutes les nations de l'univers.

DES VILLES SACRÉES.

Ce qu'il eût falu bien remarquer dans l'histoire ancienne, c'est que toutes les capitales & même plusieurs villes médiocres furent appellées *sacrées*, *villes de* DIEU. La raison en est qu'elles étaient fondées sous les auspices de quelque Dieu protécteur.

Babilone signifiait la *ville de* DIEU, du père DIEU. Combien de villes dans la Syrie, dans la Parthie, dans l'Arabie, dans l'Egypte n'eurent point d'autre nom que celui de *ville sacrée ?* Les Grecs les appellèrent *Diospolis*, *Hierapolis*, en traduisant leur nom exactement. Il y avait même jusqu'à des villages, jusqu'à des collines sacrées, *Hieracome*, *His-*

rabolos, *Hierapetra*. Les forteresses, surtout *Hieragerma*, étaient habitées par quelque Dieu.

Illion, la citadelle de Troye, était toute divine ; elle fut bâtie par *Neptune*. Le Palladium lui assurait la victoire sur tous ses ennemis. La Mecque devenue si fameuse, plus ancienne que Troye, était sacrée. Aden ou Eden sur le bord méridional de l'Arabie, était aussi sacrée que la Mecque, & plus antique.

Chaque ville avait ses oracles, ses prophéties, qui lui promettaient une durée éternelle, un empire éternel, des prospérités éternelles ; & toutes furent trompées.

Outre le nom particulier que chaque métropole s'était donné, & auquel elle joignait toûjours les épithètes de divin, de sacré, elles avaient un nom secret & plus sacré encor, qui n'était connu que d'un petit nombre de prêtres auxquels il n'était permis de le prononcer que dans d'extrêmes dangers ; de peur que ce nom connu des ennemis ne fût invoqué par eux, ou qu'ils ne l'employassent à quelque conjuration, ou qu'ils ne s'en servissent pour engager le Dieu tutélaire à se déclarer contre la ville.

Macrobe nous dit, que le secret fut si bien gardé chez les Romains, que lui-même n'avait pu le découvrir. L'opinion qui lui paraît la plus vraisemblable est que ce nom était, *Opis* Macrob. *confivia*; ou *Ops confivia*. Angelo Politiano liv. III. prétend que ce nom était *Amarillis*. Mais il ch. IX. en faut croire plutôt Macrobe qu'un étranger du seiziéme siécle.

Les Romains ne furent pas plus instruits du nom secret de Carthage, que les Carthaginois de celui de Rome. On nous a seulement conservé l'évocation secrète prononcée par Scipion contre Carthage : *S'il est un Dieu ou une Déesse qui ait pris sous sa protection le peuple & la ville de Carthage, je vous vénère, je vous demande pardon, je vous prie de quitter Carthage, ses places, ses temples, de leur laisser la crainte, la terreur & le vertige, & de venir à Rome avec moi & les miens. Puissent nos temples, nos sacrifices, notre ville, notre peuple, nos soldats, vous être plus agréables que ceux de Carthage ! Si vous en usez ainsi, je vous promets des temples & des jeux.*

Le dévouement des villes ennemies était encor d'un usage très ancien. Il ne fut point inconnu aux Romains. Ils dévouèrent en Italie Veies, Fidène, Gabie, & d'autres villes; hors de l'Italie Carthage & Corinthe. Ils dévouèrent même quelquefois des armées. On invoquait dans ces dévouemens *Jupiter* en élevant la main droite au ciel, & la déesse *Tellus* en posant la main à terre.

Septiéme partie. D

C'était l'empereur feul, c'eft-à-dire le général d'armée ou le dictateur qui fefait la cérémonie du dévouement ; il priait les Dieux d'*envoyer la fuite, la crainte, la terreur*, &c. & il promettait d'immoler trois brebis noires.

Il femble que les Romains ayent pris ces coutumes des anciens Etrufques, les Etrufques des Grecs, & les Grecs des Afiatiques. Il n'eft pas étonnant qu'on en trouve tant de traces chez le peuple Juif.

Outre la ville facrée de Jérufalem ils en avaient encor plufieurs autres ; par exemple, Lydda, parce qu'il y avait une école de rabbins. Samarie fe regardait auffi comme une ville fainte. Les Grecs donnèrent auffi à plufieurs villes le nom de *Sebaftos*, *augufte*, *facrée*.

DES AUTRES PEUPLES NOUVEAUX.

La Grèce & Rome font des républiques nouvelles en comparaifon des Caldéens, des Indiens, des Chinois, des Egyptiens.

L'hiftoire de l'empire Romain eft ce qui mérite le plus notre attention, parce que les Romains ont été nos maîtres & nos légiflateurs. Leurs loix font encor en vigueur dans la plûpart de nos provinces : leur langue fe parle encore ; & longtems après leur chûte elle a été la seule langue dans laquelle on rédigeât les actes publics en Italie, en Allemagne, en Espagne, en France, en Angleterre, en Pologne.

Au démembrement de l'empire Romain en occident, commence un nouvel ordre de choses, & c'est ce qu'on appelle *l'histoire du moyen âge*; histoire barbare de peuples barbares, qui devenus chrétiens n'en deviennent pas meilleurs.

Pendant que l'Europe est ainsi bouleversée, on voit paraître au septiéme siécle les Arabes jusques-là renfermés dans leurs déserts. Ils étendent leur puissance & leur domination dans la haute Asie, dans l'Afrique, & envahissent l'Espagne : les Turcs leur succèdent, & établissent le siége de leur empire à Constantinople au milieu du quinziéme siécle.

C'est sur la fin de ce siécle qu'un nouveau monde est découvert ; & bientôt après la politique de l'Europe & les arts prennent une forme nouvelle. L'art de l'imprimerie & la restauration des sciences, font qu'enfin on a quelques histoires assez fidelles, au-lieu des chroniques ridicules renfermées dans les cloîtres depuis *Grégoire* de Tours. Chaque nation dans l'Europe a bientôt ses historiens. L'ancienne indigence se tourne en superflu : il n'eſt point de ville qui ne veuille avoir ſon hiſtoire particulière. On eſt accablé ſous le poids des minuties. Un homme qui veut s'inſtruire eſt obligé de s'en tenir au fil des grands événemens, & d'écarter tous les petits faits particuliers qui viennent à la traverſe ; il ſaiſit dans la multitude des révolutions, l'eſprit des tems & les mœurs des peuples.

Il faut ſurtout s'attacher à l'hiſtoire de ſa patrie, l'étudier, la poſſéder ; réſerver pour elle les détails, & jetter une vue plus générale ſur les autres nations. Leur hiſtoire n'eſt intéreſſante que par les rapports qu'elles ont avec nous, ou par les grandes choſes qu'elles ont faites : les premiers âges depuis la chûte de l'empire Romain, ne ſont, comme on l'a remarqué ailleurs, que des avantures barbares ſous des noms barbares, excepté le tems de *Charlemagne*. Et que d'obſcurités encor dans cette grande époque !

L'Angleterre reſte preſque iſolée juſqu'au régne d'*Edouard III*. Le Nord eſt ſauvage juſqu'au ſeiziéme ſiécle ; l'Allemagne eſt longtems une anarchie. Les querelles des empereurs & des papes déſolent ſix cent ans l'Italie, & il eſt difficile d'appercevoir la vérité à travers les paſſions des écrivains peu inſtruits, qui ont donné les chroniques informes de ces tems malheureux.

La monarchie d'Espagne n'a qu'un événement sous les rois Visigoths; & cet événement est celui de sa destruction. Tout est confusion jusqu'au régne d'*Isabelle* & de *Ferdinand*.

La France jusqu'à *Louis XI* est en proie à des malheurs obscurs sous un gouvernement sans régle. *Daniel*, & après lui le président *Hénault*, ont beau prétendre que les premiers tems de la France sont plus intéressans que ceux de Rome : ils ne s'apperçoivent pas que les commencemens d'un si vaste empire sont d'autant plus intéressans qu'ils sont plus faibles, & qu'on aime à voir la petite source d'un torrent qui a inondé près de la moitié de l'hémisphère.

Pour pénétrer dans le labyrinthe ténébreux du moyen âge, il faut le secours des archives, & on n'en a presque point. Quelques anciens couvens ont conservé des chartes, des diplômes, qui contiennent des donations, dont l'autorité est très suspecte. L'abbé de *Longuerue* dit que de quinze cent chartes il y en a mille de fausses, & qu'il ne garantit pas les autres.

Ce n'est pas là un recueil où l'on puisse s'éclairer sur l'histoire politique & sur le droit public de l'Europe.

L'Angleterre est de tous les pays, celui qui a, sans contredit, les archives les plus anciennes & les plus suivies. Ces actes recueillis par *Rimer*, sous les auspices de la reine *Anne*, commencent avec le douziéme siécle, & sont continués sans interruption jusqu'à nos jours. Ils répandent une grande lumière sur l'histoire de France. Ils font voir, par exemple, que la Guienne appartenait au *Prince noir* fils d'*Edouard III* en souveraineté absolue, quand le roi de France *Charles V* la confisqua par un arrêt, & s'en empara par les armes. On y apprend quelles sommes considérables & quelle espèce de tribut paya *Louis XI* au roi *Edouard IV* qu'il pouvait combattre ; & combien d'argent la reine *Elizabeth* prêta à *Henri le grand*, pour l'aider à monter sur son trône, &c.

DE L'UTILITÉ DE L'HISTOIRE.

Cet avantage consiste dans la comparaison qu'un homme-d'état, un citoyen peut faire des loix & des mœurs étrangères avec celles de son pays : c'est ce qui excite les nations modernes à enchérir les unes sur les autres dans les arts, dans le commerce, dans l'agriculture. Les grandes fautes passées servent beaucoup en tout genre. On ne saurait trop remettre devant les yeux les crimes & les malheurs causés par des querelles absurdes. Il est certain qu'à force de renouveller & d'exposer à l'horreur publique la mémoire de ces querelles ; on les empêche de renaitre.

Les exemples servent : c'est pour avoir lu les détails des batailles de Creci, de Poitiers, d'Azincourt, de Saint-Quentin, de Gravelines, &c. que le célèbre maréchal de *Saxe* se déterminait à chercher, autant qu'il pouvait, ce qu'il appellait *des affaires de poste*.

Les exemples surtout doivent faire effet sur l'esprit d'un prince qui lit avec attention. Il verra qu'*Henri IV* n'entreprenait sa grande guerre, qui devait changer le système de l'Europe, qu'après s'être assez assuré du nerf de la guerre, pour la pouvoir soutenir plusieurs années sans aucun secours de finances.

Il verra que la reine *Elizabeth*, par les seules ressources du commerce & d'une sage économie, résista au puissant *Philippe II* ; & que de cent vaisseaux qu'elle mit en mer contre la flotte invincible, les trois quarts étaient fournis par les villes commerçantes d'Angleterre.

La France, non entamée sous *Louïs XIV* après neuf ans de la guerre la plus malheureuse, montrera évidemment l'utilité des places frontières qu'il construisit. En vain l'auteur des *Causes de la chûte de l'empire Romain* blâme-t-il *Justinien*, d'avoir eu la même politique que *Louis XIV*. Il ne devait blâmer que les empereurs qui négligèrent ces places frontières & qui ouvrirent les portes de l'empire aux barbares.

Enfin la grande utilité de l'hiſtoire moderne, & l'avantage qu'elle a ſur l'ancienne, eſt d'apprendre à tous les potentats, que depuis le quinziéme ſiécle on s'eſt toûjours réuni contre une puiſſance trop prépondérante. Ce ſyſtème d'équilibre a toûjours été inconnu des anciens ; & c'eſt la raiſon des ſuccès du peuple Romain, qui ayant formé une milice ſupérieure à celle des autres peuples, les ſubjugua l'un après l'autre, du Tibre juſqu'à l'Euphrate.

DE LA CERTITUDE DE L'HISTOIRE.

Toute certitude qui n'eſt pas démonſtration mathématique, n'eſt qu'une extrême probabilité. Il n'y a pas d'autre certitude hiſtorique.

Quand *Marc-Paul* parla le premier, mais le ſeul de la grandeur & de la population de la Chine, il ne fut pas cru ; & il ne put exiger de croyance. Les Portugais qui entrèrent dans ce vaſte empire pluſieurs ſiécles après, commencèrent à rendre la choſe probable. Elle eſt aujourd'hui certaine, de cette certitude qui naît de la dépoſition unanime de mille témoins oculaires de différentes nations, sans que personne ait réclamé contre leur témoignage.

Si deux ou trois historiens seulement avaient écrit l'avanture du roi *Charles XII*, qui s'obstinant à rester dans les états du sultan son bienfaicteur, malgré lui, se battit avec ses domestiques contre une armée de janissaires & de Tartares, j'aurais suspendu mon jugement. Mais ayant parlé à plusieurs témoins oculaires & n'ayant jamais entendu révoquer cette action en doute, il a bien falu la croire ; parce qu'après tout, si elle n'est ni sage ni ordinaire, elle n'est contraire ni aux loix de la nature ni au caractère du héros.

Ce qui répugne au cours ordinaire de la nature ne doit point être cru, à moins qu'il ne soit attesté par des hommes animés visiblement de l'esprit divin, & qu'il soit impossible de douter de leur inspiration. Voilà pourquoi à l'article *Certitude* du Dictionnaire encyclopédique, c'est un grand paradoxe de dire qu'on devrait croire aussi bien tout Paris qui affirmerait avoir vu ressusciter un mort, qu'on croit tout Paris quand il dit qu'on a gagné la bataille de Fontenoi. Il paraît évident que le témoignage de tout Paris sur une chose improbable, ne saurait être égal au témoignage de tout Paris sur une chose probable. Ce font là les premières notions de la faine logique. Un tel dictionnaire ne devait être confacré qu'à la vérité. (Voyez *Certitude.*)

INCERTITUDE DE L'HISTOIRE.

On a diftingué les tems en fabuleux & hiftoriques. Mais les hiftoriques auraient dû être diftingués eux-mêmes en vérités & en fables. Je ne parle pas ici des fables reconnues aujourd'hui pour telles ; il n'eft pas queftion, par exemple, des prodiges dont *Tite-Live* a embelli ou gâté fon hiftoire. Mais dans les faits les plus reçus, que de raifons de douter !

Qu'on faffe attention que la république Romaine a été cinq cent ans fans hiftoriens, & que *Tite-Live* lui-même déplore la perte des annales des pontifes & des autres monumens qui périrent prefque tous dans l'incendie de Rome, *pleraque interiere* ; qu'on fonge que dans les trois cent premières années, l'art d'écrire était très rare, *raræ per eadem tempora litteræ* ; il fera permis alors de douter de tous les événemens qui ne font pas dans l'ordre ordinaire des chofes humaines.

Sera-t-il bien probable que *Romulus*, le petit-fils du roi des Sabins, aura été forcé

INCERTITUDE DE L'HISTOIRE. 59

d'enlever des Sabines pour avoir des femmes ? L'hiſtoire de *Lucrèce* ſera-t-elle bien vraiſemblable ? Croira-t-on aiſément ſur la foi de *Tite-Live*, que le roi *Porſenna* s'enfuit plein d'admiration pour les Romains, parce qu'un fanatique avait voulu l'aſſaſſiner ? Ne ſera-t-on pas porté au contraire, à croire *Polybe* antérieur à *Tite-Live* de deux cent années. *Polybe* dit que *Porſenna* ſubjugua les Romains ; cela eſt bien plus probable que l'avanture de *Scevola*, qui ſe brûla entiérement la main parce qu'elle s'était mépriſe. J'aurais défié *Poltrot* d'en faire autant.

L'avanture de *Regulus*, enfermé par les Carthaginois dans un tonneau garni de pointes de fer, mérite-t-elle qu'on la croie ? *Polybe* contemporain n'en aurait-il pas parlé, ſi elle avait été vraie ? Il n'en dit pas un mot. N'eſt-ce pas une grande préſomption que ce conte ne fut inventé que longtems après pour rendre les Carthaginois odieux ?

Ouvrez le Dictionnaire de Moréri à l'article *Regulus*, il vous aſſure que le ſupplice de ce Romain eſt rapporté dans *Tite-Live*. Cependant la décade où *Tite-Live* aurait pu en parler, eſt perdue ; on n'a que le ſupplément de *Freinſemius* ; & il ſe trouve que ce dictionnaire n'a cité qu'un Allemand du dix-ſeptieme ſiécle, croyant citer un Romain du tems d'*Auguſte*. On ferait des volumes immenſes de tous les faits célèbres & reçus, dont il faut douter. Mais les bornes de cet article ne permettent pas de s'étendre.

LES TEMPLES, LES FÊTES, LES CÉRÉMONIES ANNUELLES, LES MÉDAILLES MÊMES, SONT-ELLES DES PREUVES HISTORIQUES ?

On eft naturellement porté à croire qu'un monument érigé par une nation pour célébrer un événement, en attefte la certitude. Cependant, fi ces monumens n'ont pas été élevés par des contemporains ; s'ils célébrent quelques faits peu vraifemblables, prouvent-ils autre chofe, finon qu'on a voulu confacrer une opinion populaire ?

La colonne roftrale érigée dans Rome par les contemporains de *Duillius*, eft fans doute une preuve de la victoire navale de *Duillius*. Mais la ftatue de l'augure *Navius* qui coupait un caillou avec un rafoir, prouvait-elle que *Navius* avait opéré ce prodige ? Les ftatues de *Cérès* & de *Triptolème*, dans Athènes, étaient-elles des témoignages inconteftables que *Cérès* était defcendue de je ne fais quelle planète pour venir enfeigner l'agriculture aux Athéniens ? Le fameux Laocoon, qui fubfifte aujourd'hui fi entier, attefte-t-il bien la vérité de l'hiftoire du cheval de Troye ?

Les cérémonies, les fêtes annuelles établies par toute une nation, ne conftatent pas mieux l'origine à laquelle on les attribue. La fête d'*Arion* porté fur un dauphin, fe célébrait chez les Romains comme chez les Grecs. Celle de *Faune* rappellait fon avanture avec *Hercule* & *Omphale*, quand ce Dieu amoureux d'*Omphale* prit le lit d'*Hercule* pour celui de fa maîtreffe.

La fameufe fête des lupercales était établie en l'honneur de la louve qui allaita *Romulus* & *Remus*.

Sur quoi était fondée la fête d'*Orion*, célébrée le cinq des ides de Mai ? Le voici. *Hirée* reçut chez lui *Jupiter*, *Neptune* & *Mercure*; & quand fes hôtes prirent congé, ce bon homme qui n'avait point de femme, & qui voulait avoir un enfant, témoigna fa douleur aux trois Dieux. On n'ofe exprimer ce qu'ils firent fur la peau du bœuf qu'*Hirée* leur avait fervi à manger; ils couvrirent enfuite cette peau d'un peu de terre, & delà nâquit *Orion* au bout de neuf mois.

Prefque toutes les fêtes romaines, fyriennes, grecques, égyptiennes, étaient fondées fur de pareils contes, ainfi que les temples & les ftatues des anciens héros. C'étaient des monumens que la crédulité confacrait à l'erreur.

Une médaille, même contemporaine, n'eſt pas quelquefois une preuve. Combien la flatterie n'a-t-elle pas frappé de médailles ſur des batailles très indéciſes, qualifiées de victoires, & ſur des entrepriſes manquées, qui n'ont été achevées que dans la légende ? N'a-t-on pas, en dernier lieu, pendant la guerre de 1740 des Anglais contre le roi d'Eſpagne, frappé une médaille qui atteſtait la priſe de Carthagène par l'amiral *Vernon*, tandis que cet amiral levait le ſiége ?

Les médailles ne ſont des témoignages irré‑ prochables que lorſque l'événement eſt atteſté par des auteurs contemporains ; alors ces preuves ſe ſoutenant l'une par l'autre, conſ‑ tatent la vérité.

DE QUELQUES FAITS RAPPOR‑ TÉS DANS TACITE ET DANS SUÉTONE.

Je me ſuis dit quelquefois en liſant *Tacite* & *Suétone ;* toutes ces extravagances atroces imputées à *Tibère*, à *Caligula*, à *Néron*, ſont-elles bien vraies ? Croirai-je ſur le rap‑ port d'un ſeul homme qui vivait longtems après *Tibère*, que cet empereur preſque octo‑ génaire, qui avait toûjours eu des mœurs décentes juſqu'à l'auſtérité, ne s'occupa dans l'iſle de Caprée que des débauches qui auraient fait rougir un jeune giton ? Serai-je bien sûr qu'il changea le trône du monde connu en un lieu de proftitution, tel qu'on n'en a jamais vu chez les jeunes gens les plus diffolus ? Eft-il bien certain qu'il nageait dans fes viviers fuivi de petits enfans à la mammelle, qui favaient déja nager auffi, qui le mordaient aux feffes quoiqu'ils n'euffent pas encor de dents, & qui lui léchaient fes vieilles & dégoûtantes parties-honteufes ? Croirai-je qu'il fe fit entourer de *fpintriæ*, c'eft-à-dire de bandes des plus abandonnés débauchés, hommes & femmes. partagés trois à trois, une fille fous un garçon & ce garçon fous un autre ?

Ces turpitudes abominables ne font guères dans la nature. Un vieillard, un empereur épié de tout ce qui l'approche, & fur qui la terre entière porte des yeux d'autant plus attentifs qu'il fe cache davantage, peut-il être accufé d'une infamie fi inconcevable, fans des preuves convainquantes ? Quelles preuves rapporte *Suétone ?* aucune. Un vieillard peut avoir encor dans la tête des idées d'un plaifir que fon corps lui refufe. Il peut tâcher d'exciter en lui les reftes de fa nature languiffante par des reffources honteufes, dont il ferait au défefpoir qu'il y eût un feul témoin. Il peut acheter les complaifances d'une proftituée *cui ore & manibus allaborandum eft* ; engagée elle-même au fecret par fa propre infamie. Mais a-t-on jamais vu un vieux premier préfident, un vieux chancelier, un vieux archevêque, un vieux roi affembler une centaine de leurs domeftiques pour partager avec eux ces obfcénités dégoûtantes, pour leur fervir de jouet, pour être à leurs yeux l'objet le plus ridicule & le plus méprifable ? On haïffait *Tibère* ; & certes fi j'avais été citoyen Romain je l'aurais détefté lui & *Octave*, puifqu'ils avaient détruit ma république : on avait en exécration le dur & fourbe *Tibère* ; & puifqu'il s'était retiré à Caprée dans fa vieilleffe, il falait bien que ce fût pour fe livrer aux plus indignes débauches : mais le fait eft-il avéré ? J'ai entendu dire des chofes plus horribles d'un très grand prince & de fa fille, je n'en ai jamais rien cru ; & le tems a juftifié mon incrédulité.

Les folies de *Caligula* font-elles beaucoup plus vraifemblables ? Que *Caligula* ait critiqué *Homère* & *Virgile*, je le croirai fans peine. *Virgile* & *Homère* ont des défauts. S'il a méprifé ces deux grands-hommes, il y a beaucoup de princes qui en fait de goût n'ont pas le fens commun. Ce mal eft très médiocre : mais il ne faut pas inférer delà qu'il ait couché avec fes trois fœurs, & qu'il les ait proftituées à d'autres. De telles affaires de famille font d'ordinaire fort fecrètes. Je voudrais du moins que nos compilateurs modernes,

HISTOIRE DE QUELQUES FAITS, &c. 65
ses, en ressassant les horreurs romaines pour l'instruction de la jeunesse, se bornassent à dire modestement, *on rapporte, le bruit court, on prétendait à Rome, on soupçonnait.* Cette manière de s'énoncer me semble infiniment plus honnête & plus raisonnable.

Il est bien moins croyable encore que *Caligula* ait institué une de ses sœurs, *Julia Drusilla*, héritière de l'empire. La coutume de Rome ne permettait pas plus que la coutume de Paris, de donner le trône à une femme.

Je pense bien que dans le palais de *Caligula* il y avait beaucoup de galanterie & de rendez-vous, comme dans tous les palais du monde ; mais qu'il ait établi dans sa propre maison des bordels où la fleur de la jeunesse allait pour son argent, c'est ce qu'on me persuadera difficilement.

On nous raconte que ne trouvant point un jour d'argent dans sa poche pour mettre au jeu, il sortit un moment & alla faire assassiner trois sénateurs fort riches, & revint ensuite en disant, *J'ai à présent de quoi jouer.* Croira tout cela qui voudra ; j'ai toûjours quelque petit doute.

Je conçois que tout Romain avait l'ame républicaine dans son cabinet, & qu'il se

Septiéme partie. E

vengeait, la plume à la main, de l'ufurpation de l'empereur. Je préfume que le malin *Tacite*, & que le fefeur d'anecdotes *Suétone* goûtaient une grande confolation en décriant leurs maîtres dans un tems où perfonne ne s'amufait à difcuter la vérité. Nos copiftes de tous les pays répètent encor tous les jours ces contes fi peu avérés. Ils reffemblent un peu aux hiftoriens de nos peuples barbares du moyen âge qui ont copié les rêveries des moines. Ces moines flétriffaient tous les princes qui ne leur avaient rien donné ; comme *Tacite* & *Suétone* s'étudiaient à rendre odieufe toute la famille de l'oppreffeur *Octave*.

Mais, me dira-t-on, *Suétone* & *Tacite* ne rendaient-ils pas fervice aux Romains en fefant détefter les *Céfars?*.... Oui, fi leurs écrits avaient pu reffufciter la république.

DE NÉRON ET D'AGRIPPINE.

Toutes les fois que j'ai lu l'abominable hiftoire de *Néron* & de fa mère *Agrippine*, j'ai été tenté de n'en rien croire. L'intérêt du genre-humain eft que tant d'horreurs ayent été exagérées ; elles font trop de honte à la nature.

Tacite commence par citer un *Cluvius*. Ce Cluvius rapporte que vers le milieu du jour, *medio diei*, Agrippine se présentait souvent à son fils, déja échauffé par le vin pour l'engager à un inceste avec elle ; qu'elle lui donnait des baisers lascifs, *lasciva oscula* ; qu'elle l'excitait par des caresses auxquelles il ne manquait que la consommation du crime, *prænuntias flagitii*, *blanditias*, & cela en présence des convives, *annotantibus proximis* ; qu'aussi-tôt l'habile Sénèque présentait le secours d'une autre femme contre les empressemens d'une femme. *Senecam contrà muliebres illecebras subsidium à fœminâ petivisse* ; & substituait sur le champ la jeune affranchie *Acté* à l'impératrice - mère *Agrippine*.

Voilà un sage précepteur que ce *Sénèque !* quel philosophe ! Vous observerez qu'*Agrippine* avait alors environ cinquante ans. Elle était la seconde des six enfans de *Germanicus*, que *Tacite* prétend, sans aucune preuve, avoir été empoisonné. Il mourut l'an 19 de notre ère, & laissa *Agrippine* âgée de dix ans.

Agrippine eut trois maris. *Tacite* dit que bientôt après l'époque de ces caresses incestueuses, *Néron* prit la résolution de tuer sa mère. Elle périt en effet l'an 59 de notre ère vulgaire. Son père *Germanicus* était mort il y avait déja quarante ans. *Agrippine* en avait donc à-peu-près cinquante lorsqu'elle était supposée solliciter son fils à l'inceste. Moins un fait est vraisemblable, plus il exige de preuves. Mais ce *Cluvius* cité par *Tacite*, prétend que c'était une grande politique, & qu'*Agrippine* comptait par-là fortifier sa puissance & son crédit. C'était au contraire s'exposer au mépris & à l'horreur. Se flattait-elle de donner à *Néron* plus de plaisirs & de désirs que de jeunes maîtresses ? Son fils bientôt dégoûté d'elle ne l'aurait-il pas accablée d'opprobre ? N'aurait-elle pas été l'exécration de toute la cour ? Comment d'ailleurs ce *Cluvius* peut-il dire qu'*Agrippine* voulait se prostituer à son fils en présence de *Sénèque* & des autres convives ?

Un autre historien véridique de ces tems-là, nommé *Fabius Rusticus*, dit que c'était *Néron* qui avait des désirs pour sa mère, & qu'il était sur le point de coucher avec elle, lorsqu'*Acté* vint se mettre à sa place. Cependant ce n'était point *Acté* qui était alors la maîtresse de *Néron*, c'était *Poppée* ; & soit *Poppée*, soit *Acté*, soit une autre, rien de tout cela n'est vraisemblable.

Il y a dans la mort d'*Agrippine* des circonstances qu'il est impossible de croire. D'où a-t-on su que l'affranchi *Anicet*, préfet de la flotte de Misène, conseilla de faire construire un vaisseau qui, en se démontant en pleine mer, y ferait périr *Agrippine* ? Je veux qu'*Anicet* se soit chargé de cette étrange inven tion; mais il me semble qu'on ne pouvait construire un tel vaisseau sans que les ouvriers se doutassent qu'il était destiné à faire périr quelque personnage important. Ce prétendu secret devait être entre les mains de plus de cinquante travailleurs. Il devait bientôt être connu de Rome entière ; *Agrippine* devait en être informée. Et quand *Néron* lui proposa de monter sur ce vaisseau, elle devait bien sentir que c'était pour la noyer.

Tacite se contredit certainement lui-même dans le récit de cette avanture inexplicable. Une partie de ce vaisseau, dit-il, se démontant avec art, devait la précipiter dans les flots, *cujus pars ipso in mari per artem soluta effunderet ignaram.*

Ensuite il dit qu'à un signal donné, le toit de la chambre, où était *Agrippine*, étant chargé de plomb, tomba tout-à-coup, & écrasa *Crepereius* l'un des domestiques de l'impératrice : *cum dato signo ruere tectum loci*, &c.

Or si ce fut le toit, le plat-fond de la chambre d'*Agrippine* qui tomba sur elle, le vaisseau n'était donc pas construit de manière qu'une partie se détachant de l'autre, dût jetter dans la mer cette princesse.

Tacite ajoute, qu'on ordonna alors aux rameurs de se pencher d'un côté pour submerger le vaisseau ; *unum in latus inclinare atque ità navem submergere.* Mais des rameurs en se penchant peuvent-ils faire renverser une galère, un bateau même de pêcheurs? Et d'ailleurs ces rameurs se seraient-ils volontiers exposés au naufrage? Ces mêmes matelots assomment à coups de rames une favorite d'*Agrippine* qui étant tombée dans la mer, criait qu'elle était *Agrippine*. Ils étaient donc dans le secret. Or confie-t-on un tel secret à une trentaine de matelots? De plus, parle-t-on quand on est dans l'eau?

Tacite ne manque pas de dire *que la mer était tranquille, que le ciel brillait d'étoiles, comme si les Dieux avaient voulu que le crime fût plus manifeste:* noctem sideribus illustrem &c.

En vérité, n'est-il pas plus naturel de penser que cette avanture était un pur accident; & que la malignité humaine en fit un crime à *Néron*, à qui on croyait ne pouvoir rien reprocher de trop horrible? Quand un prince s'est souillé de quelques crimes, il les a commis tous. Les parens, les amis des proscrits, des seuls mécontens entassent accusations sur accusations; on ne cherche plus la vraisemblance. Qu'importe qu'un *Néron* ait commis un crime de plus? Celui qui les raconte y ajoute encore; la postérité est persuadée; & le méchant prince a mérité jusqu'aux imputations improbables dont on charge sa mémoire. Je crois avec horreur que *Néron* donna son consentement au meurtre de sa mère ; mais je ne crois point à l'histoire de la galère. Je crois encor moins aux Caldéens qui, selon *Tacite*, avaient prédit que *Néron* tuerait *Agrippine* ; parce que ni les Caldéens, ni les Syriens, ni les Egyptiens n'ont jamais rien prédit, non plus que *Nostradamus* & ceux qui ont voulu exalter leur ame.

Presque tous les historiens d'Italie ont accusé le pape *Alexandre VI* de forfaits qui égalent au moins ceux de *Néron* ; mais *Aléxandre VI* était coupable lui-même des erreurs dans lesquelles ces historiens sont tombés.

On nous raconte des atrocités non moins exécrables de plusieurs princes Asiatiques. Les voyageurs se donnent une libre carrière sur tout ce qu'ils ont entendu dire en Turquie & en Perse. J'aurais voulu à leur place mentir d'une façon toute contraire. Je n'aurais jamais vu que des princes justes & clémens, des juges sans passion, des financiers desintéressés ; & j'aurais présenté ces modèles aux gouvernemens de l'Europe. La *Cyropédie* de Xénophon est un roman ; mais des fables qui enseignent la vertu valent mieux que des histoires mêlées de fables qui ne racontent que des forfaits.

SUITE DE L'ARTICLE CONCERNANT LES DIFFAMATIONS.

Dès qu'un empereur Romain a été aſſaſſiné par les gardes prétoriennes, les corbeaux de la littérature fondent ſur le cadavre de ſa réputation. Ils ramaſſent tous les bruits de ville, ſans faire ſeulement réflexion que ces bruits ſont preſque toûjours les mêmes. On dit d'abord que *Caligula* avait écrit ſur ſes tablettes les noms de ceux qu'il devait faire mourir inceſſamment; & que ceux qui, ayant vu ces tablettes, s'y trouvèrent eux-mêmes au nombre des proſcrits, le prévinrent & le tuèrent.

Quoique ce ſoit une étrange folie d'écrire ſur ſes tablettes, *nota bené que je dois faire aſſaſſiner un tel jour tels & tels ſénateurs*, cependant il ſe pourait à toute force que *Caligula* ait eu cette imprudence. Mais on en dit autant de *Domitien*; on en dit autant de *Commode*. La choſe devient alors ridicule & indigne de toute croyance.

Tout ce qu'on raconte de ce *Commode* eſt bien ſingulier. Comment imaginer que lorſqu'un citoyen Romain voulait ſe défaire d'un ennemi, il donnait de l'argent à l'empereur qui ſe chargeait de l'aſſaſſinat pour le prix convenu? Comment croire que *Commode*, ayant vu paſſer un homme extrêmement gros, il se donna le plaisir de lui faire ouvrir le ventre, pour lui rendre la taille plus légère?

Il faut être imbécille pour croire d'*Héliogabale* tout ce que raconte *Lampride*. Selon lui, cet empereur se fait circoncire pour avoir plus de plaisir avec les femmes. Quelle pitié! Ensuite il se fait châtrer, pour en avoir davantage avec les hommes. Il tue, il pille, il massacre, il empoisonne. Qui était cet *Héliogabale?* un enfant de treize à quatorze ans, que sa mère & sa grand'mère avaient fait nommer empereur, & sous le nom duquel ces deux intrigantes se disputaient l'autorité suprême.

L'auteur de l'*Essai sur l'histoire générale des mœurs & de l'esprit des nations* a dit qu'avant que les livres fussent communs, la réputation d'un prince dépendait d'un seul historien. Rien n'est plus vrai. Un *Suétone* ne pouvait rien sur les vivans; mais il jugeait les morts; & personne ne se souciait d'appeller de ses jugemens. Au contraire, tout lecteur les confirmait, parce que tout lecteur est malin.

Il n'en est pas tout-à-fait de même aujourd'hui. Que la satyre couvre d'opprobres un prince; cent échos répètent la calomnie, je l'avoue; mais il se trouve toûjours quelque voix qui s'élève contre les échos, & qui à la fin les fait taire. C'eſt ce qui eſt arrivé à la mémoire du duc d'Orléans, régent de France. Les *Philippiques* de La Grange, & vingt libelles ſecrets lui imputaient les plus grands crimes. Sa fille était traitée comme l'a été *Meſſaline* par *Suétone*. Qu'une femme ait deux ou trois amans, on lui en donne bientôt des centaines. En un mot, des hiſtoriens contemporains n'ont pas manqué de répéter ces menſonges ; & ſans l'auteur du *Siécle de Louis XIV*, ils ſeraient encor aujourd'hui accrédités dans l'Europe.

On a écrit que *Jeanne de Navarre*, femme de *Philippe le bel*, fondatrice du collège de Navarre, admettait dans ſon lit les écoliers les plus beaux, & les feſait jetter enſuite dans la rivière avec une pierre au cou. Le public aime paſſionnément ces contes ; & les hiſtoriens le ſervaient ſelon ſon goût. Les uns tirent de leur imagination les anecdotes qui pouront plaire ; c'eſt-à-dire les plus ſcandaleuſes. Les autres de meilleure foi ramaſſent des contes qui ont paſſé de bouche en bouche; ils penſent tenir de la première main les ſecrets de l'état, & ne font nulle difficulté de décrier un prince & un général d'armée pour gagner dix piſtoles. C'eſt ainſi qu'en ont uſé *Gratien de Courtils*, *Le Noble*, la *Dunoier*, *La Baumelle* & cent malheureux correcteurs d'imprimerie réfugiés en Hollande.

Si les hommes étaient raisonnables, ils ne voudraient d'histoires que celles qui mettraient les droits des peuples sous leurs yeux, les loix suivant lesquelles chaque père de famille peut disposer de son bien, les événemens qui intéressent toute une nation, les traités qui les lient aux nations voisines, les progrès des arts utiles, les abus qui exposent continuellement le grand nombre à la tyrannie du petit. Mais cette manière d'écrire l'histoire est aussi difficile que dangereuse. Ce serait une étude pour le lecteur, & non un délassement. Le public aime mieux des fables; on lui en donne.

DES ÉCRIVAINS DE PARTI.

Audi alteram partem est la loi de tout lecteur, quand il lit l'histoire des princes qui se sont disputé une couronne, ou des communions qui se sont réciproquement anathématisées.

Si la faction de la Ligue avait prévalu, *Henri IV* ne serait connu aujourd'hui que comme un petit prince de Béarn débauché & excommunié par les papes.

Si *Arius* l'avait emporté sur *Athanase* au concile de Nicée; si *Constantin* avait pris son parti, *Athanase* ne passerait aujourd'hui que pour un novateur, un hérétique, un homme d'un zèle outré, qui attribuait à JESUS ce qui ne lui appartenait pas.

Les Romains ont décrié la foi carthaginoise ; les Carthaginois ne se louaient pas de la foi romaine. Il faudrait lire les archives de la famille d'*Annibal* pour juger. Je voudrais avoir jusqu'aux mémoires de *Caïphe* & de *Pilate* ; je voudrais avoir ceux de la cour de *Pharaon* ; nous verrions comment elle se défendait d'avoir ordonné à toutes les accoucheuses égyptiennes de noyer tous les petits mâles hébreux, & à quoi servait cet ordre pour des juives qui n'employaient jamais que des sages femmes juives.

Je voudrais avoir les piéces originales du premier shisme des papes de Rome entre *Novatien* & *Corneille*, de leurs intrigues, de leurs calomnies, de l'argent donné de part & d'autre, & surtout des emportemens de leurs dévotes.

C'est un plaisir de lire les livres des *Whigs* & des *Toris*. Ecoutez les *Whigs* ; les *Toris* ont trahi l'Angleterre. Ecoutez les *Toris* ; tout *Whig* a sacrifié l'état à ses intérêts. De sorte qu'à en croire les deux partis, il n'y a pas un seul honnête homme dans la nation.

C'était bien pis du tems de la Rose rouge & de la Rose blanche. Mr. de *Walpole* a dit un grand mot dans la préface de ses *Doutes historiques* sur Richard III : *Quand un roi heu-*

reux est juge , tous les historiens servent de témoins.

Henri VII dur & avare , fut vainqueur de *Richard III*. Aussi-tôt toutes les plumes, qu'on commençait à tailler en Angleterre, peignent *Richard III* comme un monstre pour la figure & pour l'ame. Il avait une épaule un peu plus haute que l'autre ; & d'ailleurs il était assez joli , comme ses portraits le témoignent : on en fait un vilain bossu , & on lui donne un visage affreux. Il a fait des actions cruelles ; on le charge de tous les crimes, de ceux mêmes qui auraient été visiblement contre ses intérêts.

La même chose est arrivée à *Pierre de Castille* surnommé *le cruel*. Six bâtards de feu son père excitent contre lui une guerre civile , & veulent le détrôner. Notre *Charles le sage* se joint à eux , & envoye contre lui son *Bertrand du Guesclin*. Pierre , à l'aide du fameux *Prince noir* , bat les bâtards & les Français ; *Bertrand* est fait prisonnier ; un des bâtards est puni. *Pierre* est alors un grand-homme.

La fortune change ; le grand *Prince noir* ne donne plus de secours au roi *Pierre*. Un des bâtards ramène du *Guesclin* suivi d'une troupe de brigands qui même ne portaient pas d'autre nom ; *Pierre* est pris a son tour : le bâtard *Henri de Transtamare* l'assassine indignement dans sa tente : voilà *Pierre* condamné par les contemporains. Il n'est plus connu de la postérité que par le surnom de *cruel* ; & les historiens tombent sur lui comme des chiens sur un cerf aux abois.

Donnez-vous la peine de lire les mémoires de *Marie de Médicis* ; le cardinal de *Richelieu* est le plus ingrat des hommes, le plus fourbe & le plus lâche des tyrans. Lisez, si vous pouvez, les épitres dédicatoires adressées à ce ministre, c'est le premier des mortels, c'est un héros ; c'est même un saint. Et le petit flatteur *Sarazin*, singe de *Voiture*, l'appelle le *divin cardinal* dans son ridicule éloge de la ridicule tragédie de l'*Amour tyrannique*, composée par le grand *Scudéri* sur les ordres du cardinal divin.

La mémoire du pape *Grégoire VII* est en exécration en France & en Allemagne. Il est canonisé à Rome.

De telles réflexions ont porté plusieurs princes à ne se point soucier de leur réputation. Mais ceux là ont eu plus grand tort que tous les autres ; car il vaut mieux pour un homme d'état avoir une réputation contestée, que de n'en point avoir du tout.

Il n'en est pas des rois & des ministres comme des femmes dont on dit, que celles dont on parle le moins font les meilleures. Il faut qu'un prince, un premier ministre aime l'état & la gloire. Certaines gens disent que c'est un défaut en morale ; mais s'il n'a pas ce défaut, il ne fera jamais rien de grand.

DOIT-ON DANS L'HISTOIRE INSERER DES HARANGUES, ET FAIRE DES PORTRAITS ?

Si dans une occasion importante un général d'armée, un homme d'état a parlé d'une manière singulière & forte qui caractérise son génie & celui de son siécle, il faut sans doute rapporter son discours mot pour mot : de telles harangues sont peut-être la partie de l'histoire la plus utile. Mais pourquoi faire dire à un homme ce qu'il n'a pas dit ? il vaudrait presque autant lui attribuer ce qu'il n'a pas fait. C'est une fiction imitée d'*Homère!* Mais ce qui est fiction dans un poëme, devient à la rigueur mensonge dans un historien. Plusieurs anciens ont eu cette méthode ! Cela ne prouve autre chose, sinon que plusieurs anciens ont voulu faire parade de leur éloquence aux dépens de la vérité.

DES PORTRAITS.

Les portraits montrent encor bien souvent plus d'envie de briller que d'instruire. Des contemporains font en droit de faire le portrait des hommes d'état avec lefquels ils ont négocié, des généraux fous qui ils ont fait la guerre. Mais qu'il eft à craindre que le pinceau ne foit guidé par la paffion ! Il paraît que les portraits qu'on trouve dans *Clarendon* font faits avec plus d'impartialité, de gravité & de fageffe que ceux qu'on lit avec plaifir dans le cardinal de *Retz*.

Mais vouloir peindre les anciens, s'efforcer de développer leurs ames, regarder les événemens comme des caractères avec lefquels on peut lire fûrement dans le fond des cœurs, c'eft une entreprife bien délicate, c'eft dans plufieurs une puérilité.

DE LA MAXIME DE CICERON CONCERNANT L'HISTOIRE ; QUE L'HISTORIEN N'OSE DIRE UNE FAUSSETÉ, NI CACHER UNE VERITÉ.

La première partie de ce précepte eft inconteftable ; il faut examiner l'autre. Si une vérité peut être de quelque utilité à l'état, votre filence eft condamnable. Mais je fuppofe que vous écriviez l'hiftoire d'un prince qui vous aura confié un fecret, devez-vous le révéler ? Devez-vous dire à la poftérité ce que vous feriez coupable de dire en fecret à un feul homme ? Le devoir d'un hiftorien l'emportera-t-il fur un devoir plus grand ?

Je suppose encore que vous ayez été témoin d'une faiblesse qui n'a point influé sur les affaires publiques, devez-vous révéler cette faiblesse ? En ce cas l'histoire serait une satyre.

Il faut avouer que la plûpart des écrivains d'anecdotes sont plus indiscrets qu'utiles. Mais que dire de ces compilateurs insolens, qui se fesant un mérite de médire, impriment & vendent des scandales comme la *Voisin* vendait des poisons !

DE L'HISTOIRE SATYRIQUE.

Si *Plutarque* a repris *Hérodote* de n'avoir pas assez relevé la gloire de quelques villes grecques, & d'avoir omis plusieurs faits connus dignes de mémoire, combien sont plus répréhensibles aujourd'hui ceux qui sans avoir aucun des mérites d'*Hérodote*, imputent aux princes, aux nations, des actions odieuses, sans la plus légère apparence de preuve ? La guerre de 1741 a été écrite en Angleterre. On trouve dans cette histoire, qu'à la bataille de Fontenoi *les Français tirèrent sur les Anglais avec des balles empoisonnées & des morceaux de verre venimeux, & que le duc de Cumberland envoya au roi de France une boîte pleine de ces prétendus poisons trouvés dans les corps des Anglais blessés.* Le même auteur ajoute que les Français ayant perdu quarante mille hommes à cette bataille,

Septiéme partie. E

le parlement de Paris rendit un arrêt par lequel il était défendu d'en parler sous des peines corporelles.

Les Mémoires frauduleux imprimés depuis peu, sous le nom de madame de *Maintenon*, sont remplis de pareilles absurdités. On y trouve qu'au siége de Lille les alliés jettaient des billets dans la ville conçus en ces termes : *Français, consolez-vous, la Maintenon ne sera pas votre reine.*

Presque chaque page est souillée d'impostures & de termes offensans contre la famille royale & contre les familles principales du royaume, sans alléguer la plus légère vraisemblance qui puisse donner la moindre couleur à ces mensonges. Ce n'est point écrire l'histoire, c'est écrire au hazard des calomnies qui méritent le carcan.

On a imprimé en Hollande, sous le nom d'*Histoire*, une foule de libelles, dont le stile est aussi grossier que les injures, & les faits aussi faux qu'ils sont mal écrits. C'est, dit-on, un mauvais fruit de l'excellent arbre de la liberté. Mais si les malheureux auteurs de ces inepties ont eu la liberté de tromper les lecteurs, il faut user ici de la liberté de les détromper.

L'appas d'un vil gain, joint à l'insolence des mœurs abjectes, furent les seuls motifs qui engagèrent ce réfugié Languedochien protestant nommé *Langlevieux* dit *La Baumelle*, à tenter la plus infame manœuvre qui ait jamais deshonoré la littérature. Il vend pour dix-sept louis d'or au libraire *Eslinger* de Francfort en 1753 l'histoire du siécle de *Louis XIV*, qui ne lui appartient point; & soit pour s'en faire croire le propriétaire, soit pour gagner son argent, il l'a chargé de notes abominables contre *Louis XIV*, contre son fils, contre le duc de Bourgogne son petit-fils, qu'il traite sans façon de perfide & de traître envers son grand-père & la France. Il vomit contre le duc d'Orléans régent les calomnies les plus horribles & les plus absurdes; personne n'est épargné, & cependant il n'a jamais connu personne. Il débite sur les maréchaux de *Villars*, de *Villeroi*, sur les ministres, sur les femmes des historiettes ramassées dans des cabarets; & il parle des plus grands princes comme de ses justiciables. Il s'exprime en juge des rois : *Donnez-moi*, dit-il, *un Stuart, & je le fais roi d'Angleterre*.

Cet excès de ridicule dans un inconnu n'a pas été relevé. Il eût été sévérement puni dans un homme dont les paroles auraient eu quelque poids. Mais il faut remarquer que souvent ces ouvrages de ténebres ont du cours dans l'Europe; ils se vendent aux foires de Francfort & de Leipsick, tout le Nord en est inondé. Les étrangers qui ne font pas inſtruits croient puiſer dans ces libelles les connaiſſances de l'hiſtoire moderne. Les auteurs Allemands ne font pas toûjours en garde contre ces mémoires, ils s'en ſervent comme de matériaux; c'eſt ce qui eſt arrivé aux mémoires de *Pontis*, de *Montbrun*, de *Rochefort*, de *Vordac*; à tous ces prétendus teſtamens politiques des miniſtres d'état compoſés par des fauſſaires; à la *Dixme royale* de Boiſguilbert impudemment donnée ſous le nom du maréchal de *Vauban*, & à tant de compilations d'ana & d'anecdotes.

L'hiſtoire eſt quelquefois encor plus mal traitée en Angleterre. Comme il y a toûjours deux partis aſſez violens qui s'acharnent l'un contre l'autre juſqu'à ce que le danger commun les réuniſſe, les écrivains d'une faction condamnent tout ce que les autres approuvent. Le même homme eſt repréſenté comme un *Caton* & comme un *Catilina*. Comment démêler le vrai entre l'adulation & la ſatyre? Il n'y a peut-être qu'une règle ſûre, c'eſt de croire le bien qu'un hiſtorien de parti oſe dire des héros de la faction contraire, & le mal qu'il oſe dire des chefs de la ſienne, dont il n'aura pas à ſe plaindre.

A l'égard des mémoires réellement écrits par les perſonnages intéreſſés, comme ceux de *Clarendon*, de *Ludlow*, de *Burnet* en Angleterre, de *La Rochefoucault*, de *Retz* en France; s'ils s'accordent, ils font vrais; s'ils se contrarient, doutez.

Pour les ana & les anecdotes, il y en a un fur cent qui peut contenir quelque ombre de vérité.

DE LA MÉTHODE, DE LA MANIÈRE D'ECRIRE L'HISTOIRE, ET DU STILE.

On en a tant dit fur cette matière, qu'il faut ici en dire très peu: On fait affez que la méthode & le ftile de *Tite-Live*, fa gravité, fon éloquence fage, conviennent à la majefté de la république Romaine; que *Tacite* eft plus fait pour peindre des tyrans, *Polybe* pour donner des leçons de la guerre, *Denis* d'Halicarnaffe pour développer les antiquités.

Mais en fe modelant en général fur ces grands maitres, on a aujourd'hui un fardeau plus pefant que le leur à foutenir. On exige des hiftoriens modernes plus de détails, des faits plus conftatés, des dates précifes, des autorités, plus d'attention aux ufages, aux loix, aux mœurs, au commerce, à la finance, à l'agriculture, à la population: il en eft de l'hiftoire comme des mathématiques

& de la physique ; la carrière s'est prodigieusement accrue. Autant il est aisé de faire un recueil de gazettes, autant il est difficile aujourd'hui d'écrire l'histoire.

Daniel se crut un historien parce qu'il transcrivait des dates & des récits de bataille où l'on n'entend rien. Il devait m'apprendre les droits de la nation ; les droits des principaux corps de cette nation, ses loix, ses usages, ses mœurs, & comment ils ont changé. Cette nation est en droit de lui dire, Je vous demande mon histoire encor plus que celle de *Louïs le gros* & de *Louïs Hutin* ; vous me dites d'après une vieille chronique écrite au hazard, que *Louïs VIII* étant attaqué d'une maladie mortelle, exténué, languissant, n'en pouvant plus, les médecins ordonnèrent à ce corps cadavereux de coucher avec une jolie fille pour se refaire ; & que le saint roi rejetta bien loin cette vilenie. Ah ! *Daniel*, vous ne saviez donc pas le proverbe italien, *donna ignudà manda l'vomo sotto la terra.* Vous deviez avoir un peu plus de teinture de l'histoire politique & de l'histoire naturelle.

On exige que l'histoire d'un pays étranger ne soit point jettée dans le même moule que celle de votre patrie.

Si vous faites l'histoire de France, vous n'êtes pas obligé de décrire le cours de la

Seine & de la Loire ; mais fi vous donnez au public les conquêtes des Portugais en Afie, on exige une topographie des pays découverts. On veut que vous meniez votre lecteur par la main le long de l'Afrique & des côtes de la Perfe & de l'Inde ; on attend de vous des inftructions fur les mœurs, les loix, les ufages de ces nations nouvelles pour l'Europe.

Nous avons vingt hiftoires de l'établiffement des Portugais dans les Indes ; mais aucune ne nous a fait connaitre les divers gouvernemens de ce pays, fes religions, fes antiquités, les Brames, les difciples de St. Jean, les Guèbres, les Banians. On nous a confervé, il eft vrai, les lettres de *Xavier* & de fes fucceffeurs. On nous a donné des hiftoires de l'Inde, faites à Paris d'après ces miffionnaires qui ne favaient pas la langue des Brames. On nous répète dans cent écrits que les Indiens adorent le diable. Des aumôniers d'une compagnie de marchands partent dans ce préjugé ; & dès qu'ils voyent fur les côtes de Coromandel des figures fymboliques, ils ne manquent pas d'écrire que ce font des portraits du diable, qu'ils font dans fon empire, qu'ils vont le combattre. Ils ne fongent pas que c'eft nous qui adorons le diable *Mammon*, & qui lui allons porter nos vœux à fix mille lieues de notre patrie pour en obtenir de l'argent.

F iiij

Pour ceux qui se mettent dans Paris aux gages d'un libraire de la rue St. Jacques, & à qui l'on commande une histoire du Japon, du Canada, des isles Canaries, sur des mémoires de quelques capucins, je n'ai rien à leur dire.

C'est assez qu'on sache que la méthode convenable à l'histoire de son pays n'est point propre à décrire les découvertes du nouveau monde ; qu'il ne faut pas écrire sur une petite ville comme sur un grand empire ; qu'on ne doit point faire l'histoire privée d'un prince comme celle de France ou d'Angleterre.

Si vous n'avez autre chose à nous dire sinon qu'un barbare a succédé à un autre barbare sur les bords de l'Oxus & de l'Iaxarte, en quoi êtes-vous utile au public ?

La méthode convenable à l'histoire de votre pays n'est pas propre à écrire les découvertes du nouveau monde. Vous n'écrirez point sur une ville comme sur un grand empire ; vous ne ferez point la vie d'un particulier comme vous écrirez l'histoire d'Espagne ou d'Angleterre.

Ces règles sont assez connues ; mais l'art de bien écrire l'histoire sera toûjours très rare.

On fait affez qu'il faut un ftile grave, pur, varié, agréable. Il en eft des loix pour écrire l'hiftoire comme de celles de tous les arts de l'efprit ; beaucoup de préceptes, & peu de grands artiftes.

DE L'HISTOIRE ECCLESIASTIQUE DE FLEURI.

J'ai vu un édifice d'or & de boue. J'ai féparé l'or, & j'ai jetté la boue. Cette ftatue eft l'hiftoire eccléfiaftique compilée par *Fleuri*, ornée de quelques difcours détachés, dans lefquels on voit briller des traits de liberté & de vérité, tandis que le corps de l'hiftoire eft fouillé de contes qu'une vieille femme rougirait de répéter aujourd'hui. C'eft-là que nous revoyons la légende de *Théodore*.

C'eft ce *Théodore* dont on changea le nom en celui de *Grégoire-Thaumaturge*, qui dans fa jeuneffe étant preffé publiquement par une fille de joie de lui payer l'argent de leurs rendez-vous, vrais ou faux, lui fait entrer le diable dans le corps pour fon falaire. *St. Jean* & la Ste. Vierge viennent enfuite de l'empirée expliquer à Théodore, *Grégoire-Thaumaturge*, les myftères du chriftianifme. Dès qu'il eft inftruit, il écrit une lettre au diable, la met fur un autel payen ; la lettre eft rendue à fon adreffe, & le diable fait ponctuellement ce que *Grégoire* lui a commandé. Au fortir de là il fait marcher des pierres comme *Amphion*. Il eſt pris pour juge par deux frères qui ſe diſputaient un étang ; & il ſéche l'étang pour les accorder. Il ſe change en arbre comme *Prothée*. Pour ſurcroit, il change encor en arbre ſon compagnon. Il rencontre un charbonnier, nommé *Alexandre*, & le fait évêque. Voilà probablement l'origine de *la foi du charbonnier*.

C'eſt-là que nous retrouvons ce *St. Romain* que *Dioclétien* fait jetter au feu, qui en ſort comme d'un bain. On lui coupe la langue, & il n'en parle que mieux.

C'eſt ce fameux cabaretier chrétien nommé *Théodote* qui prie DIEU de faire mourir ſept vierges chrétiennes de ſoixante & dix ans chacune, condamnées à coucher avec les jeunes gens de la ville d'Ancire. L'abbé de *Fleuri* devait au moins s'appercevoir que les jeunes gens étaient plus condamnés qu'elles. Ce ſont cent contes de cette force. (Voyez *Miracles*.)

Tout cela ſe trouve dans le ſecond tome de l'hiſtoire de *Fleuri* ; & tous ſes volumes ſont remplis de pareilles inepties. Diſons pour ſa juſtification qu'il les rapporte comme il les a trouvés, & qu'il ne dit jamais qu'il les croye. Il ſavait trop que des abſurdités monacales ne ſont pas des articles de foi, & que la religion conſiſte dans l'adoration de DIEU, dans une vie pure, dans les bonnes œuvres, & non dans une crédulité imbécille pour des sottises du *Pédagogue chrétien*. Enfin, il faut pardonner au savant *Fleuri* d'avoir payé ce tribut honteux. Il en a fait une assez belle amende honorable par ses discours.

L'abbé de *Longuerue* dit, que lorsque *Fleuri* commença à écrire l'histoire ecclésiastique, il la savait fort peu. Sans doute il s'instruisit en travaillant; & cela est très ordinaire. Mais ce qui n'est pas ordinaire, c'est de faire des discours aussi politiques & aussi sensés après avoir écrit tant de sottises. Aussi qu'est-il arrivé? On a condamné à Rome ses excellens discours, & on y a très bien accueilli ses stupidités. Quand je dis qu'elles y sont bien accueillies, ce n'est pas qu'elles y soient lues; car on ne lit point à Rome.

HOMME.

POur connaître le physique de l'espèce humaine, il faut lire les ouvrages d'anatomie, les articles du Dictionnaire encyclopédique par Mr. *Venel*, ou plutôt faire un cours d'anatomie.

Pour connaître l'homme qu'on appelle *moral*, il faut lire l'article de Mr. *Le Roi*. Il faut surtout avoir vécu, & réfléchir.

HOMME.

Tous les livres de morale ne font-ils pas renfermés dans ces paroles de Job ? *Homo natus de muliere, brevi vivens tempore, repletur multis miferiis, qui quafi flos egreditur, & conteritur, & fugit velut umbra.* L'homme né de la femme vit peu ; il eft rempli de miféres ; il eft comme une fleur qui s'épanouït, fe flétrit, & qu'on écrafe ; il paffe comme une ombre.

Nous avons déja vu que la race humaine n'a qu'environ vingt-deux ans à vivre, en comptant ceux qui meurent fur le fein de leurs nourrices, & ceux qui traînent jufqu'à cent ans les reftes d'une vie imbécille & miférable. (Voyez *Age*.)

C'eft un bel apologue que cette ancienne fable du premier homme, qui était deftiné d'abord à vivre vingt ans tout au plus : ce qui fe réduifait à cinq ans, en évaluant une vie avec une autre. L'homme était défefpéré ; il avait auprès de lui une chenille, un papillon, un paon, un cheval, un renard, & un finge.

Prolonge ma vie, dit-il à *Jupiter* ; je vaux mieux que tous ces animaux-là : il eft jufte que moi & mes enfans nous vivions très longtems, pour commander à toutes les bêtes. Volontiers, dit *Jupiter* ; mais je n'ai qu'un certain nombre de jours à partager entre tous les êtres à qui j'ai accordé la vie. Je ne puis te donner, qu'en retranchant aux autres. Car ne t'imagine pas, parce que je suis *Jupiter*, que je sois infini & tout-puissant. J'ai ma nature & ma mesure. Ça, je veux bien t'accorder quelques années de plus, en les ôtant à ces six animaux dont tu es jaloux, à condition que tu auras successivement leurs manières d'être. L'homme sera d'abord chenille, en se trainant, comme elle, dans sa première enfance. Il aura jusqu'à quinze ans la légéreté d'un papillon ; dans sa jeunesse la vanité d'un paon. Il faudra dans l'âge viril, qu'il subisse autant de travaux que le cheval. Vers les cinquante ans, il aura les rufes du renard ; & dans sa vieillesse, il sera laid & ridicule comme un singe. C'est assez là en général le destin de l'homme.

Remarquez encore que, malgré les bontés de *Jupiter*, cet animal, toute compensation faite, n'ayant que vingt-deux à vingt-trois ans à vivre tout au plus, en prenant le genre-humain en général, il en faut ôter le tiers pour le tems du sommeil, pendant lequel on est mort ; reste à quinze, ou environ ; de ces quinze retranchons au moins huit pour la première enfance, qui est, comme on l'a dit, le vestibule de la vie. Le produit net sera sept ans ; de ces sept ans la moitié, au moins, se consume dans les douleurs de toute espèce ; pose trois ans &

demi pour travailler, s'ennuïer & pour avoir un peu de satisfaction : & que de gens n'en ont point du tout ! Eh bien, pauvre animal, feras-tu encore le fier ?

Malheureusement, dans cette fable, Dieu oublia d'habiller cet animal comme il avait vêtu le singe, le renard, le cheval, le paon, & jusqu'à la chenille. L'espèce humaine n'eut que sa peau raze, qui continuellement exposée au soleil, à la pluie, à la grêle, devint gersée, tannée, truitée. Le mâle dans notre continent, fut défiguré par des poils épars sur son corps, qui le rendirent hideux sans le couvrir. Son visage fut caché sous ses cheveux. Son menton devint un sol raboteux, qui porta une forêt de tiges menues, dont les racines étaient en haut, & les branches en bas. Ce fut dans cet état, & d'après cette image, que cet animal osa peindre Dieu, quand dans la suite des tems il apprit à peindre.

La femelle, étant plus faible, devint encore plus dégoûtante & plus affreuse dans sa vieillesse. L'objet de la terre le plus hideux est une décrépite. Enfin, sans les tailleurs & les couturières, l'espèce humaine n'aurait jamais osé se montrer devant les autres. Mais avant d'avoir des habits, avant même de savoir parler, il dut s'écouler bien des siécles. Cela est prouvé : mais il faut le redire souvent.

HOMME.

Cet animal non civilisé, abandonné à lui-même, dut être le plus sale & le plus pauvre de tous les animaux.

> Mon cher Adam, mon gourmand, mon bon père,
> Que fefais-tu dans les jardins d'Eden ?
> Travaillais-tu pour ce fot genre-humain ?
> Careffais-tu madame Eve ma mère ?
> Avouez-moi que vous aviez tout deux
> Les ongles longs, un peu noirs & craffeux,
> La chevelure affez mal ordonnée,
> Le teint bruni, la peau rude & tannée.
> Sans propreté l'amour le plus heureux
> N'eft plus amour, c'eft un befoin honteux.
> Bientôt laffés de leur belle avanture,
> Deffous un chêne ils foupent galamment
> Avec de l'eau, du millet & du gland.
> Le repas fait ils dorment fur la dure.
> Voilà l'état de la pure nature.

Il eft un peu extraordinaire qu'on ait harcelé, honni, levraudé un philofophe de nos jours très eftimable, pour avoir dit que fi les hommes n'avaient pas de mains ils n'auraient pu bâtir des maifons & travailler en tapifferie de haute-liffe. Apparemment que ceux qui ont condamné cette propofition ont un fecret pour couper les pierres & les bois, & pour travailler à l'aiguille avec les pieds.

De la raiſon, des mains induſtrieuſes, une tête capable de généraliſer des idées, une langue aſſez ſouple pour les exprimer, ce ſont là les grands bienfaits accordés par l'Etre ſuprème à l'homme, à l'excluſion des autres animaux.

Le mâle, en général, vit un peu moins longtems que la femelle.

Il eſt toûjours plus grand, proportion gardée. L'homme de la plus haute taille a d'ordinaire trois à quatre pouces par deſſus la plus grande femme.

Sa force eſt preſque toûjours ſupérieure, il eſt plus agile; & ayant tous les organes plus forts, il eſt plus capable d'une attention ſuivie. Tous les arts ont été inventés par lui & non par la femme. On doit remarquer que ce n'eſt pas le feu de l'imagination, mais la méditation perſévérante & la combinaiſon des idées qui ont fait inventer les arts, comme les mécaniques, la poudre à canon, l'imprimerie, l'horlogerie, &c.

L'eſpèce humaine eſt la ſeule qui ſache qu'elle doit mourir, & elle ne le ſait que par l'expérience. Un enfant élevé ſeul & tranſporté dans une iſle déſerte, ne s'en douterait pas plus qu'une plante & un chat.

Maupertuis. Un homme à ſingularités a imprimé que le corps humain eſt un fruit qui eſt verd juſqu'à jusqu'à la vieillesse, & que le moment de la mort est la maturité. Etrange maturité que la pourriture & la cendre ! la tête de ce philosophe n'était pas mûre. Combien la rage de dire des choses nouvelles a-t-elle fait dire de choses extravagantes !

Les principales occupations de notre espèce sont le logement, la nourriture & le vêtement ; tout le reste est accessoire : & c'est ce pauvre accessoire qui a produit tant de meurtres & de ravages.

Différentes races d'hommes.

Nous avons vu ailleurs combien ce globe porte de races d'hommes différentes, & à quel point le premier nègre & le premier blanc qui se rencontrèrent, durent être étonnés l'un de l'autre.

Il est même assez vraisemblable, que plusieurs espèces d'hommes & d'animaux trop faibles ont péri. C'est ainsi qu'on ne retrouve plus de murex, dont l'espèce a été dévorée probablement par d'autres animaux, qui vinrent après plusieurs siécles sur les rivages habités par ce petit coquillage.

St. Jérôme, dans son *Histoire des pères du désert*, parle d'un centaure qui eut une conversation avec St. Antoine l'hermite. Il rend compte ensuite d'un entretien beaucoup plus

Septième partie. G

long, que le même *Antoine* eut avec un satyre.

St. Augustin, dans son XXXIIIe sermon, intitulé, *A ses frères dans le désert*, dit des choses aussi extraordinaires que Jérôme. „ J'é-
„ tais déja évêque d'Hippone quand j'allai
„ en Ethiopie avec quelques serviteurs du
„ CHRIST pour y prêcher l'Evangile. Nous
„ vimes dans ce pays beaucoup d'hommes &
„ de femmes sans tête, qui avaient deux gros
„ yeux sur la poitrine ; nous vimes dans
„ des contrées encor plus méridionales, un
„ peuple qui n'avait qu'un œil au front &c. "

Apparemment qu'*Augustin* & *Jérôme* parlaient alors par économie ; ils augmentaient les œuvres de la création pour manifester davantage les œuvres de DIEU. Ils voulaient étonner les hommes par des fables, afin de les rendre plus soumis au joug de la foi. (Voyez *Economie*.)

Nous pouvons être de très bons chrétiens sans croire aux centaures, aux hommes sans tête, à ceux qui n'avaient qu'un œil ou qu'une jambe, &c. Mais nous ne pouvons douter que la structure intérieure d'un nègre ne soit différente de celle d'un blanc, puisque le rézeau muqueux ou graisseux est blanc chez les uns, & noir chez les autres. Je vous l'ai déja dit; mais vous êtes sourds.

Les Albinos & les Dariens, les premiers

originaires de l'Afrique, & les seconds du milieu de l'Amérique, sont auſſi différens de nous que les nègres. Il y a des races jaunes, rouges, grises. Nous avons déja vu que tous les Américains sont sans barbe & sans aucun poil sur le corps, excepté les sourcils & les cheveux. Tous sont également hommes ; mais comme un sapin, un chêne & un poirier sont également arbres; le poirier ne vient point du sapin, & le sapin ne vient point du chêne.

Mais d'où vient qu'au milieu de la mer Pacifique, dans une isle nommée *Taïti*, les hommes sont barbus ? C'est demander pourquoi nous le sommes, tandis que les Péruviens, les Mexicains & les Canadiens ne le sont pas. C'est demander pourquoi les singes ont des queues, & pourquoi la nature nous a refusé cet ornement, qui du moins est parmi nous d'une rareté extrême.

Les inclinations, les caractères des hommes diffèrent autant que leurs climats & leurs gouvernemens. Il n'a jamais été possible de composer un régiment de Lappons & de Samoyèdes, tandis que les Sibériens leurs voisins, deviennent des soldats intrépides.

Vous ne parviendrez pas davantage à faire de bons grenadiers d'un pauvre Darien ou d'un Albino. Ce n'est pas parce qu'ils ont des yeux de perdrix ; ce n'est pas parce que leurs cheveux & leurs sourcils sont de la soie la plus fine & la plus blanche : mais c'eſt parce que leurs corps, & par conſéquent leur courage eſt de la plus extrême faibleſſe. Il n'y a qu'un aveugle, & même un aveugle obſtiné qui puiſſe nier l'exiſtence de toutes ces différentes eſpèces. Elle eſt auſſi grande & auſſi remarquable que celles des ſinges.

Que toutes les races d'hommes ont toujours vécu en société.

Tous les hommes qu'on a découverts dans les pays les plus incultes & les plus affreux, vivent en ſociété comme les caſtors, les fourmis, les abeilles, & pluſieurs autres eſpèces d'animaux.

On n'a jamais vu de pays où ils vécuſſent ſéparés, où le mâle ne ſe joignit à la femelle que par hazard, & l'abandonnât le moment d'après par dégoût ; où la mère méconnût ſes enfans après les avoir élevés, où l'on vécût ſans famille & ſans aucune ſociété. Quelques mauvais plaiſans ont abuſé de leur eſprit juſqu'au point de hazarder le paradoxe étonnant que l'homme eſt originairement fait pour vivre ſeul comme un loup cervier, & que c'eſt la ſociété qui a dépravé la nature. Autant vaudrait-il dire que dans la mer les harengs ſont originairement faits pour nager iſolés, & que c'eſt par un excès de corruption qu'ils paſſent en troupe de la mer Glaciale fur nos côtes. Qu'anciennement les grues volaient en l'air chacune à part, & que par une violation du droit naturel elles ont pris le parti de voyager en compagnie.

Chaque animal a fon inftinct ; & l'inftinct de l'homme, fortifié par la raifon, le porte à la fociété comme au manger & au boire. Loin que le befoin de la fociété ait dégradé l'homme, c'eft l'éloignement de la fociété qui le dégrade. Quiconque vivrait abfolument feul perdrait bientôt la faculté de penfer & de s'exprimer ; il ferait à charge à lui-même ; il ne parviendrait qu'à fe métamorphofer en bête. L'excès d'un orgueil impuiffant qui s'élève contre l'orgueil des autres, peut porter une ame mélancolique à fuir les hommes. C'eft alors qu'elle s'eft dépravée. Elle s'en punit elle-même. Son orgueil fait fon fupplice ; elle fe ronge dans la folitude du dépit fecret d'être méprifée & oubliée ; elle s'eft mife dans le plus horrible efclavage pour être libre.

On a franchi les bornes de la folie ordinaire jufqu'à dire, *qu'il n'eft pas naturel qu'un homme s'attache à une femme pendant les neuf mois de fa groffeffe ; l'appétit fatisfait*, dit l'aureur de ces paradoxes, *l'homme n'a plus befoin de telle femme, ni la femme de tel homme ; celui-ci n'a pas le moindre fouci, ni peut-être la moindre idée des fuites de fon action. L'un s'en va d'un côté, l'autre de l'autre ; & il n'y a pas d'apparence qu'au bout de neuf mois ils ayent la mémoire de s'être connus. Pourquoi la secourera-t-il après l'accouchement ? pourquoi lui aidera-t-il à élever un enfant qu'il ne sait pas seulement lui appartenir ?*

Tout cela est exécrable ; mais heureusement rien n'est plus faux. Si cette indifférence barbare était le véritable instinct de la nature, l'espèce humaine en aurait presque toûjours usé ainsi. L'instinct est immuable, ses inconstances sont très rares. Le père aurait toûjours abandonné la mère ; la mère aurait abandonné son enfant, & il y aurait bien moins d'hommes sur la terre qu'il n'y a d'animaux carnassiers ; car les bêtes farouches mieux pourvues, mieux armées, ont un instinct plus prompt, des moyens plus sûrs, & une nourriture plus assurée que l'espèce humaine.

Notre nature est bien différente de l'affreux roman que cet énergumène a fait d'elle. Excepté quelques ames barbares entiérement abruties, ou peut être un philosophe plus abruti encore, les hommes les plus durs aiment par un instinct dominant l'enfant qui n'est pas encor né, le ventre qui le porte, & la mère qui redouble d'amour pour celui dont elle a reçu dans son sein le germe d'un être semblable à elle.

L'instinct des charbonniers de la Forêt-noire leur parle aussi haut, les anime aussi fortement en faveur de leurs enfans, que l'inſtinct des pigeons & des roſſignols les force à nourrir leurs petits. On a donc bien perdu ſon tems à écrire ces fadaiſes abominables.

Le grand défaut de tous ces livres à paradoxes, n'eſt-il pas de ſuppoſer toûjours la nature autrement qu'elle n'eſt? Si les ſatyres de l'homme & de la femme, écrites par *Boileau*, n'étaient pas des plaiſanteries, elles pécheraient par cette faute eſſentielle de ſuppoſer tous les hommes fous & toutes les femmes impertinentes.

Le même auteur ennemi de la ſociété, ſemblable au renard ſans queue, qui voulait que tous ſes confrères ſe coupaſſent la queue, s'exprime ainſi d'un ſtile magiſtral.

„ Le premier qui ayant enclos un terrain,
„ s'aviſa de dire, *ceci eſt à moi*, & trouva
„ des gens aſſez ſimples pour le croire, fut
„ le vrai fondateur de la ſociété civile. Que
„ de crimes, de guerres, de meurtres, que
„ de miſères & d'horreurs n'eût point épar-
„ gné au genre-humain celui qui arra-
„ chant les pieux ou comblant le foſſé, eût
„ crié à ſes ſemblables, Gardez-vous d'é-
„ couter cet impoſteur; vous êtes perdus ſi
„ vous oubliez que les fruits ſont à tous,
„ & que la terre n'eſt à perſonne! "

Ainſi, ſelon ce beau philoſophe, un voleur,

un destructeur aurait été le bienfaicteur du genre-humain, & il aurait falu punir un honnête homme qui aurait dit à ses enfans:
" Imitons notre voisin, il a enclos son
" champ, les bêtes ne viendront plus le ra-
" vager; son terrain deviendra plus fertile;
" travaillons le nôtre comme il a travaillé
" le sien, il nous aidera & nous l'aiderons.
" Chaque famille cultivant son enclos, nous
" ferons mieux nourris, plus sains, plus
" paisibles, moins malheureux. Nous tâche-
" rons d'établir une justice distributive qui
" consolera notre pauvre espèce, & nous
" vaudrons mieux que les renards & les
" fouines à qui cet extravagant veut nous
" faire ressembler. "

Ce discours ne serait-il pas plus sensé & plus honnête que celui du fou sauvage qui voulait détruire le verger du bon homme?

Quelle est donc l'espèce de philosophie qui fait dire des choses que le sens commun réprouve du fond de la Chine jusqu'au Canada? N'est-ce pas celle d'un gueux qui voudrait que tous les riches fussent volés par les pauvres, afin de mieux établir l'union fraternelle entre les hommes?

Il est vrai que si toutes les hayes, toutes les forêts, toutes les plaines étaient couvertes de fruits nourrissans & délicieux, il serait impossible, injuste & ridicule de les garder.

S'il y a quelques isles où la nature prodigue les alimens & tout le néceſſaire ſans peine, allons-y vivre loin du fatras de nos loix. Mais dès que nous les aurons peuplées il faudra revenir au tien & au mien, & à ces loix qui très ſouvent ſont fort mauvaiſes, mais dont on ne peut ſe paſſer.

L'HOMME EST-IL NÉ MÉCHANT?

Ne paraît-il pas démontré que l'homme n'eſt point né pervers & enfant du diable? Si telle était ſa nature, il commettrait des noirceurs, des barbaries ſitôt qu'il pourait marcher ; il ſe ſervirait du premier couteau qu'il trouverait pour bleſſer quiconque lui déplairait. Il reſſemblerait néceſſairement aux petits louveteaux, aux petits renards qui mordent dès qu'ils le peuvent.

Au contraire, il eſt par toute la terre du naturel des agneaux tant qu'il eſt enfant. Pourquoi donc, & comment devient-il ſi ſouvent loup & renard? N'eſt-ce pas que n'étant né ni bon ni méchant, l'éducation, l'exemple, le gouvernement dans lequel il ſe trouve jetté, l'occaſion enfin, le détermine à la vertu ou au crime.

Peut-être la nature humaine ne pouvait-elle être autrement. L'homme ne pouvait avoir toûjours des penſées fauſſes, ni toûjours des penſées vraies, des affections toûjours douces, ni toûjours cruelles.

Il paraît démontré que la femme vaut mieux que l'homme ; vous voyez cent *frères ennemis* contre une Clytemnestre.

Il y a des professions qui rendent nécessairement l'ame impitoyable; celle de soldat, celle de boucher, d'archer, de geolier, & tous les métiers qui sont fondés sur le malheur d'autrui.

L'archer, le satellite, le geolier, par exemple, ne sont heureux qu'autant qu'ils font de misérables. Ils sont, il est vrai, nécessaires contre les malfaiteurs, & par-là utiles à la société. Mais sur mille mâles de cette espèce il n'y en a pas un qui agisse par le motif du bien public, & qui même connaisse qu'il est un bien public.

C'est surtout une chose curieuse de les entendre parler de leurs prouesses, comme ils comptent le nombre de leurs victimes, leurs ruses pour les attraper, les maux qu'ils leur ont fait souffrir, & l'argent qui leur en est revenu.

Quiconque a pu descendre dans le détail subalterne du barreau, quiconque a entendu seulement des procureurs raisonner familiérement entre eux, & s'applaudir des misères de leurs clients, peut avoir une très mauvaise opinion de la nature.

Il est des professions plus affreuses, & qui sont briguées pourtant comme un canonicat.

Il en est qui changent un honnête homme

en fripon, & qui l'accoutument malgré lui à mentir, à tromper, fans qu'à peine il s'en apperçoive ; à fe mettre un bandeau devant les yeux, à s'abufer par l'intérêt & par la vanité de fon état, à plonger fans remords l'efpèce humaine dans un aveuglement ftupide.

Les femmes fans ceffe occupées de l'éducation de leurs enfans, & renfermées dans leurs foins domeftiques, font exclues de toutes ces profeffions qui pervertiffent la nature humaine, & qui la rendent atroce. Elles font partout moins barbares que les hommes.

Le phyfique fe joint au moral pour les éloigner des grands crimes ; leur fang eft plus doux ; elles aiment moins les liqueurs fortes qui infpirent la férocité. Une preuve évidente, c'eft que fur mille victimes de la juftice, fur mille affaffins exécutés, vous comptez à peine quatre femmes, ainfi que nous l'avons prouvé ailleurs. Je ne crois pas même qu'en Afie il y ait deux exemples de femmes condamnées à un fupplice public. (Voyez l'article *Femme.*)

Il paraît donc que nos coutumes, nos ufages ont rendu l'efpèce mâle très méchante.

Si cette vérité était générale & fans exception, cette efpèce ferait plus horrible que ne l'eft à nos yeux celle des araignées, des loups & des fouïnes. Mais heureusement les professions qui endurcissent le cœur & le remplissent de passions odieuses, sont très rares. Observez que dans une nation d'environ vingt millions de têtes, il y a tout-au-plus deux cent mille soldats. Ce n'est qu'un soldat par deux cent individus. Ces deux cent mille soldats sont tenus dans la discipline la plus sévère. Il y a parmi eux de très honnêtes gens qui reviennent dans leur village achever leur vieillesse en bons pères & en bons maris.

Les autres métiers dangereux aux mœurs sont en petit nombre.

Les laboureurs, les artisans, les artistes, sont trop occupés pour se livrer souvent au crime.

La terre portera toûjours des méchans détestables. Les livres en exagéreront toûjours le nombre, qui, bien que trop grand, est moindre qu'on ne le dit.

Si le genre-humain avait été sous l'empire du diable, il n'y aurait plus personne sur la terre.

Consolons-nous, on a vu, on verra toûjours de belles ames depuis Pékin jusqu'à la Rochelle. Et quoi qu'en disent le licentié *Ribalier*, & le bachelier *Cogé*, & le récollet *Hayet*, gens fort connus dans l'Europe, les *Titus*, les *Trajan*, les *Antonins* & *Pierre Bayle* ont été de fort honnêtes gens.

DE L'HOMME DANS L'ÉTAT DE PURE NATURE.

Que serait l'homme dans l'état qu'on nomme de *pure nature* ? Un animal fort au dessous des premiers Iroquois qu'on trouva dans le nord de l'Amérique.

Il serait très inférieur à ces Iroquois, puisque ceux-ci savaient allumer du feu & se faire des flèches. Il falut des siécles pour parvenir à ces deux arts.

L'homme abandonné à la pure nature n'aurait pour tout langage que quelques sons mal articulés. L'espèce serait réduite à un très petit nombre, par la difficulté de la nourriture & par le défaut des secours. Du moins, dans nos tristes climats, il n'aurait pas plus de connaissance de Dieu & de l'ame que des mathématiques ; ses idées seraient renfermées dans le soin de se nourrir. L'espèce des castors serait très préférable.

C'est alors que l'homme ne serait précisément qu'un enfant robuste ; & on a vu beaucoup d'hommes qui ne sont pas fort au dessus de cet état.

Les Lappons, les Samoyèdes, les habitans du Kamshatka, les Caffres, les Hottentots sont à l'égard de l'homme en l'état de pure nature, ce qu'étaient autrefois les cours de *Cyrus* & de *Sémiramis*, en comparaison des habitans des Cévennes. Et cependant ces habitans du Kamshatka & ces Hottentots de nos jours, si supérieurs à l'homme entiérement sauvage, sont des animaux qui vivent six mois de l'année dans des cavernes, où ils mangent à pleines mains la vermine dont ils sont mangés.

En général l'espèce humaine n'est pas de deux ou trois degrés plus civilisée que les gens du Kamshatka. La multitude des bêtes brutes appellées *hommes*, comparée avec le petit nombre de ceux qui pensent, est au moins dans la proportion de cent à un chez beaucoup de nations.

Il est plaisant de considérer d'un côté le père *Mallebranche* qui s'entretient familiérement avec le verbe, & de l'autre ces millions d'animaux semblables à lui qui n'ont jamais entendu parler du verbe, & qui n'ont pas une idée métaphysique.

Entre les hommes à pur instinct & les hommes de génie, flotte ce nombre immense, occupé uniquement de subsister.

Cette subsistance coûte des peines si prodigieuses, qu'il faut souvent dans le nord de l'Amérique qu'une image de Dieu courre cinq ou six lieues pour avoir à dîner, & que chez nous l'image de Dieu arrose la terre de ses sueurs toute l'année pour avoir du pain.

Ajoutez à ce pain ou à l'équivalent, une hutte & un méchant habit ; voilà l'homme tel qu'il est en général d'un bout de l'univers à l'autre. Et ce n'est que dans une multitude de siécles qu'il a pu arriver à ce haut degré.

Enfin, après d'autres siécles les choses viennent au point où nous les voyons. Ici on représente une tragédie en musique, là on se tue sur la mer dans un autre hémisphère avec mille piéces de bronze : l'opéra, & un vaisseau de guerre du premier rang étonnent toûjours mon imagination. Je doute qu'on puisse aller plus loin dans aucun des globes dont l'étendue est semée. Cependant, plus de la moitié de la terre habitable est encor peuplée d'animaux à deux pieds qui vivent dans cet horrible état qui approche de la pure nature, ayant à peine le vivre & le vêtir ; jouïssans à peine du don de la parole ; s'appercevant à peine qu'ils sont malheureux ; vivans & mourans sans presque le savoir.

EXAMEN D'UNE PENSÉE DE PASCAL SUR L'HOMME.

Je puis concevoir un homme sans mains, sans pieds, & je le concevrais même sans tête, si l'expérience ne m'apprenait que c'est par-là qu'il pense. C'est donc la pensée qui fait l'être de l'homme, & fans quoi on ne peut le concevoir. (Penfées de Pafcal.)

Comment concevoir un homme fans pieds, fans mains, & fans tête ? ce ferait un être auffi différent d'un homme que d'une citrouille.

Si tous les hommes étaient fans tête, comment la vôtre concevrait-elle que ce font des animaux comme vous, puifqu'ils n'auraient rien de ce qui conftitue principalement votre être ? Une tête eft quelque chofe, les cinq fens s'y trouvent ; la penfée auffi. Un animal qui reffemblerait de la nuque du cou en bas à un homme, ou à un de ces finges qu'on nomme *orun outan*, ou l'homme des bois, ne ferait pas plus un homme qu'un finge ou qu'un ours à qui on aurait coupé la tête & la queue.

C'eft donc la penfée qui fait l'être de l'homme &c. En ce cas la penfée ferait fon effence, comme l'étendue & la folidité font l'effence de la matière. L'homme penferait effentiellement & toûjours ; comme la matière eft toûjours étendue & folide. Il penferait dans un profond fommeil fans rêves, dans un évanouïffement, dans une létargie, dans le ventre de fa mère. Je fais bien que jamais je n'ai penfé dans aucun de ces états ; je l'avoue fouvent, & je me doute que les autres font comme moi.

Si la penfée était effentielle à l'homme, com-

comme l'étendue à la matière, il s'enfuivrait que DIEU n'a pu priver cet animal d'entendement, puisqu'il ne peut priver la matière d'étendue. Car alors elle ne ferait plus matière. Or si l'entendement est essentiel à l'homme, il est donc pensant par sa nature, comme DIEU est Dieu par sa nature.

Si je voulais essayer de définir DIEU, autant qu'un être aussi chétif que nous peut le définir, je dirais que la pensée est son être, son essence : mais l'homme !

Nous avons la faculté de penser, de marcher, de parler, de manger, de dormir ; mais nous n'usons pas toûjours de ces facultés, cela n'est pas dans notre nature.

La pensée chez nous n'est-elle pas un attribut ? & si bien un attribut, qu'elle est tantôt faible, tantôt forte, tantôt raisonnable, tantôt extravagante ? elle se cache ; elle se montre ; elle fuit, elle revient ; elle est nulle ; elle est reproduite. L'essence est tout autre chose ; elle ne varie jamais. Elle ne connait pas le plus ou le moins.

Que serait donc l'animal sans tête supposé par *Pascal ?* un être de raison. Il aurait pu supposer tout aussi bien un arbre à qui DIEU aurait donné la pensée, comme on a dit que les Dieux avaient accordé la voix aux arbres de Dodone.

Septième partie. H

HONNEUR.

L'Auteur des synonymes de la langue française dit, *qu'il est d'usage dans le discours de mettre la gloire en antithèse avec l'intérêt, & le goût avec l'honneur.*

Mais on croit que cette définition ne se trouve que dans les dernières éditions, lorsqu'il eut gâté son livre.

On lit ces vers-ci dans la satyre de Boileau sur l'honneur :

> Entendons discourir sur les bancs des galères
> Ce forçat abhorré même de ses confrères,
> Il plaint par un arrêt injustement donné
> L'honneur en sa personne à ramer condamné.

Nous ignorons s'il y a beaucoup de galériens qui se plaignent du peu d'égards qu'on a eu pour leur honneur.

Ce terme nous a paru susceptible de plusieurs acceptions différentes, ainsi que tous les mots qui expriment des idées métaphysiques & morales.

> Mais je fais ce qu'on doit de bontés & d'honneur
> A son sexe, à son âge, & surtout au malheur.

Honneur signifie là *égard, attention.*

> L'amour n'est qu'un plaisir, l'honneur est un devoir,

signifie dans cet endroit, *c'est un devoir de venger son père.*

Il a été reçu avec beaucoup d'honneur.

Cela veut dire avec des marques de respect.

Soutenir l'honneur du corps.

C'est soutenir les prééminences, les privilèges de son corps, de sa compagnie, & quelquefois ses chimères.

Se conduire en homme d'honneur.

C'est agir avec justice, franchise & générosité.

Avoir des honneurs, être comblé d'honneurs,

C'est avoir des distinctions, des marques de supériorité.

> Mais l'honneur en effet qu'il faut que l'on admire,
> Quel est-il, Valincour, pouras-tu me le dire ?
> L'ambition le met souvent à tout brûler,
> Un vrai fourbe à jamais ne garder sa parole.

Comment *Boileau* a-t-il pu dire qu'un fourbe fait consister l'honneur à tromper ? il nous semble qu'il met son intérêt à manquer de foi, & son honneur à cacher ses fourberies.

L'auteur de l'*Esprit des loix* a fondé son système sur cette idée, que la vertu est le principe du gouvernement républicain, & l'honneur le principe des gouvernemens monarchiques. Y a-t-il donc de la vertu fans honneur ? & comment une république eft-elle établie fur la vertu ?

Mettons fous les yeux du lecteur ce qui a été dit fur ce fujet dans un petit livre. Les brochures fe perdent en peu de tems. La vérité ne doit point fe perdre, il faut la configner dans des ouvrages de longue haleine.

„ On n'a jamais affurément formé des ré-
„ publiques par vertu. L'intérêt public s'eft
„ oppofé à la domination d'un feul ; l'efprit
„ de propriété, l'ambition de chaque parti-
„ culier, ont été un frein à l'ambition &
„ à l'efprit de rapine. L'orgueil de chaque
„ citoyen a veillé fur l'orgueil de fon voi-
„ fin. Perfonne n'a voulu être l'efclave de la
„ fantaifie d'un autre. Voilà ce qui établit
„ une république, & ce qui la conferve. Il
„ eft ridicule d'imaginer qu'il faille plus de
„ vertu à un Grifon qu'à un Efpagnol.

„ Que l'honneur foit le principe des feu-
„ les monarchies, ce n'eft pas une idée moins
„ chimérique ; & il le fait bien voir lui-mème
„ fans y penfer. *La nature de l'honneur,*
„ dit-il au chap. VII. du liv. III. *eft de de-*
„ *mander des préférences, des diftinctions. Il*
„ *eft donc par la chofe même placé dans le gou-*
„ *vernement monarchique.*

„ Certainement par la chofe même, on
„ demandait dans la république Romaine,
„ la préture, le confulat, l'ovation, le triom-

« phe, ce sont là des préférences, des dis-
« tinctions qui valent bien les titres qu'on
« achète souvent dans les monarchies & dont
« le tarif est fixé. »

Cette remarque prouve à notre avis que le livre de l'*Esprit des loix*, quoiqu'étincelant d'esprit, quoique recommandable par l'amour des loix, par la haine de la superstition & de la rapine, porte entiérement à faux.

Ajoutons que c'est précisément dans les cours qu'il y a toûjours le moins d'honneur.

L'ingannare, il mentir, la frode, il furto,
E la rapina di pieta vestita,
Crescer col' danno e precipizio altrui,
E far a se de l'altrui biasmo onore
Son' le virtu di quella gente infida.

(Pastor Fido atto V, scèna prima.)

Ceux qui n'entendent pas l'italien peuvent jetter les yeux sur ces quatre vers français, qui sont un précis de tous les lieux communs qu'on a débités sur les cours depuis trois mille ans.

Ramper avec bassesse en affectant l'audace,
S'engraisser de rapine en attestant les loix,
Etouffer en secret son ami qu'on embrasse,
Voilà l'honneur qui règne à la suite des rois.

C'est en effet dans les cours que des hommes sans honneur parviennent souvent aux plus hautes dignités ; & c'est dans les républiques qu'un citoyen deshonoré n'est jamais nommé par le peuple aux charges publiques.

Le mot célèbre du duc d'Orléans régent suffit pour détruire le fondement de l'Esprit des loix. *C'est un parfait courtisan, il n'a ni humeur ni honneur.*

Honorable, honnêteté, honnête, signifient souvent la même chose qu'honneur. *Une compagnie honorable, de gens d'honneur. On lui fit beaucoup d'honnêtetés, on lui dit des choses honnêtes.* C'est-à-dire, on le traita de façon à le faire penser honorablement de lui-même.

D'honneur on a fait *honoraire*. Pour honorer une profession au dessus des arts méchaniques, on donne à un homme de cette profession un honoraire au-lieu de salaire & de gages qui offenseraient son amour-propre. Ainsi *honneur, faire honneur, honorer*, signifient faire accroire à un homme qu'il est quelque chose, qu'on le distingue.

Il me vola pour prix de mon labeur
Mon honoraire en me parlant d'honneur.

HUMILITÉ.

DEs philosophes ont agité si l'humilité est une vertu; mais vertu ou non, tout le monde convient que rien n'est plus rare. Cela s'appellait chez les Grecs *Tepeinesis*, ou *Tapeineia*. Elle est fort recommandée dans le quatriéme livre des loix de *Platon*; il ne veut point d'orgueilleux, il veut des humbles.

Epictète en vingt endroits prêche l'humilité. Si tu passes pour un personnage dans l'esprit de quelques-uns, défie-toi de toi-même.

Point de sourcil superbe.

Ne sois rien à tes yeux.

Si tu cherches à plaire, te voilà déchu.

Cède à tous les hommes; préfère-les tous à toi; supporte-les tous.

Vous voyez par ces maximes que jamais capucin n'alla si loin qu'*Epictète*.

Quelques théologiens qui avaient le malheur d'être orgueilleux, ont prétendu que l'humilité ne coûtait rien à *Epictète* qui était esclave; & qu'il était humble par état, comme un docteur ou un jésuite peut être orgueilleux par état.

Mais que diront-ils de *Marc-Antonin* qui

sur le trône recommande l'humilité ? Il met sur la même ligne *Alexandre* & son muletier.

Il dit que la vanité des pompes n'est qu'un os jetté au milieu des chiens.

Que faire du bien & s'entendre calomnier, est une vertu de roi.

Ainsi le maître de la terre connue veut qu'un roi soit humble. Proposez seulement l'humilité à un musicien, vous verrez comme il se moquera de *Marc-Aurèle*.

Descartes, dans son traité des *passions de l'ame*, met dans leur rang l'humilité. Elle ne s'attendait pas à être regardée comme une passion.

Il distingue entre l'humilité vertueuse & la vicieuse. Voici comme *Descartes* raisonnait en métaphysique & en morale.

Descartes Traité des passions.

,, Il n'y a rien en la générosité qui ne soit
,, compatible avec l'humilité vertueuse, ni
,, rien ailleurs qui les puisse changer ; ce qui
,, fait que leurs mouvemens sont fermes,
,, constans & toûjours fort semblables à eux-
,, mêmes. Mais ils ne viennent pas tant de
,, surprise, pour ce que ceux qui se con-
,, naissent en cette façon, connaissent assez
,, quelles sont les causes qui font qu'ils s'es-
,, timent. Toutefois on peut dire que ces
,, causes sont si merveilleuses (à savoir la
,, puissance d'user de son libre arbitre qui fait
,, qu'on se prise soi-même, & les infirmités

" du sûjet en qui est cette puissance, qui
" font qu'on ne s'estime pas trop,) qu'à tou-
" tes les fois qu'on se les représente de nou-
" veau, elles donnent toûjours une nouvelle
" admiration. "

Voici maintenant comme il parle de l'humilité vicieuse.

" Elle consiste principalement en ce qu'on
" se sent faible & peu résolu, & comme si on
" n'avait pas l'usage entier de son libre arbi-
" tre. On ne se peut empêcher de faire des
" choses dont on sait qu'on se repentira par
" après. Puis aussi en ce qu'on croit, ne pou-
" voir subsister par soi-même, ni se passer de
" plusieurs choses dont l'acquisition dépend
" d'autrui, ainsi elle est directement opposée
" à la générosité, &c. "

Nous laissons aux philosophes plus savans que nous le soin d'éclaircir cette doctrine. Nous nous bornerons à dire que l'humilité est la modestie de l'ame.

C'est le contre-poison de l'orgueil. L'humilité ne pouvait pas empêcher *Rameau* de croire qu'il savait plus de musique que ceux auxquels il l'enseignait ; mais elle pouvait l'engager à convenir qu'il n'était pas supérieur à *Lulli* dans le récitatif.

Le révérend père *Viret* cordelier, théologien & prédicateur, tout humble qu'il est, croira toûjours fermement qu'il en fait plus que ceux qui apprennent à lire & à écrire. Mais fon humilité chrétienne, fa modeftie de l'ame l'obligera d'avouer dans le fond de fon cœur, qu'il n'a écrit que des fottifes. O frères *Nonottes*, *Guyon*, *Patouillet*, écrivains des halles, foyez bien humbles! ayez toûjours la modeftie de l'ame en recommandation!

JAPON.

JE ne fais point de queftion fur le Japon pour favoir fi cet amas d'ifles eft beaucoup plus grand que l'Angleterre, l'Ecoffe, l'Irlande & les Orcades enfemble; fi l'empereur du Japon eft plus puiffant que l'empereur d'Allemagne, & fi les bonzes Japonois font plus riches que les moines Efpagnols.

J'avouerai même fans héfiter que, tout relégués que nous fommes aux bornes de l'Occident, nous avons plus de génie qu'eux, tout favorifés qu'ils font du foleil levant. Nos tragédies & nos comédies paffent pour être meilleures; nous avons pouffé plus loin l'aftronomie, les mathématiques, la peinture, la fculpture & la mufique. De plus, ils n'ont rien qui approche de nos vins de Bourgogne & de Champagne.

Mais pourquoi avons-nous si longtems sollicité la permission d'aller chez eux, & que jamais aucun Japonois n'a souhaité seulement de faire un voyage chez nous ? Nous avons couru à Meako, à la terre d'Yeso, à la Californie ; nous irions à la Lune avec *Astolphe* si nous avions un hypogriphe. Est-ce curiosité, inquiétude d'esprit ? est-ce besoin réel ?

Dès que les Européans eurent franchi le cap de Bonne-Espérance, la Propagande se flatta de subjuguer tous les peuples voisins des mers orientales, & de les convertir. On ne fit plus le commerce d'Asie que l'épée à la main ; & chaque nation de notre Occident fit partir tour-à-tour des marchands, des soldats & des prêtres.

Gravons dans nos cervelles turbulentes, ces mémorables paroles de l'empereur *Yontchin* quand il chassa tous les missionnaires jésuites & autres de son empire ; qu'elles soient écrites sur les portes de tous nos couvens. *Que diriez-vous si nous allions sous le prétexte de trafiquer dans vos contrées, dire à vos peuples que votre religion ne vaut rien, & qu'il faut absolument embrasser la nôtre ?*

C'est-là cependant ce que l'église latine a fait par toute la terre. Il en coûta cher au Japon ; il fut sur le point d'être enseveli dans les flots de son sang comme le Mexique & le Pérou.

JAPON.

Il y avait dans les isles du Japon douze religions qui vivaient ensemble très paisiblement. Des missionnaires arrivèrent de Portugal ; ils demandèrent à faire la treiziéme ; on leur répondit qu'ils feraient les très bien venus, & qu'on n'en saurait trop avoir.

Voilà bientôt des moines établis au Japon avec le titre d'*évêques*. A peine leur religion fut-elle admise pour la treiziéme qu'elle voulut être la seule. Un de ces évêques ayant rencontré dans son chemin un conseiller d'état, lui disputa le pas ; il lui soutint qu'il était du premier ordre de l'état, & que le conseiller n'étant que du second lui devait beaucoup de respect. L'affaire fit du bruit. Les Japonois font encor plus fiers qu'indulgens. On chassa le moine évêque & quelques chrétiens dès l'année 1586. Bientôt la religion chrétienne fut proscrite. Les missionnaires s'humilièrent, demandèrent pardon, obtinrent grace & en abusèrent.

<small>Ce fait est avéré par toutes les relations.</small>

Enfin en 1637, les Hollandais ayant pris un vaisseau espagnol qui fesait voile du Japon à Lisbonne, ils trouvèrent dans ce vaisseau des lettres d'un nommé *Moro*, consul d'Espagne à Nangazaqui. Ces lettres contenaient le plan d'une conspiration des chrétiens du Japon pour s'emparer du pays. On y spécifiait le nombre des vaisseaux qui devaient venir d'Europe & d'Asie appuyer cette entreprise.

Les Hollandais ne manquèrent pas de remettre les lettres au gouvernement. On saisit *Moro* ; il fut obligé de reconnaître son écriture, & condamné juridiquement à être brûlé.

Tous les néophites des jésuites & des dominicains prirent alors les armes, au nombre de trente mille. Il y eut une guerre civile affreuse. Ces chrétiens furent tous exterminés.

Les Hollandais pour prix de leur service obtinrent seuls, comme on sait, la liberté de commercer au Japon, à condition qu'ils n'y feraient jamais aucun acte de christianisme ; & depuis ce tems ils ont été fidèles à leur promesse.

Qu'il me soit permis de demander à ces missionnaires, quelle était leur rage après avoir servi à la destruction de tant de peuples en Amérique, d'en aller faire autant aux extrémités de l'Orient pour la plus grande gloire de DIEU ?

S'il était possible qu'il y eût des diables déchaînés de l'enfer pour venir ravager la terre, s'y prendraient-ils autrement ? Est-ce donc là le commentaire du *Contrain-les d'entrer ?* est-ce ainsi que la douceur chrétienne se manifeste ? est-ce là le chemin de la vie éternelle ?

Lecteur, joignez cette avanture à tant d'autres, réfléchissez & jugez.

IDÉE.

Section première.

Qu'est-ce qu'une idée ?

C'est une image qui se peint dans mon cerveau.

Toutes vos pensées sont donc des images ? Assurément ; car les idées les plus abstraites ne sont que les suites de tous les objets que j'ai apperçus. Je ne prononce le mot d'*être* en général que parce que j'ai connu des êtres particuliers. Je ne prononce le nom d'*infini* que parce que j'ai vu des bornes, & que je recule ces bornes dans mon entendement autant que je le puis ; je n'ai des idées que parce que j'ai des images dans la tête.

Et quel est le peintre qui fait ce tableau ?
Ce n'est pas moi ; je ne suis pas assez bon dessinateur : c'est celui qui m'a fait, qui fait mes idées.

Et d'où savez-vous que ce n'est pas vous qui faites des idées ?

De ce qu'elles me viennent très souvent malgré moi quand je veille, & toûjours malgré moi quand je rêve en dormant.

Vous êtes donc persuadé que vos idées ne vous appartiennent que comme vos cheveux qui croissent, qui blanchissent, & qui tombent sans que vous vous en mêliez ?

Rien n'est plus évident ; tout ce que je puis faire c'est de les friser, de les couper, de les poudrer, mais il ne m'appartient pas de les produire.

Vous seriez donc de l'avis de *Mallebranche*, qui disait que nous voyons tout en Dieu ?

Je suis bien sûr au moins que si nous ne voyons pas les choses dans le grand Etre, nous les voyons par son action puissante & présente.

Et comment cette action se fait-elle ?

Je vous ai dit cent fois dans nos entretiens que je n'en savais pas un mot, & que Dieu n'a dit son secret à personne. J'ignore ce qui fait battre mon cœur, courir mon sang dans mes veines : j'ignore le principe de tous mes mouvemens ; & vous voulez que je vous dise comment je sens, & comment je pense ? cela n'est pas juste.

Mais vous savez au moins si votre faculté d'avoir des idées est jointe à l'étendue?

Pas un mot. Il est bien vrai que *Tatien*, dans son discours aux Grecs, dit que l'ame est composée manifestement d'un corps. *Irenée*, dans son chap. XXVI. du second livre, dit, que le Seigneur a enseigné que nos ames gardent la figure de notre corps pour en conserver la mémoire. *Tertullien* assure, dans son second livre de l'*Ame*, qu'elle est un corps. *Arnobe*, *Lactance*, *Hilaire*, *Grégoire* de Nice, *Ambroise* n'ont point une autre opinion. On prétend que d'autres pères de l'église assurent que l'ame est sans aucune étendue, & qu'en cela ils sont de l'avis de *Platon*, ce qui est très douteux. Pour moi, je n'ose être d'aucun avis; je ne vois qu'incompréhensibilité dans l'un & dans l'autre système; & après y avoir rêvé toute ma vie, je suis aussi avancé que le premier jour.

Ce n'était donc pas la peine d'y penser?

Il est vrai; celui qui jouit, en fait plus que celui qui réfléchit, ou du moins il fait mieux, il est plus heureux; mais que voulez-vous? il n'a pas dépendu de moi ni de recevoir, ni de rejetter dans ma cervelle toutes les idées qui sont venues y combattre les unes contre les autres, & qui ont pris mes cellules médullaires pour leur champ de bataille. Quand elles se sont bien battues,

je

je n'ai recueilli de leurs dépouilles que l'incertitude.

Il est bien triste d'avoir tant d'idées, & de ne savoir pas au juste la nature des idées !

Je l'avoue; mais il est bien plus triste, & beaucoup plus sot de croire savoir ce qu'on ne sait pas.

SECTION SECONDE.

Tout en DIEU.

In Deo vivimus movemur, & sumus.

Tout se meut, tout respire, & tout existe en Dieu.

Aratus cité & approuvé par *St. Paul*, fit donc cette confession de foi chez les Grecs.

Le vertueux Caton dit la même chose, *Jupiter est quodcumque vides, quocumque moveris.*

Mallebranche est le commentateur d'*Aratus*, de *St. Paul* & de *Caton*. Il réussit d'abord en montrant les erreurs des sens & de l'imagination; mais quand il voulut développer ce grand système que tout est en DIEU, tous les lecteurs dirent que le commentaire est plus obscur que le texte. Enfin, en creusant cet abîme, la tête lui tourna; il eut des conversations avec le Verbe, il sut ce que le Verbe a fait dans les autres planètes; il devint tout-à-fait fou. Cela doit nous

Septiéme partie. I

donner de terribles allarmes, à nous autres chétifs qui fesons les entendus.

Pour bien entrer au moins dans la pensée de *Mallebranche*, dans le tems qu'il était sage, il faut d'abord n'admettre que ce que nous concevons clairement, & rejetter ce que nous n'entendons pas. N'est-ce pas être imbécille que d'expliquer une obscurité par des obscurités ?

Je sens invinciblement que mes premières idées & mes sensations me sont venues malgré moi. Je conçois très clairement que je ne puis me donner aucune idée. Je ne puis me rien donner ; j'ai tout reçu. Les objets qui m'entourent ne peuvent me donner ni idée, ni sensation par eux-mêmes ; car comment se pourait-il qu'un morceau de matière eût en soi la vertu de produire dans moi une pensée ?

Donc je suis mené malgré moi à penser que l'Etre éternel qui donne tout, me donne mes idées, de quelque manière que ce puisse être.

Mais, qu'est-ce qu'une idée ? qu'est-ce qu'une sensation, une volonté &c. ? c'est moi appercevant, moi sentant, moi voulant.

On sait enfin qu'il n'y a pas plus d'être réel appellé *idée*, que d'être réel nommé *mouvement*; mais il y a des corps mus.

De même il n'y a point d'être particulier nommé *mémoire*, *imagination*, *jugement* : mais nous nous souvenons, nous imaginons, nous jugeons.

Tout cela est d'une vérité triviale ; mais il est nécessaire de rebattre souvent cette vérité ; car les erreurs contraires sont plus triviales encore.

Loix de la nature.

Maintenant, comment l'Etre éternel & formateur produirait-il tous ces modes dans des corps organisés ?

A-t-il mis deux êtres dans un grain de froment dont l'un fera germer l'autre ? a-t-il mis deux êtres dans un cerf, dont l'un fera courir l'autre ? non sans doute. Tout ce qu'on en sait est que le grain est doué de la faculté de végéter, & le cerf de celle de courir.

C'est évidemment une mathématique générale qui dirige toute la nature, & qui opère toutes les productions. Le vol des oiseaux, le nagement des poissons, la course des quadrupèdes, sont des effets démontrés des règles du mouvement connues. *Mens agitat molem.*

Les sensations, les idées de ces animaux peuvent-elles être autre chose que des effets plus admirables des loix mathématiques plus cachées ?

MÉCANIQUE DES SENS, ET DES IDÉES.

C'eſt par ces loix que tout animal ſe meut pour chercher ſa nourriture. Vous devez donc conjecturer qu'il y a une loi par laquelle il a l'idée de ſa nourriture, ſans quoi il n'iraitrait pas la chercher.

L'intelligence éternelle a fait dépendre d'un principe toutes les actions de l'animal. Donc l'intelligence éternelle a fait dépendre du même principe les ſenſations qui cauſent ces actions.

L'auteur de la nature aura-t-il diſpoſé avec un art ſi divin les inſtrumens merveilleux des ſens ? aura-t-il mis des rapports ſi étonnans entre les yeux & la lumière, entre l'atmoſphère & les oreilles, pour qu'il ait encor beſoin d'accomplir ſon ouvrage par un autre ſecours ? La nature agit toûjours par les voies les plus courtes. La longueur du procédé eſt impuiſſance ; la multiplicité des ſecours eſt faibleſſe. Donc il eſt à croire que tout marche par le même reſſort.

LE GRAND ETRE FAIT TOUT.

Non-ſeulement nous ne pouvons nous donner aucune ſenſation ; nous ne pouvons même en imaginer au delà de celles que nous avons éprouvées. Que toutes les académies de l'Europe proposent un prix pour celui qui imaginera un nouveau sens ; jamais on ne gagnera ce prix. Nous ne pouvons donc rien purement par nous-mêmes, soit qu'il y ait un être invisible & intangible dans notre cervelet, ou répandu dans notre corps, soit qu'il n'y en ait pas. Et il faut convenir que dans tous les systèmes l'auteur de la nature nous a donné tout ce que nous avons, organes, sensations, idées qui en sont la suite.

Puisque nous sommes ainsi sous sa main, *Mallebranche*, malgré toutes ses erreurs, aurait donc raison de dire philosophiquement, que nous sommes dans DIEU, & que nous voyons tout dans DIEU; comme *St. Paul* le dit dans le langage de la théologie, & *Aratus* & *Caton* dans celui de la morale.

Que pouvons-nous donc entendre par ces mots, *voir tout en* DIEU ?

Ou ce sont des paroles vides de sens, ou elles signifient que DIEU nous donne toutes nos idées.

Que veut dire, recevoir une idée ? ce n'est pas nous qui la créons quand nous la recevons ; donc il n'est pas si antiphilosophique qu'on l'a cru de dire. C'est DIEU qui fait des idées dans ma tête, de même qu'il fait le mouvement dans tout mon corps. Tout est donc une action de DIEU sur les créatures.

Comment tout est-il action de Dieu?

Il n'y a dans la nature qu'un principe univerſel, éternel & agiſſant; il ne peut en exiſter deux; car ils feraient ſemblables ou différens. S'ils ſont différens ils ſe détruiſent l'un l'autre; s'ils ſont ſemblables c'eſt comme s'il n'y en avait qu'un. L'unité de deſſein dans le grand tout infiniment varié annonce un ſeul principe; ce principe doit agir ſur tout être; ou il n'eſt plus principe univerſel.

S'il agit ſur tout être, il agit ſur toutes les modes de tout être. Il n'y a donc pas un ſeul mouvement, un ſeul mode, une ſeule idée qui ne ſoit l'effet immédiat d'une cauſe univerſelle toûjours préſente.

La matière de l'univers appartient donc à DIEU tout autant que les idées, & les idées tout autant que la matière.

Dire que quelque choſe eſt hors de lui, ce ferait dire qu'il y a quelque choſe hors du grand tout. DIEU étant le principe univerſel de toutes les choſes, toutes exiſtent donc en lui & par lui.

Ce ſyſtème renferme celui de la *prémotion phyſique*, mais comme une roue immenſe renferme une petite roue qui cherche à s'en écarter. Le principe que nous venons d'expoſer eſt trop vaſte pour admettre aucune vue particulière.

La *prémotion physique* occupe l'être universel des changemens qui se passent dans la tête d'un janséniste & d'un moliniste. Mais pour nous autres nous *n'occupons l'Etre des êtres que des loix de l'univers. La prémotion physique fait une affaire importante à* Dieu *de cinq propositions dont une sœur converse aura entendu parler ; & nous fesons à* Dieu *l'affaire la plus simple de l'arrangement de tous les mondes.*

La prémotion physique est fondée sur ce principe à la grecque, que *si un être pensant se donnait une idée il augmenterait son être.* Or nous ne savons ce que c'est qu'augmenter son être ; nous n'entendons rien à cela. Nous disons qu'un être pensant se donnerait de nouveaux modes, & non pas une addition d'existence. De même que quand vous dansez, vos coulés, vos entrechats, & vos attitudes ne vous donnent pas une existence nouvelle ; ce qui nous semblerait absurde. Nous ne sommes d'accord avec la prémotion physique qu'en étant convaincus que nous ne nous donnons rien.

On crie contre le système de la prémotion, & contre le nôtre, que nous ôtons aux hommes la liberté. Dieu nous en garde. Il n'y a qu'à s'entendre sur ce mot *Liberté.* Nous en parlerons en son lieu. En attendant, le monde ira comme il est allé toûjours, sans que les thomistes ni leurs adversaires, ni tous les difputeurs du monde y puiffent rien chan: ger ; & nous aurons toûjours des idées fans favoir précifément ce que c'eft qu'une idée.

IDENTITÉ.

CE terme fcientifique ne fignifie que *mème chofe*. Il pourait être rendu en français par mèmeté. Ce fujet eft bien plus intéreffant qu'on ne penfe. On convient qu'on ne doit jamais punir que la perfonne coupable, le même individu, & point un autre. Mais un homme de cinquante ans n'eft réellement point le même individu que l'homme de vingt ; il n'a plus aucune des parties qui formaient fon corps ; & s'il a perdu la mémoire du paffé, il eft certain que rien ne lie fon exiftence actuelle à une exiftence qui eft perdue pour lui.

Vous n'êtes le même que par le fentiment continu de ce que vous avez été & de ce que vous êtes. Vous n'avez le fentiment de votre être paffé que par la mémoire. Ce n'eft donc que la mémoire qui établit l'identité, la mèmeté de votre perfonne.

Nous fommes réellement phyfiquement comme un fleuve dont toutes les eaux cousent dans un flux perpétuel. C'est le même fleuve par son lit, ses rives, sa source, son embouchure, par tout ce qui n'est pas lui; mais changeant à tout moment son eau qui constitue son être, il n'y a nulle identité, nulle mèmeté pour ce fleuve.

S'il y avait un *Xerxès* tel que celui qui fouettait l'Hellespont pour lui avoir désobéï, & qui lui envoyait une paire de menottes ; si le fils de ce *Xerxès* s'était noyé dans l'Euphrate, & que *Xerxès* voulût punir ce fleuve de la mort de son fils, l'Euphrate aurait raison de lui répondre, prenez-vous-en aux flots qui roulaient dans le tems que votre fils se baignait. Ces flots ne m'appartiennent point du tout, ils sont allés dans le golphe Persique, une partie s'y est salée, une autre s'est convertie en vapeurs, & s'en est allée dans les Gaules par un vent de sud-est ; elle est entrée dans les chicorées & dans les laitues que les Gaulois ont mangées : prenez le coupable où vous le trouverez.

Il en est ainsi d'un arbre dont une branche cassée par le vent aurait fendu la tête de votre grand-père. Ce n'est plus le même arbre, toutes ses parties ont fait place à d'autres. La branche qui a tué votre grand-père n'est point à cet arbre : elle n'éxiste plus.

IDENTITÉ.

On a donc demandé comment un homme qui aurait absolument perdu la mémoire avant sa mort, & dont les membres seraient changés en d'autres substances, pourait être puni de ses fautes, ou récompensé de ses vertus quand il ne serait plus lui-même ? J'ai lu dans un livre connu cette demande & cette réponse.

Demande.

Comment pourai-je être récompensé ou puni quand je ne serai plus, quand il ne restera rien de ce qui aura constitué ma personne ? ce n'est que par ma mémoire que je suis toûjours moi. Je perds ma mémoire dans ma dernière maladie ; il faudra donc après ma mort un miracle pour me la rendre ; pour me faire rentrer dans mon existence perdue ?

Réponse.

C'est-à-dire que si un prince avait égorgé sa famille pour régner, s'il avait tyrannisé ses sujets, il en serait quitte pour dire à DIEU, Ce n'est pas moi, j'ai perdu la mémoire ; vous vous méprenez, je ne suis plus la même personne. Pensez-vous que DIEU fût bien content de ce sophisme ?

Cette réponse est très louable, mais elle ne résout pas entiérement la question.

Il s'agit d'abord de savoir si l'entendement

& la sensation sont une faculté, donnée de DIEU à l'homme, ou une substance créée ; ce qui ne peut guères se décider par la philosophie qui est si faible & si incertaine.

Ensuite il faut savoir si l'ame étant une substance, & ayant perdu toute connaissance du mal qu'elle a pu faire, étant aussi étrangère à tout ce qu'elle a fait avec son corps qu'à tous les autres corps de notre univers, peut, & doit, selon notre manière de raisonner, répondre dans un autre univers des actions dont elle n'a aucune connaissance ; s'il ne faudrait pas en effet un miracle pour donner à cette ame le souvenir qu'elle n'a plus, pour la rendre présente aux délits anéantis dans son entendement, pour la faire la même personne qu'elle était sur terre ; ou bien, si DIEU la jugerait à-peu-près comme nous condamnons sur la terre un coupable, quoiqu'il ait absolument oublié ses crimes manifestes. Il ne s'en souvient plus ; mais nous nous en souvenons pour lui ; nous le punissons pour l'exemple. Mais DIEU ne peut punir un mort pour qu'il serve d'exemple aux vivans. Personne ne sait si ce mort est condamné ou absous. DIEU ne peut donc le punir que parce qu'il sentit & qu'il exécuta autrefois le désir de mal faire. Mais si quand il se présente mort au tribunal de DIEU il n'a plus rien de ce désir, s'il l'a entiérement oublié depuis vingt ans, s'il n'est plus du tout la même perfonne, qui DIEU punira-t-il en lui?

Ces queftions ne paraiffent guères du reffort de l'efprit humain. Il parait qu'il faut dans tous ces labyrinthes recourir à la foi feule ; c'eft toûjours notre dernier afyle.

Lucrèce avait en partie fenti ces difficultés quand il peint, dans fon troifiéme livre, un homme qui craint ce qui lui arrivera lorfqu'il ne fera plus le même homme,

> *Non radicitus e vita fe tollit & evit ;*
> *Sed facit effe fui quiddam fuper infcius ipfe.*
>
> Sa raifon parle en vain ; fa crainte le dévore
> Comme fi n'étant plus il pouvait être encore.

Mais ce n'eft pas à *Lucrèce* qu'il faut s'adreffer pour connaître l'avenir.

Le célèbre *Toland* qui fit fa propre épitaphe la finit par ces mots : *Idem futurus Tolandus nunquam :* il ne fera jamais le même Toland. Cependant il eft à croire que DIEU l'aurait bien fu retrouver s'il avait voulu; mais il eft à croire auffi que l'Etre qui exifte néceffairement eft néceffairement bon.

IDOLE, IDOLATRE, IDOLATRIE.

IDole, du grec *Eidos*, figure, *Eidolos*, repréſentation d'une figure. *Latreuein*, ſervir, révérer, adorer. Ce mot adorer a, comme on ſait, beaucoup d'acceptions différentes: il ſignifie porter la main à la bouche en parlant avec reſpect: ſe courber, ſe mettre à genoux, ſaluer, & enfin communément, rendre un culte ſuprême. Toûjours des équivoques.

Il eſt utile de remarquer ici que le dictionnaire de Trévoux commence cet article par dire que tous les payens étaient idolâtres, & que les Indiens ſont encor des peuples idolâtres. Premiérement, on n'appella perſonne *payen* avant *Théodoſe le jeune*. Ce nom fut donné alors aux habitans des bourgs d'Italie, *Pagorum incolæ Pagani*, qui conſervérent leur ancienne religion. Secondement, l'Indouſtan eſt mahométan: & les mahométans ſont les implacables ennemis des images & de l'idolâtrie. Troiſiémement, on ne doit point appeller *idolâtres* beaucoup de peuples de l'Inde qui ſont de l'ancienne religion des Parſis, ni certaines caſtes qui n'ont point d'idole.

IDOLE, IDOLATRE,

SECTION PREMIÈRE.

Y a-t-il jamais eu un gouvernement idolâtre ?

Il paraît que jamais il n'y a eu aucun peuple fur la terre qui ait pris ce nom d'*Idolâtre*. Ce mot eft une injure, un terme outrageant, tel que celui de *Gavache* que les Efpagnols donnaient autrefois aux Français, & celui de *Maranes* que les Français donnaient aux Efpagnols. Si on avait demandé au fénat de Rome, à l'aréopage d'Athènes, à la cour des rois de Perfe, *Etes-vous idolâtres ?* ils auraient à peine entendu cette queftion. Nul n'aurait répondu, Nous adorons des images, des idoles. On ne trouve ce mot, *Idolâtre*, *Idolâtrie*, ni dans *Homère*, ni dans *Héfiode*, ni dans *Hérodote*, ni dans aucun auteur de la religion des Gentils. Il n'y a jamais eu aucun édit, aucune loi qui ordonnât qu'on adorât des idoles, qu'on les fervît en Dieux, qu'on les regardât comme des Dieux.

Quand les capitaines Romains & Carthaginois fefaient un traité, ils atteftaient tous leurs Dieux. C'eft en leur préfence, difaient-ils, que nous jurons la paix. Or les ftatues de tous ces Dieux, dont le dénombrement était très long, n'étaient pas dans la tente des généraux. Ils regardaient ou feignaient les Dieux comme préfens aux actions des hommes, comme témoins, comme juges. Et ce n'eft pas aflurément le fimulacre qui conftituait la divinité.

De quel œil voyaient-ils donc les ftatues de leurs fauffes divinités dans les temples ? Du même œil, s'il eft permis de s'exprimer ainfi, que les catholiques voient les images, objets de leur vénération. L'erreur n'était pas d'adorer un morceau de bois ou de marbre, mais d'adorer une fauffe divinité repréfentée par ce bois & ce marbre. La différence entre eux & les catholiques n'eft pas qu'ils euffent des images & que les catholiques n'en ayent point. La différence eft que leurs images figuraient des êtres fantaftiques dans une religion fauffe, & que les images chrétiennes figurent des êtres réels dans une religion véritable. Les Grecs avaient la ftatue d'*Hercule*, & nous celle de *St. Chriftophe* : ils avaient *Efculape* & fa chèvre, & nous *St. Roch* & fon chien ; ils avaient *Mars* & fa lance, & nous *St. Antoine* de Padoue, & *St. Jacques* de Compoftelle.

Quand le conful *Pline* adreffe les prières *aux Dieux immortels*, dans l'exorde du panégyrique de Trajan, ce n'eft pas à des images qu'il les adreffe. Ces images n'étaient pas immortelles.

Ni les derniers tems du paganifme, ni les plus reculés, n'offrent un feul fait qui puiffe faire conclure qu'on adorât une idole. *Homère* ne parle que des Dieux qui habitent le haut Olympe. Le Palladium, quoique tombé du ciel, n'était qu'un gage facré de la protection de *Pallas*; c'était elle qu'on vénérait dans le Palladium. C'était notre fainte ampoule.

Mais les Romains & les Grecs fe mettaient à genoux devant des ftatues, leur donnaient des couronnes, de l'encens, des fleurs, les promenaient en triomphe dans les places publiques. Les catholiques ont fanctifié ces coutumes, & ne fe difent point idolâtres.

Les femmes en tems de féchereffe portaient les ftatues des Dieux, apres avoir jeûné. Elles marchaient piés nuds, les cheveux épars; & auffi-tôt il pleuvait à feaux, comme dit Pétrone, *& ftatim urceatim pluebat*. N'a-t-on pas confacré cet ufage, illégitime chez les Gentils, & légitime parmi les catholiques? Dans combien de villes ne porte-t-on pas nuds piés des charognes pour obtenir les bénédictions du ciel par leur interceffion? Si un Turc, un lettré Chinois était témoin de ces cérémonies, il pourait par ignorance accufer les Italiens de mettre leur confiance dans les

fimulasimulacres qu'ils promènent ainsi en procession.

SECTION SECONDE.

Examen de l'idolâtrie ancienne.

Du tems de *Charles I* on déclara la religion catholique, idolâtre en Angleterre. Tous les presbytériens sont persuadés que les catholiques adorent un pain qu'ils mangent & des figures qui sont l'ouvrage de leurs sculpteurs & de leurs peintres. Ce qu'une partie de l'Europe reproche aux catholiques, ceux-ci le reprochent eux-mêmes aux Gentils.

On est surpris du nombre prodigieux de déclamations débitées dans tous les tems contre l'idolâtrie des Romains, & des Grecs; & ensuite on est plus surpris encor quand on voit qu'ils n'étaient pas idolâtres.

Il y avait des temples plus privilégiés que les autres. La grande *Diane* d'Ephese avait plus de réputation qu'une *Diane* de village. Il se fesait plus de miracles dans le temple d'*Esculape* à Epidaure, que dans un autre de ses temples. La statue de *Jupiter Olimpien* attirait plus d'offrandes que celle de *Jupiter Pephlagonien*. Mais puisqu'il faut toûjours opposer ici les coutumes d'une religion vraie, à celles d'une religion fausse, n'avons-nous pas eu depuis plusieurs siécles plus de dévotion à certains autels qu'à d'autres ? Ne portons-nous pas plus d'offrandes à Notre-Dame de Lorette qu'à Notre-Dame des Neiges ? C'est à nous à voir si on doit saisir ce prétexte pour nous accuser d'idolâtrie ?

On n'avait imaginé qu'une seule *Diane*, un seul *Apollon*, un seul *Esculape* ; non pas autant d'*Apollons*, de *Dianes* & d'*Esculapes* qu'ils avaient de temples & de statues. Il est donc prouvé, autant qu'un point d'histoire peut l'être, que les anciens ne croyaient pas qu'une statue fût une divinité, que le culte ne pouvait être rapporté à cette statue, à cette idole, & que par conséquent les anciens n'étaient point idolâtres.

Les Grecs & les Romains augmentèrent le nombre de leurs Dieux par des apothéoses ; les Grecs divinisaient les conquérans, comme *Bacchus*, *Hercule*, *Persée*. Rome dressa des autels à ses empereurs. Les apothéoses de Rome moderne sont d'un genre différent. Elle a des saints au-lieu de ses demi-dieux.

Ces anciennes apothéoses sont encor une preuve convaincante que les Grecs & les Romains n'étaient point proprement idolâtres. Il est clair qu'ils n'admettaient pas plus une vertu divine dans la statue d'*Auguste* & de *Claudius*, que dans leurs médailles.

Cicéron dans ses ouvrages philosophiques, ne laisse pas soupçonner seulement qu'on puisse se méprendre aux statues des Dieux & les confondre avec les Dieux mêmes. Ses interlocuteurs foudroyent la religion établie; mais aucun d'eux n'imagine d'accuser les Romains de prendre du marbre & de l'airain pour des divinités. *Lucrèce* ne reproche cette sottise à personne, lui qui reproche tout aux superstitieux. Donc, encor une fois, cette opinion n'existait pas; on n'en avait aucune idée. Il n'y avait point d'idolâtre.

Horace fait parler une statue de Priape; il lui fait dire, *J'étais autrefois un tronc de figuier; un charpentier ne sachant s'il ferait de moi un Dieu ou un banc, se détermina enfin à me faire Dieu*, &c. Que conclure de cette plaisanterie? Priape était de ces petites divinités subalternes, abandonnées aux railleurs; & cette plaisanterie même est la preuve la plus forte que cette figure de *Priape* qu'on mettait dans les potagers pour effrayer les oiseaux, n'était pas fort révérée.

Dacier en se livrant à l'esprit commentateur, n'a pas manqué d'observer que Baruch avait prédit cette avanture, en disant, *Ils ne feront que ce que voudront les ouvriers;* mais il pouvait observer aussi qu'on en peut dire autant de toutes les statues: *Baruch* aurait-il eu une vision sur les satyres d'*Horace* ?

On peut d'un bloc de marbre tirer tout aussi bien une cuvette qu'une figure d'Alexandre, ou de Jupiter, ou de quelqu'autre chose plus respectable. La matière dont étaient formés les chérubins du Saint des saints aurait pu servir également à faire des pots de chambre. Un trône, un autel en sont-ils moins révérés, parce que l'ouvrier en pouvait faire une table de cuisine ?

Dacier au-lieu de conclure que les Romains adoraient la statue de *Priape*, & que *Baruch* l'avait prédit, devait donc conclure que les Romains s'en moquaient. Consultez tous les auteurs qui parlent des statues de leurs Dieux, vous n'en trouverez aucun qui parle d'idolàtrie ; ils disent expressément le contraire. Vous voyez dans Martial :

Qui finxit sacros auro vel marmore vultus,
Non facit ille Deos qui colit ille facit.

L'artisan ne fait point les Dieux,
C'est celui qui les prie.

Dans Ovide :

Colitur pro Jove forma Jovis.

Dans l'image de Dieu c'est Dieu seul qu'on adore.

Dans Stace :

*Nulla autem effigies, nulli commissa metallo.
Forma Dei mentes habitare ac numina gaudet.*

Les Dieux ne font jamais dans une arche enfermés :
Ils habitent nos cœurs.

Dans Lucain :

Estne Dei sedes, nisi terra & pontus & aër ?

L'univers est de Dieu la demeure & l'empire.

On ferait un volume de tous les passages qui déposent que des images n'étaient que des images.

Il n'y a que le cas où les statues rendaient des oracles, qui ait pu faire penser que ces statues avaient en elles quelque chose de divin. Mais certainement l'opinion régnante était que les Dieux avaient choisi certains autels, certains simulacres pour y venir résider quelquefois, pour y donner audience aux hommes, pour leur répondre. On ne voit dans *Homère* & dans les chœurs des tragédies grecques, que des prières à *Apollon* qui rend ses oracles sur les montagnes, en tel temple, en telle ville ; il n'y a pas dans toute l'antiquité la moindre trace d'une prière adressée à une statue.

Ceux qui professaient la magie, qui la croyaient une science, ou qui feignaient de le croire, prétendaient avoir le secret de faire descendre les Dieux dans les statues, non pas les grands Dieux, mais les Dieux secondaires, les génies. C'est ce que *Mercure Trismégiste* appellait faire des Dieux ; & c'est ce que St. Augustin réfute dans sa *Cité de Dieu*. Mais cela même montre évidemment que les simulacres n'avaient rien en eux de divin, puisqu'il falait qu'un magicien, les animat. Et il me semble qu'il arrivait bien rarement qu'un magicien fût assez habile pour donner une ame à une statue pour la faire parler.

En un mot, les images des Dieux n'étaient point des Dieux ; *Jupiter*, & non pas son image, lançait le tonnerre ; ce n'était pas la statue de *Neptune* qui soulevait les mers, ni celle d'*Apollon* qui donnait la lumière. Les Grecs & les Romains étaient des gentils, des polythéistes, & n'étaient point des idolâtres.

SECTION TROISIEME.

Si les Perses, les Sabéens, les Egyptiens, les Tartares, les Turcs ont été idolâtres ? & de quelle antiquité est l'origine des simulacres appellés idoles. *Histoire de leur culte.*

C'est une grande erreur d'appeller *idolâtres* les peuples qui rendirent un culte au soleil

& aux étoiles. Ces nations n'eurent longtems ni fimulacres ni temples. Si elles fe trompèrent, c'eft en rendant aux aftres ce qu'ils devaient au Créateur des aftres. Encor le dogme de *Zoroaftre* ou *Zerduft*, recueilli dans le Sadder, enfeigne-t-il un Etre fuprême, vengeur & rémunérateur : & cela eft bien loin de l'idolâtrie. Le gouvernement de la Chine n'a jamais eu aucune idole ; il a toûjours confervé le culte fimple du maître du ciel *Kingtien*.

Gengis-Kan chez les Tartares n'était point idolâtre, & n'avait aucun fimulacre. Les mufulmans qui rempliffent la Grèce, l'Afie mineure, la Syrie, la Perfe, l'Inde & l'Afrique, appellent les chrétiens idolâtres, *giaours*, parce qu'ils croyent que les chrétiens rendent un culte aux images. Ils briferent plufieurs ftatues qu'ils trouvèrent à Conftantinople dans Ste. Sophie, & dans l'églife des Sts. Apôtres, & dans d'autres qu'ils convertirent en mofquées. L'apparence les trompa comme elle trompe toûjours les hommes, & leur fit croire que des temples dédiés à des faints qui avaient été hommes autrefois, des images de ces faints révérées à genoux, des miracles opérés dans ces temples, étaient des preuves invincibles de l'idolâtrie la plus complette.

On ne fait pas qui inventa les habits & les chauffures, & on veut favoir qui le premier inventa les *idoles* ? Qu'importe un paſ-ſage de *Sanchoniaton* qui vivait avant la guerre de Troye ? que nous apprend-il, quand il dit que le chaos, l'eſprit, c'eſt-à-dire *le ſouſle*, amoureux de ſes principes, en tira le limon, qu'il rendit l'air lumineux, que le vent *Colp* & ſa femme *Baü* engendrèrent *Eon*, qu'*Eon* engendra *Genos ?* que *Cronos* leur deſcendant avait deux yeux par derrière comme par devant, qu'il devint Dieu, & qu'il donna l'Egypte à ſon fils *Thaut ?* Voilà un des plus reſpectables monumens de l'antiquité.

Orphée ne nous en apprendra pas davantage dans ſa théogonie, que *Damaſcius* nous a conſervée. Il repréſente le principe du monde ſous la figure d'un dragon à deux têtes, l'une de taureau, l'autre de lion, un viſage au milieu, qu'il appelle *viſage-dieu*, & des ailes dorées aux épaules.

Mais vous pouvez de ces idées bizarres tirer deux grandes vérités, l'une que les images ſenſibles & les hiéroglyphes ſont de l'antiquité la plus haute ; l'autre que tous les anciens philoſophes ont reconnu un premier principe.

Quant au polythéiſme, le bon ſens vous dira que dès qu'il y a eu des hommes, c'eſt-à-dire des animaux faibles, capables de raiſon

& de folie, sujets à tous les accidens, à la maladie & à la mort, ces hommes ont senti leur faiblesse & leur dépendance. Ils ont reconnu aisément qu'il est quelque chose de plus puissant qu'eux. Ils ont senti une force dans la terre qui fournit leurs alimens ; une dans l'air qui souvent les détruit ; une dans le feu qui consume, & dans l'eau qui submerge. Quoi de plus naturel dans des hommes ignorans que d'imaginer des êtres qui présidaient à ces élémens ? Quoi de plus naturel que de révérer la force invisible qui fesait luire aux yeux le soleil & les étoiles ? Et dès qu'on voulut se former une idée de ces puissances supérieures à l'homme, quoi de plus naturel encor que de les figurer d'une manière sensible ? Pouvait-on s'y prendre autrement ? La religion juive qui précéda la nôtre, & qui fut donnée par DIEU même, était toute remplie de ces images sous lesquelles DIEU est représenté. Il daigne parler dans un buisson le langage humain ; il parait sur une montagne. Les esprits célestes qu'il envoye, viennent tous avec une forme humaine ; enfin le sanctuaire est couvert de chérubins, qui sont des corps d'hommes avec des ailes & des têtes d'animaux. C'est ce qui a donné lieu à l'erreur de *Plutarque*, de *Tacite*, d'*Appien*, & de tant d'autres, de reprocher aux Juifs d'adorer une tête d'ane. DIEU, malgré sa défense de peindre & de sculpter aucune figure, a donc daigné se proportionner à la faiblesse humaine, qui demandait qu'on parlât aux sens par des images.

Isaïe dans le chap. VI. voit le Seigneur assis sur un trône, & le bas de sa robe qui remplit le temple. Le Seigneur étend sa main, & touche la bouche de *Jérémie* au chap. I. de ce prophète. *Ezéchiel* au chap. III. voit un trône de saphir, & DIEU lui parait comme un homme assis sur ce trône. Ces images n'altèrent point la pureté de la religion juive, qui jamais n'employa les tableaux, les statues, les idoles, pour représenter DIEU aux yeux du peuple.

Les lettrés Chinois, les Parsis, les anciens Egyptiens n'eurent point d'idoles; mais bientôt *Isis* & *Osiris* furent figurés; bientôt *Bel* à Babilone fut un gros colosse. *Brama* fut un monstre bizarre dans la presqu'isle de l'Inde. Les Grecs surtout multiplièrent les noms des Dieux, les statues & les temples; mais en attribuant toûjours la suprême puissance à leur *Zeus* nommé par les Latins *Jupiter*; maitre des Dieux & des hommes. Les Romains imitèrent les Grecs. Ces peuples placèrent toûjours tous les Dieux dans le ciel, sans savoir ce qu'ils entendaient par le ciel. (Voyez *Ciel.*)

Les Romains eurent leurs douze grands Dieux ; six mâles & six femelles, qu'ils nommèrent *Dii majorum gentium*. Jupiter, Neptune, Apollon, Vulcain, Mars, Mercure ; Junon, Vesta, Minerve, Cérès, Vénus, Diane. Pluton fut alors oublié ; Vesta prit sa place.

Ensuite venaient les Dieux *minorum gentium*, les Dieux indigètes, les héros, comme Bacchus, Hercule, Esculape ; les Dieux infernaux, Pluton, Proserpine ; ceux de la mer, comme Thétis, Amphitrite, les Néréides, Glaucus ; puis les Driades, les Naïades ; les Dieux des jardins, ceux des bergers ; il y en avait pour chaque profession, pour chaque action de la vie, pour les enfans, pour les filles nubiles, pour les mariées, pour les accouchées ; on eut le Dieu *Pet*. On divinisa enfin les empereurs. Ni ces empereurs, ni le Dieu *Pet*, ni la déesse Pertunda, ni Priape, ni Rumilia la déesse des tetons, ni Stercutius le Dieu de la garderobe, ne furent à la vérité regardés comme les maîtres du ciel & de la terre. Les empereurs eurent quelquefois des temples, les petits Dieux pénates n'en eurent point ; mais tous eurent leur figure, leur idole.

C'étaient de petits magots dont on ornait son cabinet. C'étaient les amusemens des vieilles femmes & des enfans, qui n'étaient autorisés par aucun culte public. On laissait agir à son gré la superstition de chaque particulier. On retrouve encor ces petites idoles dans les ruines des anciennes villes.

Si personne ne sait quand les hommes commencèrent à se faire des idoles, on sait qu'elles sont de l'antiquité la plus haute. *Tharé* père d'*Abraham* en fesait à Ur en Caldée. *Rachel* déroba & emporta les idoles de son beau-père *Laban*. On ne peut remonter plus haut.

Les idoles parlaient assez souvent. On fesait commémoration à Rome le jour de la fête de *Cibéle*, des belles paroles que la statue avait prononcées, lorsqu'on en fit la translation du palais du roi *Attale*.

Ipsa pati volui, ne sit mora, mitte volentem,
Dignus Roma locus, quò Deus omnis eat.

„ J'ai voulu qu'on m'enlevât, emmenez-
„ moi vite; Rome est digne que tout Dieu
„ s'y établisse. "

La statue de la Fortune avait parlé; les *Scipions*, les *Cicérons*, les *Césars*, à la vérité, n'en croyaient rien; mais la vieille à qui *Enclope* donna un écu pour acheter des oies & des dieux, pouvait fort bien le croire.

Les idoles rendaient aussi des oracles, & les prêtres cachés dans le creux des statues parlaient au nom de la divinité.

IDOLATRIE. 157

Comment au milieu de tant de Dieux & de tant de théogonies différentes, & de cultes particuliers, n'y eut-il jamais de guerre de religion chez les peuples nommés *idolâtres* ? Cette paix fut un bien qui nâquit d'un mal, de l'erreur même. Car chaque nation reconnaissant plusieurs Dieux inférieurs, trouva bon que ses voisins eussent aussi les leurs. Si vous exceptez *Cambyse* à qui on reprocha d'avoir tué le bœuf *Apis*, on ne voit dans l'histoire prophane aucun conquérant qui ait maltraité les Dieux d'un peuple vaincu. Les Gentils n'avaient aucune religion exclusive, & les prêtres ne songèrent qu'à multiplier les offrandes & les sacrifices.

Nous parlons ailleurs des victimes humaines sacrifiées dans toutes les religions.

Pour consoler le genre-humain de cet horrible tableau, de ces pieux sacrilèges, il est important de savoir que chez presque toutes les nations nommées *idolâtres*, il y avait la théologie sacrée & l'erreur populaire, le culte secret & les cérémonies publiques, la religion des sages & celle du vulgaire. On n'enseignait qu'un seul Dieu aux initiés dans les mystères : il n'y a qu'à jetter les yeux sur l'hymne attribuée à l'ancien *Orphée*, qu'on chantait dans les mystères de *Cérès Eleusine*, si célèbre en Europe & en Asie. ,, Contem-

„ ple la nature divine, illumine ton esprit,
„ gouverne ton cœur, marche dans la voie
„ de la juſtice, que le DIEU du ciel & de la
„ terre ſoit toûjours préſent à tes yeux ; il
„ eſt unique, il exiſte ſeul par lui-même,
„ tous les êtres tiennent de lui leur exiſten-
„ ce : il les ſoutient tous ; il n'a jamais été
„ vu des mortels, & il voit toutes choſes."

Qu'on liſe encor ce paſſage du philoſophe *Maxime* de Madaure, que nous avons déja cité : „ Quel homme eſt aſſez groſſier, aſſez
„ ſtupide pour douter qu'il ſoit un DIEU
„ ſuprême éternel, infini, qui n'a rien en-
„ gendré de ſemblable à lui-même, & qui
„ eſt le père commun de toutes choſes ? "

Il y a mille témoignages que les ſages abhorraient non-ſeulement l'idolâtrie, mais encor le polythéiſme.

Epictète, ce modèle de réſignation & de patience, cet homme ſi grand dans une condition ſi baſſe, ne parle jamais que d'un ſeul Dieu. Reliſez encor cette maxime : „ DIEU
„ m'a créé, DIEU eſt au dedans de moi, je
„ le porte partout. Pourais-je le ſouiller
„ par des penſées obſcènes, par des actions
„ injuſtes, par d'infames déſirs ? Mon de-
„ voir eſt de remercier DIEU de tout, de le
„ louer de tout, & de ne ceſſer de le bénir,
„ qu'en ceſſant de vivre." Toutes les idées

d'*Epictète* roulent fur ce principe. Eſt-ce là un idolâtre?

Marc-Aurèle, auſſi grand peut-être ſur le trône de l'empire Romain, qu'*Epictète* dans l'eſclavage, parle ſouvent, à la vérité, des Dieux, ſoit pour ſe conformer au langage reçu, ſoit pour exprimer des êtres mitoyens entre l'Etre ſuprême & les hommes; mais en combien d'endroits ne fait-il pas voir qu'il ne reconnait qu'un DIEU éternel, infini? „Notre ame, dit-il, eſt une émana„tion de la Divinité. Mes enfans, mon „corps, mes eſprits me viennent de DIEU."

Les ſtoïciens, les platoniciens, admettaient une nature divine & univerſelle: les épicuriens la niaient. Les pontifes ne parlaient que d'un ſeul DIEU dans les myſtères. Où étaient donc les idolâtres? Tous nos déclamateurs crient à l'idolâtrie comme de petits chiens qui jappent quand ils entendent un gros chien aboyer.

Au reſte, c'eſt une des grandes erreurs du Dictionnaire de Moréri de dire que du tems de *Théodoſe le jeune*, il ne reſta plus d'idolâtres que dans les pays reculés de l'Aſie & de l'Afrique. Il y avait dans l'Italie beaucoup de peuples encor Gentils, même au ſeptiéme ſiécle. Le nord de l'Allemagne depuis le Véƶer, n'était pas chrétien du tems de *Charle-*

magne. La Pologne & tout le feptentrion reftèrent longtems après lui dans ce qu'on appelle *idolâtrie*. La moitié de l'Afrique, tous les royaumes au delà du Gange, le Japon, la populace de la Chine, cent hordes de Tartares ont confervé leur ancien culte. Il n'y a plus en Europe que quelques Lappons, quelques Samoyèdes, quelques Tartares, qui ayent perfévéré dans la religion de leurs ancêtres.

Finiffons par remarquer que dans les tems qu'on appelle parmi nous *le moyen âge*, nous appellions le pays des mahométans *la Paganie*. Nous traitions d'*idolâtres*, d'*adorateurs d'images*, un peuple qui a les images en horreur. Avouons encor une fois, que les Turcs font plus excufables de nous croire idolâtres, quand ils voyent nos autels chargés d'images & de ftatues.

Un gentilhomme du prince *Ragotsky* m'a affuré fur fon honneur qu'étant entré dans un caffé à Conftantinople, la maitreffe ordonna qu'on ne le fervît point parce qu'il était idolâtre. Il était proteftant ; il lui jura qu'il n'adorait ni hoftie ni image. Ah ! fi cela eft, lui dit cette femme, venez chez moi tous les jours, vous ferez fervi pour rien.

JEPHTÉ.

JEPHTÉ.

IL y a donc des gens à qui rien ne coûte, qui falsifient un passage de l'Ecriture aussi hardiment que s'ils en rapportaient les propres mots ; & qui sur leur mensonge qu'ils ne peuvent méconnaître, espèrent qu'ils tromperont les hommes. Et s'il y a aujourd'hui de tels fripons, il est à présumer qu'avant l'invention de l'imprimerie il y en avait cent fois davantage.

Un des plus impudens falsificateurs a été l'auteur d'un infame libelle intitulé *Dictionnaire antiphilosophique*, & justement intitulé. Les lecteurs me diront, Ne te fâches pas tant, que t'importe un mauvais livre ? Messieurs, il s'agit de *Jephté* ; il s'agit de victimes humaines, c'est du sang des hommes sacrifiés à DIEU que je veux vous entretenir.

L'auteur quel qu'il soit, traduit ainsi le 39e verset du chapitre II de l'histoire de Jephté ;

Elle retourna dans la maison de son père qui fit la consécration qu'il avait promise par son vœu, & sa fille resta dans l'état de virginité.

Septiéme partie.　　　　　　L

Oui, falsificateur de Bible, j'en suis fâché; mais vous avez menti au St. Esprit, & vous devez savoir que cela ne se pardonne pas.

Il y a dans la Vulgate, *Et reversa est ad patrem suum, & fecit ei sicut voverat quæ ignorabat virum exinde mos increbuit in Israël & consuetudo servata est ut post anni circulum conveniant in unum filiæ Israël, & plangant filiam Jephté Galaaditæ.*

Elle revint à son père, & il lui fit comme il avait voué, à elle qui n'avait point connu d'homme; & de là est venu l'usage, & la coutume s'est conservée, que les filles d'Israël s'assemblent tous les ans pour pleurer la fille de Jephté le Galadite, pendant quatre jours.

Or, dites-nous, homme antiphilosophe, si on pleure tous les ans pendant quatre jours une fille pour avoir été consacrée?

Dites-nous, s'il y avait des religieuses chez un peuple qui regardait la virginité comme un opprobre?

Dites-nous, ce que signifie, il lui fit comme il avait voué, *fecit ei sicut voverat?* Qu'avait voué *Jephté?* qu'avait-il promis par serment? D'égorger sa fille, de l'immoler en holocauste; & il l'égorgea.

Lisez la dissertation de *Calmet* sur la témérité du vœu de *Jephté* & sur son accomplissement; lisez la loi qu'il cite, cette loi terrible du Lévitique au chapitre XXVII, qui ordonne que tout ce qui fera dévoué au Seigneur ne fera point racheté, mais mourra de mort ; *non redimetur sed morte morietur*.

Voyez les exemples en foule attester cette vérité épouvantable. Voyez les Amalécites & les Cananéens. Voyez le roi d'Arad & tous les siens soumis à ce dévouement. Voyez le prêtre *Samuel* égorger de ses mains le roi *Agag* & le couper en morceaux comme un boucher débite un bœuf dans sa boucherie. Et puis corrompez, falsifiez, niez l'Ecriture sainte pour soutenir votre paradoxe ; insultez à ceux qui la révèrent, quelque chose étonnante qu'ils y trouvent. Donnez un démenti à l'historien *Joseph* qui la transcrit, & qui dit positivement que *Jephté* immola sa fille. Entassez injure sur mensonge, & calomnie sur ignorance ; les sages en riront ; & ils sont aujourd'hui en grand nombre ces sages. Oh ! si vous saviez comme ils méprisent les *Routh* quand ils corrompent la sainte Ecriture, & qu'ils se vantent d'avoir disputé avec le président de *Montesquieu* à sa dernière heure, & de l'avoir convaincu qu'il faut penser comme les frères jésuites !

JÉSUITES, ou ORGUEIL.

ON a tant parlé des jéfuites, qu'après avoir occupé l'Europe pendant deux cent ans, ils finiffent par l'ennuier, foit qu'ils écrivent eux-mêmes, foit qu'on écrive pour ou contre cette fingulière fociété, dans laquelle il faut avouer qu'on a vu & qu'on voit encor des hommes d'un rare mérite.

On leur a reproché dans fix mille volumes leur morale relâchée, qui n'était pas plus relâchée que celle des capucins, & leur doctrine fur la fûreté de la perfonne des rois; doctrine qui après tout n'approche ni du manche de corne du couteau de *Jacques Clément*, ni de l'hoftie faupoudrée qui fervit fi bien frère *Ange* de Montepulciano autre jacobin, & qui empoifonna l'empereur *Henri VII*.

Ce n'eft point la grace verfatile qui les a perdus, ce n'eft pas la banqueroute frauduleufe du révérend père *La Valette* préfet des miffions apoftoliques. On ne chaffe point un ordre entier de France, d'Efpagne, des deux Siciles, parce qu'il y a eu dans cet ordre un banqueroutier. Ce ne font pas les fredaines du jésuite *Guiot Desfontaines*, ni du jésuite *Fréron*, ni du révérend père *Marsi*, lequel estropia par ses énormes talens un enfant charmant de la première noblesse du royaume. On ferma les yeux sur ces imitations grecques & latines d'*Anacréon* & d'*Horace*.

Qu'est-ce donc qui les a perdus ? L'orgueil.

Quoi ! les jésuites étaient-ils plus orgueilleux que les autres moines ? Oui, ils l'étaient au point qu'ils firent donner une lettre de cachet à un ecclésiastique qui les avait appellés *moines*. Le frère *Croust*, le plus brutal de la société, frère du confesseur de la seconde dauphine, fut prêt de battre en ma présence le fils de Mr. *G.* depuis prêteur royal à Strasbourg, pour lui avoir dit qu'il irait le voir dans son couvent.

C'était une chose incroyable que leur mépris pour toutes les universités dont ils n'étaient pas, pour tous les livres qu'ils n'avaient pas faits, pour tout ecclésiastique qui n'était pas *un homme de qualité*; c'est de quoi j'ai été témoin cent fois. Ils s'expriment ainsi dans leur libelle intitulé, Il est tems de parler : „ *Que dire à un magistrat qui dit que* „ *les jésuites sont des orgueilleux, il faut* „ *les humilier ?* " Ils étaient si orgueilleux qu'ils ne voulaient pas qu'on blâmât leur orgueil.

Pag. 341.

D'où leur venait ce péché de la superbe ? De ce que frère *Guignard* avait été pendu.

Il faut remarquer qu'après le supplice de ce jésuite sous *Henri IV*, & après leur bannissement du royaume, ils ne furent rappellés qu'à condition qu'il y aurait toûjours à la cour un jésuite qui répondrait de la conduite des autres. *Coton* fut donc mis en ôtage auprès de *Henri IV*; & ce bon roi qui ne laissait pas d'avoir ses petites finesses, crut gagner le pape en prenant son ôtage pour son confesseur.

Dès-lors chaque frère jésuite se crut solidairement confesseur du roi. Cette place de premier médecin de l'ame d'un monarque, devint un ministère sous *Louis XIII*, & surtout sous *Louis XIV*. Le frère *Vadblé* valet de chambre du père de *la Chaise*, accordait sa protection aux évêques de France; & le père *Le Tellier* gouvernait avec un sceptre de fer ceux qui voulaient bien être gouvernés ainsi. Il était impossible que la plûpart des jésuites ne s'enflassent du vent de ces deux hommes, & qu'ils ne fussent aussi insolens que les laquais du marquis de *Louvois*. Il y eut parmi eux des savans, des hommes éloquens, des génies; ceux-là furent modestes, mais les médiocres fesant le grand nombre, furent atteints de cet orgueil attaché à la médiocrité & à l'esprit de collège.

Depuis leur père *Garasse*, presque tous leurs livres polémiques respirèrent une hauteur indécente qui souleva toute l'Europe. Cette hauteur tomba souvent dans la bassesse du plus énorme ridicule ; de sorte qu'ils trouvèrent le secret d'être à la fois l'objet de l'envie & du mépris. Voici, par exemple, comme ils s'exprimaient sur le célèbre *Pâquier* avocat-général de la chambre des comptes.

„ *Pâquier* est un porte-panier, un maraut
„ de Paris, petit galant bouffon, plaisanteur,
„ petit compagnon vendeur de sornettes,
„ simple regage qui ne mérite pas d'être le
„ valeton des laquais ; bélitre, coquin qui
„ rote, péte & rend sa gorge, fort suspect
„ d'hérésie ou bien hérétique, ou bien pire,
„ un sale & vilain satyre, un archimaître,
„ sot par nature, par béquarre, par bémol,
„ sot à la plus haute gamme, sot à triple
„ semelle, sot à double teinture, & teint en
„ cramoisi, sot en toutes sortes de sottises. "

Ils polirent depuis leur stile ; mais l'orgueil, pour être moins grossier, n'en fut que plus révoltant.

On pardonne tout hors l'orgueil. Voilà pourquoi tous les parlemens du royaume, dont les membres avaient été pour la plûpart leurs disciples, ont saisi la première occasion de les anéantir : & la terre entière s'est réjouïe de leur chûte.

Cet esprit d'orgueil était si fortement enraciné dans eux, qu'il se déployait avec la fureur la plus indécente dans le tems même qu'ils étaient tenus à terre sous la main de la justice, & que leur arrêt n'était pas encor prononcé. On n'a qu'à lire le fameux mémoire intitulé, *Il est tems de parler*, imprimé dans Avignon en 1762, sous le nom supposé d'Anvers. Il commence par une requête ironique aux gens tenant la cour de parlement. On leur parle dans cette requète avec autant de mépris que si on fesait une réprimande à des clercs de procureur. On traite continuellement l'illustre Mr. de *Montclar* procureur-général, l'oracle du parlement de Provence, de *maître Ripert* ; & on lui parle comme un régent en chaire parlerait à un écolier mutin & ignorant. On pousse l'audace jusqu'à dire que Mr. de Montclar *a blasphémé* en rendant compte de l'institut des jésuites.

Tome II. Pag. 399.

Dans leur mémoire qui a pour titre, *Tout se dira*, ils insultent encor plus effrontément le parlement de Metz, & toûjours avec ce stile qu'on puise dans les écoles.

Ils ont conservé le même orgueil sous la cendre dans laquelle la France, l'Espagne les ont plongés. Le serpent coupé en tronçons a levé encor la tête du fond de cette cendre. On a vu je ne sais quel misérable, nommé *Nonotte*, s'ériger en critique de ses maîtres, & cet homme fait pour prêcher la canaille dans un cimetière, parler à tort & à travers des choses dont il n'avait pas la plus légère notion. Un autre insolent de cette société nommé *Patouillet*, insultait dans des mandemens d'évêque, des citoyens, des officiers de la maison du roi, dont les laquais n'auraient pas souffert qu'il leur parlât.

Une de leurs principales vanités était de s'introduire chez les grands dans leurs dernières maladies, comme des ambassadeurs de DIEU, qui venaient leur ouvrir les portes du ciel sans les faire passer par le purgatoire. Sous *Louïs XIV* il n'était pas du bon air de mourir sans passer par les mains d'un jésuite ; & le croquant allait ensuite se vanter à ses dévotes qu'il avait converti un duc & pair, lequel sans sa protection aurait été damné.

Le mourant pouvait lui dire ; de quel droit, excrément de collège, viens-tu chez moi quand je me meurs ? me vois-t-on venir dans ta cellule quand tu as la fistule ou la cangrène, & que ton corps crasseux est prêt à être rendu à la terre. DIEU a-t-il donné à ton ame quelques droits sur la mienne ? ai-je un précepteur à soixante & dix ans ? portes-tu les clefs du paradis à ta ceinture ? Tu oses dire que tu es ambassadeur de DIEU ; montre-moi tes patentes ; & si tu n'en as point, laisse-moi mourir en paix. Un bénédictin, un chartreux, un prémontré ne viennent point troubler mes derniers momens ; ils n'érigent point un trophée à leur orgueil sur le lit d'un agonisant ; ils restent dans leur cellule ; reste dans la tienne ; qu'y a-t-il entre toi & moi ?

Ce fut une chose comique dans une triste occasion, que l'empressement de ce jésuite Anglais nommé *Routh*, à venir s'emparer de la dernière heure du célèbre *Montesquieu*. Il vint, dit-il, rendre cette ame vertueuse à la religion, comme si *Montesquieu* n'avait pas mieux connu la religion qu'un *Routh*, comme si Dieu eût voulu que *Montesquieu* pensât comme un *Routh*. On le chassa de la chambre, & il alla crier dans tout Paris, J'ai converti cet homme illustre, je lui ai fait jetter au feu ses *Lettres persanes* & son *Esprit des loix*. On eut soin d'imprimer la relation de la conversion du président de *Montesquieu* par le révérend père *Routh*, dans ce libelle intitulé *Antiphilosophique*.

Un autre orgueil des jésuites était de faire des missions dans les villes comme s'ils avaient été chez des Indiens & chez des Japonois. Ils se fesaient suivre dans les rues par la magistrature entière. On portait une croix devant eux, on la plantait dans la place publique ; ils dépossédaient le curé, ils devenaient les maîtres de la ville. Un jésuite nommé *Aubert*, fit une pareille mission à Colmar, & obligea l'avocat général du conseil souverain de brûler à ses pieds son Bayle, qui lui avait coûté cinquante écus. J'aurais mieux aimé brûler frère *Aubert*. Jugez comme l'orgueil de cet *Aubert* fut gonflé de ce sacrifice, comme il s'en vanta le soir avec ses confrères, comme il en écrivit à son général.

O moines ! ô moines ! soyez modestes, je vous l'ai déja dit ; soyez modérés si vous ne voulez pas que malheur vous arrive.

IGNACE DE LOYOLA.

Voulez-vous acquérir un grand nom, être fondateur ? soyez complettement fou ; mais d'une folie qui convienne à votre siécle. Ayez dans votre folie un fonds de raison qui puisse servir à diriger vos extravagances ; & soyez excessivement opiniâtre. Il poura arriver que vous soyez pendu ; mais si vous ne l'êtes pas, vous pourez avoir des autels.

En conscience y a t-il jamais eu un homme plus digne des petites-maisons que *St. Ignace*, ou *St. Inigo* le Biscayen, car c'est son véritable nom : la tête lui tourne à la lecture de la *Légende dorée*, comme elle tourna depuis à *Don Quichotte de la Manche* pour avoir lu des romans de chevalerie. Voilà mon Biscayen qui se fait d'abord chevalier de la Vierge, & qui fait la veille des armes à l'honneur de sa dame. La Ste. Vierge lui apparaît, & accepte ses services ; elle revient plusieurs fois, elle lui amène son fils. Le diable qui est aux aguets, & qui prévoit tout le mal que les jésuites lui feront un jour, vient faire un vacarme de lutin dans la maison, casse toutes les vitres ; le Biscayen le chasse avec un signe de croix ; le diable s'enfuit à travers la muraille & y laisse une grande ouverture que l'on montrait encor aux curieux cinquante ans après ce bel événement.

Sa famille voyant le dérangement de son esprit, veut le faire enfermer & le mettre au régime : il se débarrasse de sa famille ainsi que du diable, & s'enfuit sans savoir où il va. Il rencontre un Maure & dispute avec lui sur l'immaculée conception. Le Maure qui le prend pour ce qu'il est, le quitte au plus vite. Le Biscayen ne sait s'il tuera le Maure ou s'il priera Dieu pour lui ; il en laisse la décision à son cheval, qui, plus sage que lui, reprit la route de son écurie.

Mon homme après cette avanture prend le parti d'aller en pélérinage à Bethléem en mendiant fon pain ; fa folie augmente en chemin ; les dominicains prennent pitié de lui à Menrèfe, ils le gardent chez eux pendant quelques jours ; & le renvoyent fans l'avoir pu guérir.

Il s'embarque à Barcelone, arrive à Venife, on le chaffe de Venife, il revient à Barcelone toûjours mendiant fon pain, toûjours ayant des extafes, & voyant fréquemment la Ste. Vierge & JESUS-CHRIST.

Enfin, on lui fait entendre que pour aller dans la Terre-fainte convertir les Turcs, les chrétiens de l'églife grecque, les Arméniens & les Juifs, il falait commencer par étudier un peu de théologie. Mon Bifcayen ne demande pas mieux ; mais pour être théologien il faut favoir un peu de grammaire & un peu de latin ; cela ne l'embarraffe point, il va au collège à l'âge de trente-trois ans ; on fe moque de lui, & il n'apprend rien.

Il était défefpéré de ne pouvoir aller convertir des infidèles : le diable eut pitié de lui cette fois-là, il lui apparut, & lui jura foi de chrétien que s'il voulait fe donner à lui il le rendrait le plus favant homme de l'églife de DIEU. *Ignace* n'eut garde de fe mettre fous la difcipline d'un tel maître : il retourna en claffe, on lui donna le fouet quelquefois, & il n'en fut pas plus favant.

Chaſſé du collège de Barcelone, perſécuté par le diable qui le puniſſait de ſes refus, abandonné par la Vierge *Marie*, qui ne ſe mettait point du tout en peine de ſecourir ſon chevalier, il ne ſe rebute pas ; il ſe met à courir le pays avec des pélerins de St. Jacques, il prêche dans les rues de ville en ville. On l'enferme dans les priſons de l'inquiſition. Délivré de l'inquiſition, on le met en priſon dans Alcala ; il s'enfuit après à Salamanque, & on l'y enferme encor. Enfin, voyant qu'il n'était pas prophète dans ſon pays, *Ignace* prend la réſolution d'aller étudier à Paris; il fait le voyage à pied précédé d'un âne, qui portait ſon bagage, ſes livres & ſes écrits. *Don Quichotte* du moins eut un cheval & un écuyer ; mais *Ignace* n'avait ni l'un ni l'autre.

Il eſſuie à Paris les memes avanies qu'en Eſpagne : on lui fait mettre culottes bas au collège de Ste. Barbe, & on veut le fouetter en cérémonie. Sa vocation l'appelle enfin à Rome.

Comment s'eſt-il pu faire qu'un pareil extravagant ait joüi enfin à Rome de quelque conſidération, ſe ſoit fait des diſciples, & ait été le fondateur d'un ordre puiſſant, dans lequel il y a eu des hommes très eſtimables ? C'eſt qu'il était opiniâtre & entouſiaſte. Il trouva des entouſiaſtes comme lui, auxquels il s'aſſocia. Ceux-là ayant plus de raiſon que lui, rétablirent un peu la sienne : il devint plus avisé sur la fin de sa vie ; & il mit même quelque habileté dans sa conduite.

Peut-être *Mahomet* commença-t-il à être aussi fou qu'*Ignace* dans les premières conversations qu'il eut avec l'ange *Gabriel* ; & peut-être *Ignace* à la place de *Mahomet* aurait fait d'aussi grandes choses que le prophète. Car il était tout aussi ignorant, aussi visionnaire & aussi courageux.

On dit d'ordinaire que ces choses-là n'arrivent qu'une fois : cependant il n'y a pas longtems qu'un rustre Anglais plus ignorant que l'Espagnol *Ignace*, a établi la société de ceux qu'on nomme *quakers*, société fort au dessus de celle d'*Ignace*. Le comte de *Sinzendorf* a de nos jours fondé la secte des moraves ; & les convulsionnaires de Paris ont été sur le point de faire une révolution. Ils ont été bien fous, mais ils n'ont pas été assez opiniâtres.

IGNORANCE.

IL y a bien des espèces d'ignorances ; la pire de toutes est celle des critiques. Ils sont obligés, comme on sait, d'avoir doublement raifon, comme gens qui affirment, & comme gens qui condamnent. Ils font donc doublement coupables quand ils fe trompent.

Première ignorance.

Par exemple, un homme fait deux gros volumes fur quelques pages d'un livre utile qu'il n'a pas entendu. Il examine d'abord ces paroles;

La mer a couvert des terrains immenfes.— Les lits profonds de coquillages qu'on trouve en Touraine & ailleurs, ne peuvent y avoir été dépofés que par la mer.

Oui, fi ces lits de coquillages exiftent en effet. Mais le critique devait favoir que l'auteur lui-même a découvert ou cru découvrir que ces lits de coquillages n'exiftent point, qu'il n'y en a nulle part dans le milieu des terres ; mais foit que le critique le fût, foit qu'il ne le fût pas, il ne devait pas imputer (généralement parlant) des coûches de coquilles fuppofées réguliérement placées les unes fur les autres à un déluge univerfel qui aurait détruit toute régularité ; c'eft ignorer abfolument la phyfique.

Il ne devait pas dire, *le déluge univerfel eft raconté par Moïfe avec le confentement de toutes les nations.* 1º. Parce que le Pentateuque fut longtems ignoré, non-feulement des nations, mais des Juifs eux-mêmes.

2º. Parce

2°. Parce qu'on ne trouva qu'un exemplaire de la loi au fond d'un vieux coffre du tems du roi *Josias*.

3°. Parce que ce livre fut perdu pendant la captivité.

4°. Parce qu'il fut restauré par *Esdras*.

5°. Parce qu'il fut toûjours inconnu à toute autre nation jusqu'au tems de la traduction des Septante.

6°. Parce que même depuis la traduction des Septante, nous n'avons pas un seul auteur parmi les Gentils qui cite un seul endroit de ce livre, jusqu'à *Longin* qui vivait sous l'empereur *Aurélien*.

7°. Parce que nulle autre nation n'a jamais admis un déluge universel jusqu'aux métamorphoses d'*Ovide*, & qu'encor dans *Ovide* il ne s'étend qu'à la Méditerranée.

8°. Parce que *St. Augustin* avoue expressément que le déluge universel fut ignoré de toute l'antiquité.

9°. Parce que le premier déluge dont il est question chez les Gentils, est celui dont parle *Berose*, & qu'il fixe à quatre mille quatre cent ans environ avant notre ère vulgaire ; ce déluge qui ne s'étendit que vers le Pont-Euxin.

10°. Parce qu'enfin il ne nous est resté aucun monument d'un déluge chez aucune nation du monde.

Septiéme partie. M

Il faut ajouter à toutes ces raisons, que le critique n'a pas seulement compris l'état de la question. Il s'agit uniquement de savoir si nous avons des preuves physiques que la mer ait abandonné successivement plusieurs terrains. Et sur cela, Mr. l'abbé *François* dit des injures à des hommes qu'il ne peut ni connaitre ni entendre. Il eût mieux valu se taire & ne pas grossir la foule des mauvais livres.

Seconde ignorance.

Le même critique, pour appuyer de vieilles idées assez universellement méprisées, mais qui n'ont pas le plus léger rapport à Moïse, s'avise de dire, *que Bérose est parfaitement d'accord avec Moïse dans le nombre des générations avant le déluge.*

Page 6.

Remarquez, mon cher lecteur, que ce *Bérose* est celui-là même qui nous apprend que le poisson *Oannès* sortait tous les jours de l'Euphrate pour venir prêcher les Caldéens; & que le même poisson écrivit avec une de ses arêtes un beau livre sur l'origine des choses. Voilà l'écrivain que Mr. l'abbé *François* prend pour le garant de *Moïse*.

Troisième ignorance.

Page 5.

N'est-il pas constant qu'un grand nombre de familles européanes transplantées dans les côtes d'Afrique, y sont devenues sans aucun mélange aussi noires que les naturelles du pays ?

Monsieur l'abbé, c'est le contraire qui est constant. Vous ignorez que les nègres ont le *reticulum mucosum* noir, quoi que je l'aye dit vingt fois. Sachez que vous auriez beau faire des enfans en Guinée, vous ne feriez jamais que des welches qui n'auraient ni cette belle peau noire huileuse, ni ces lèvres noires & lippues, ni ces yeux ronds, ni cette laine frisée sur la tête qui font la différence spécifique des nègres. Sachez que votre famille welche, établie en Amérique, aura toûjours de la barbe, tandis qu'aucun Américain n'en aura. Après cela tirez-vous d'affaire comme vous pourez avec *Adam & Eve*.

Quatriéme ignorance.

Le plus idiot ne dit point, moi pied, moi tête, Page 10. *moi main; il sent donc qu'il y a en lui quelque chose qui s'approprie son corps.*

Hélas ! mon cher abbé, cet idiot ne dit pas non plus, moi ame.

Que pouvez-vous conclure vous & lui? qu'il dit, mon pied parce qu'on peut l'en priver; car alors il ne marchera plus. Qu'il dit ma tête; on peut la lui couper; alors il ne pensera plus. Eh bien, que s'enfuit-il ? ce n'est pas ici une ignorance des faits.

Cinquiéme ignorance.

Page 20. *Qu'est-ce que ce Melchom qui s'était emparé du pays de Gad ? plaisant Dieu que le* Dieu *de Jérémie devait faire enlever pour être traîné en captivité.*

Ah ah ! monsieur l'abbé, vous faites le plaisant. Vous demandez quel est ce *Melchom*; je vais vous le dire. *Melk* ou *Melkom* signifiait le Seigneur, ainsi qu'*Adoni* ou *Adonaï*, *Baal* ou *Bel*, *Adad*, *Shadaï*, *Eloï* ou *Eloa*. Presque tous les peuples de Syrie donnaient de tels noms à leurs Dieux. Chacun avait son seigneur, son protecteur, son Dieu. Le nom même de *Jehova* était un nom phénicien & particulier ; témoin *Sanchoniaton* antérieur certainement à *Moïse* ; témoin *Diodore*.

Nous savons bien que Dieu est également le Dieu, le maître absolu des Egyptiens & des Juifs, & de tous les hommes, & de tous les mondes ; mais ce n'est pas ainsi qu'il est représenté quand *Moïse* paraît devant *Pharaon*. Il ne lui parle jamais qu'au nom du Dieu des Hébreux, comme un ambassadeur apporte les ordres du roi son maître. Il parle si peu au nom du maître de toute la nature, que Pharaon lui répond, *Je ne le connais pas*. Moïse fait des prodiges au nom de ce Dieu ; mais les sorciers de *Pharaon* font précisément les mêmes prodiges au nom des leurs. Jusques-là tout est égal. On combat seulement à qui sera le plus puissant, mais non pas à qui sera le seul puissant. Enfin, le Dieu des Hébreux l'emporte de beaucoup ; il manifeste une puissance beaucoup plus grande, mais non pas une puissance unique. Ainsi, humainement parlant, l'incrédulité de *Pharaon* semble très excusable. C'est la même incrédulité que celle de *Motezuma* devant *Cortez*, & d'*Atabalipa* devant les *Pizaro*.

Quand Josué assemble les Juifs ; *Choisissez,* leur dit-il, *ce qu'il vous plaira, ou les Dieux auxquels ont servi vos pères dans la Mésopotamie, ou les Dieux des Amorrhéens au pays desquels vous habitez. Mais pour ce qui est de moi & de ma maison, nous servirons Adonaï.* Josué ch. XXIV.

Le peuple s'était donc déja donné à d'autres Dieux, & pouvait servir qui il voulait.

Quand la famille de *Michas* dans Ephraïm prend un prêtre lévite pour servir un Dieu étranger ; quand toute la tribu de Dan sert le même Dieu que la famille *Michas* ; lorsqu'un petit-fils même de *Moïse* se fait prêtre de ce Dieu étranger pour de l'argent, personne n'en murmure. Chacun a son Dieu paisiblement ; & le petit-fils de *Moïse* est idolâtre sans que personne y trouve à redire ; donc alors chacun choisissait son Dieu local, son protecteur. Juges ch. VIII & IX.

Les mêmes Juifs après la mort de *Gédéon*, adorent *Baal-bérith*, qui signifie précisément la même chose qu'*Adonaï*, le *Seigneur*, le *protecteur*. Ils changent de protecteur.

Josué c. 1. *Adonaï*, du tems de *Josué* se rend maître des montagnes ; mais il ne peut vaincre les habitans des vallées, parce qu'ils avaient des chariots armés de faulx.

Y a-t-il rien qui ressemble plus à un Dieu local, qui est puissant en un lieu, & qui ne l'est point en un autre ?

Juges ch. XI. Jephté, fils de Galaad & d'une concubine, dit aux Moabites ; *Ce que votre Dieu Chamos possède ne vous est-il pas dû de droit ? & ce que le nôtre s'est acquis par ses victoires ne doit-il pas être à nous ?*

Il est donc prouvé invinciblement que les Juifs grossiers, quoique choisis par le Dieu de l'univers, le regardèrent pourtant comme un Dieu local, un Dieu particulier tel que le Dieu des Ammonites, celui des Moabites, celui des montagnes, celui des vallées.

Il est clair qu'il était malheureusement indifférent au petit-fils de *Moïse* de servir le Dieu de *Michas* ou celui de son grand-père. Il est clair, & il faut en convenir, que la religion juive n'était point formée ; qu'elle ne fut uniforme qu'après *Esdras* ; il faut encor en excepter les Samaritains.

Vous pouvez savoir maintenant ce que c'est que le seigneur *Melchom*. Je ne prends point son parti, DIEU m'en garde ; mais quand vous dites que c'était *un plaisant Dieu que Jérémie menaçait de mettre en esclavage*; je vous répondrai, Monsieur l'abbé, de votre maison de verre vous ne devriez pas jetter des pierres à celle de votre voisin.

C'étaient les Juifs qu'on menait alors en esclavage à Babilone ; c'était le bon *Jérémie* lui-même qu'on accusait d'avoir été corrompu par la cour de Babilone, & d'avoir prophétisé pour elle. C'était lui qui était l'objet du mépris public, & qui finit, à ce qu'on croit, par être lapidé par les Juifs mêmes. Croyez-moi, ce *Jérémie* n'a jamais passé pour un rieur.

Le DIEU des Juifs, encor une fois, est le DIEU de toute la nature. Je vous le redis afin que vous n'en prétendiez cause d'ignorance, & que vous ne me défériez pas à votre official. Mais je vous soutiens que les Juifs grossiers ne connurent très souvent qu'un Dieu local.

SIXIÉME IGNORANCE.

Il n'est pas naturel d'attribuer les marées aux Page 20. *phases de la lune. Ce ne sont pas les grandes marées en pleine lune qu'on attribue aux phases de cette planète.*

Voici des ignorances d'une autre espèce.
Il arrive quelquefois à certaines gens d'être si honteux du rôle qu'ils jouent dans le monde, que tantôt ils veulent se déguiser en beaux esprits, & tantôt en philosophes.

Il faut d'abord apprendre à monsieur l'abbé, que rien n'est plus naturel que d'attribuer un effet à ce qui est toûjours suivi de cet effet. Si un tel vent est toûjours suivi de la pluie, il est naturel d'attribuer la pluie à ce vent. Or sur toutes les côtes de l'Océan, les marées sont toûjours plus fortes dans les sigigées de la lune que dans ses quadratures. (Savez-vous ce que c'est que sigisées, ou sisigies ?) La lune retarde tous les jours son levé ; la marée retarde aussi tous les jours. Plus la lune approche de notre zénith, plus la marée est grande ; plus la lune approche de son périgée, plus la marée s'élève encor. Ces expériences & beaucoup d'autres, ces rapports continuels avec les phases de la lune, ont donc fondé l'opinion ancienne & vraie, que cet astre est une principale cause du flux & du reflux.

Après tant de siécles le grand *Newton* est venu. Connaissez-vous *Newton* ? avez-vous jamais ouï dire qu'ayant calculé le quarré de la vîtesse de la lune autour de son orbite dans l'espace d'une minute, & ayant divisé ce quarré par le diamètre de l'orbite lunaire, il trouva que le quotien était quinze pieds ; que delà il démontra que la lune gravite fur la terre trois mille fix cent fois moins que fi elle était près de la terre ; que delà il démontra que fa gravitation eft la caufe des trois quarts de l'élévation de la mer au tems du flux, & que la gravitation du foleil fait l'élévation de l'autre quart ? Vous voilà tout étonné ; vous n'avez jamais rien lu de pareil dans le *Pédagogue chrétien.* Tâchez, dorénavant, vous & les loueurs de chaife de votre paroiffe, de ne jamais parler des chofes dont vous n'avez pas la plus légère idée.

Vous ne fauriez croire quel tort vous faites à la religion par votre ignorance, & encor plus par vos raifonnemens. On devrait vous défendre d'écrire, à vous & à vos pareils, pour conferver le peu de foi qui refte dans ce monde.

Je vous ferais ouvrir de plus grands yeux, fi je vous difais que ce *Newton* était perfuadé & a écrit que *Samuel* eft l'auteur du Pentateuque. Je ne dis pas qu'il l'ait démontré comme il a calculé la gravitation. Mais apprenez à douter, & foyez modefte. Je crois au Pentateuque, entendez-vous, mais je crois que vous avez imprimé des fottifes énormes.

Je pourais tranfcrire ici un gros volume de vos ignorances, & plufieurs de celles de vos confrères. Je ne m'en donnerai pas la peine. Pourfuivons nos queftions.

IMAGINATION.

LEs bêtes en ont comme vous, témoin votre chien qui chasse dans ses rêves.

Les choses se peignent en la fantaisie, dit Descartes, *comme les autres*. Oui ; mais qu'est-ce que c'est que la fantaisie ? & comment les choses s'y peignent-elles ? est-ce avec de la matière subtile ? *Que sais-je !* est la réponse à toutes les questions touchant les premiers ressorts.

Rien ne vient dans l'entendement sans une image. Il faut pour que vous acquériez cette idée si confuse d'un espace infini, que vous ayez eu l'image d'un espace de quelques pieds. Il faut pour que vous ayez l'idée de DIEU, que l'image de quelque chose de plus puissant que vous ait longtems remué votre cerveau.

Vous ne créez aucune idée, aucune image, je vous en défie. *L'Arioste* n'a fait voyager *Astolphe* dans la Lune que longtems après avoir entendu parler de la Lune, de *St. Jean* & des Paladins.

On ne fait aucune image, on les assemble, on les combine. Les extravagances des *Mille*

IMAGINATION. 187

& *une nuit* & des contes des fées &c. &c. ne font que des combinaifons.

Celui qui prend le plus d'images dans le magazin de la mémoire, eft celui qui a le plus d'imagination.

La difficulté n'eft pas d'aſſembler ces images avec prodigalité & ſans choix. Vous pouriez paſſer un jour entier à repréſenter ſans effort & ſans preſque aucune attention un beau vieillard avec une grande barbe blanche, vêtu d'une ample draperie, porté au milieu d'un nuage ſur des enfans jouflus qui ont de belles paires d'ailes, ou ſur une aigle d'une grandeur énorme, tous les Dieux & tous les animaux autour de lui, des trépieds d'or qui courent pour arriver à ſon conſeil, des roues qui tournent d'elles-mêmes, qui marchent en tournant, qui ont quatre faces, qui font couvertes d'yeux, d'oreilles, de langues & de nez; entre ces trépieds & ces roues une foule de morts qui reſſuſcitent au bruit du tonnerre, les ſphères céleſtes qui danſent & qui font entendre un concert harmonieux &c. &c. &c.; les hôpitaux des fous font remplis de pareilles imaginations.

On diſtingue l'imagination qui difpoſe les événemens d'un poéme, d'un roman, d'une tragédie, d'une comédie, qui donne aux perſonnages des caractères, des paſſions; c'eft ce qui demande le plus profond jugement & la connaissance la plus fine du cœur humain; talens nécessaires avec lesquels pourtant on n'a encor rien fait, ce n'est que le plan de l'édifice.

L'imagination qui donne à tous ces personnages l'éloquence propre de leur état, & convenable à leur situation, c'est là le grand art & ce n'est pas encor assez.

L'imagination dans l'expression, par laquelle chaque mot peint une image à l'esprit sans l'étonner, comme dans Virgile;

> *Remigium alarum*
> *Mœrentem abjungens fraterna morte juventum*
> *Velorum pandimus alas.*
> *Pendent circum oscula nati,*
> *Immortale jecur tundens, fecundaque pœnis, viscera.*
> *Et caligantem nigra formidine lucum.*
> *Fata vocant conditque natantia lumina lethum.*

Virgile est plein de ces expressions pittoresques dont il enrichit la belle langue latine, & qu'il est si difficile de bien rendre dans nos jargons d'Europe, enfans bossus & boîteux d'un grand homme de belle taille, mais qui ne laissent pas d'avoir leur mérite, & d'avoir fait de très bonnes choses dans leur genre.

Il y a une imagination étonnante dans la mathématique - pratique. Il faut commencer par se peindre nettement dans l'esprit la machine qu'on invente & ses effets. Il y avait beaucoup plus d'imagination dans la tête d'*Archimède* que dans celle d'*Homère*.

De même que l'imagination d'un grand mathématicien doit être d'une exactitude extrême, celle d'un grand poëte doit être très châtiée. Il ne doit jamais présenter d'images incompatibles, incohérentes, trop exagérées, trop peu convenables au sujet.

Pulcherie dans la tragédie d'*Héraclius*, dit à Phocas :

La vapeur de mon sang ira grossir la foudre
Que Dieu tient déja prête à te réduire en poudre.

Cette exagération forcée ne paraît pas convenable à une jeune princesse, qui supposé qu'elle ait ouï dire que le tonnerre se forme des exhalaisons de la terre, ne doit pas présumer que la vapeur d'un peu de sang répandu dans une maison ira former la foudre. C'est le poëte qui parle, & non la jeune princesse. *Racine* n'a point de ces imaginations déplacées ; cependant, comme il faut mettre chaque chose à sa place, on ne doit pas regarder cette image exagérée comme un défaut insupportable, ce n'est que la fréquence de ces figures qui peut gâter entiérement un ouvrage.

Il serait difficile de ne pas rire de ces vers :

Quelques noires vapeurs que puissent concevoir
Et la mère & la fille ensemble au désespoir,
Tout ce qu'elles pouront enfanter de tempêtes
Sans venir jusqu'à nous crévera fur nos têtes;
Et nous érigerons dans cet heureux séjour
De leur haine impuissante un trophée à l'amour.

Ces vapeurs de la mère & de la fille qui enfantent des tempêtes, ces tempêtes qui ne viennent point jusqu'à Placide, & qui crévent fur les têtes pour ériger un trophée d'une rage, font assurément des imaginations aussi incohérentes, aussi étranges que mal exprimées. Racine, Boileau, Molière, les bons auteurs du siécle de Louis XIV, ne tombent jamais dans ce défaut puérile.

Le grand défaut de quelques auteurs qui font venus après le siécle de *Louis XIV*, c'est de vouloir toûjours avoir de l'imagination & de fatiguer le lecteur par cette vicieuse abondance d'images recherchées, autant que par des rimes redoublées, dont la moitié au moins est inutile. C'est ce qui a fait tomber enfin tant de petits poemes comme *Verd verd*, la *Chartreuse*, les *Ombres*, qui eurent de la vogue pendant quelque tems.

Omne super vacuum pleno de pectore manat.

On a distingué dans le grand Dictionnaire encyclopédique l'imagination active & la passive. L'active est celle dont nous avons traité ; c'est ce talent de former des peintures neuves de toutes celles qui sont dans notre mémoire.

La passive n'est presque autre chose que la mémoire, même dans un cerveau vivement ému. Un homme d'une imagination active & dominante, un prédicateur de la ligue en France, ou des puritains en Angleterre, harangue la populace d'une voix tonnante, d'un œil enflammé & d'un geste d'énergumène, représente Jesus-Christ demandant justice au Père éternel des nouvelles plaies qu'il a reçu des royalistes, des clous que ces impies viennent de lui enfoncer une seconde fois dans les pieds & dans les mains. Vengez Dieu le père, vengez le sang de Dieu le fils, marchez sous les drapeaux du St. Esprit ; c'était autrefois une colombe ; c'est aujourd'hui un aigle qui porte la foudre. Les imaginations passives ébranlées par ces images, par la voix, par l'action de ces charlatans sanguinaires, courent du prône & du prêche, tuer des royalistes & se faire pendre.

Les imaginations passives vont s'émouvoir tantôt aux sermons, tantôt aux spectacles, tantôt à la Grève, tantôt au sabbat.

I M P I E.

Quel eſt l'impie ? c'eſt celui qui donne une barbe blanche, des pieds & des mains à l'Etre des êtres, au grand *Demiourgos*, à l'intelligence éternelle par laquelle la nature eſt gouvernée. Mais ce n'eſt qu'un impie excuſable, un pauvre impie contre lequel on ne doit pas ſe fâcher.

Si même il peint le grand Etre incompréhenſible porté ſur un nuage qui ne peut rien porter ; s'il eſt aſſez bète pour mettre Dieu dans un brouillard, dans la pluie ou ſur une montagne, & pour l'entourer de petites faces rondes jouflues enluminées, accompagnées de deux ailes, je ris & je lui pardonne de tout mon cœur.

L'impie qui attribue à l'Etre des êtres des prédictions déraiſonnables & des injuſtices, me fâcherait, ſi ce grand Etre ne m'avait fait préſent d'une raiſon qui réprime ma colère. Ce ſot fanatique me répète après d'autres, que ce n'eſt pas à nous à juger de ce qui eſt raiſonnable & juſte dans le grand Etre, que ſa raiſon n'eſt pas comme notre raiſon, que ſa juſtice n'eſt pas comme notre juſtice. Eh! comment veux-tu, mon fou d'énergumène, que je juge autrement de la justice & de la raison que par les notions que j'en ai ? veux-tu que je marche autrement qu'avec mes pieds, & que je te parle autrement qu'avec ma bouche ?

L'impie qui suppose le grand Etre jaloux, orgueilleux, malin, vindicatif, est plus dangereux. Je ne voudrais pas coucher sous même toit avec cet homme.

Mais comment traiterez vous l'impie qui vous dit, Ne voi que par mes yeux, ne pense point ; je t'annonce un Dieu tyran qui m'a fait pour être ton tyran ; je suis son bienaimé ; il tourmentera pendant toute l'éternité des millions de ses créatures qu'il déteste pour me réjouir ; je serai ton maître dans ce monde, & je rirai de tes supplices dans l'autre.

Ne vous sentez-vous pas une démangeaison de rosser ce cruel impie ? & si vous êtes né doux, ne courez-vous pas de toutes vos forces à l'occident quand ce barbare débite ses rêveries atroces à l'orient ?

A l'égard des impies qui manquent à se laver le coude vers Alep & vers Erivan, ou qui ne se mettent pas à genoux devant une procession de capucins à Perpignan, ils sont coupables sans doute ; mais je ne crois pas qu'on doive les empâler.

Septième partie.

IMPOT.

SECTION PREMIÈRE.

SI on était obligé d'avoir tous les édits des impôts, & tous les livres faits contre eux, ce serait l'impôt le plus rude de tous.

On sait bien que les taxes sont nécessaires, & que la malédiction prononcée dans l'Evangile contre les publicains, ne doit regarder que ceux qui abusent de leur emploi pour vexer le peuple. Peùt-être le copiste oublia-t-il un mot, comme l'épithète de *pravus*. On aurait pu dire *pravus publicanus*. Ce mot était d'autant plus nécessaire, que cette malédiction générale est une contradiction formelle avec les paroles qu'on met dans la bouche de JESUS-CHRIST, *Rendez à César ce qui est à César*. Certainement celui qui recueille les droits de *César* ne doit pas être en horreur; c'eût été insulter l'ordre des chevaliers Romains, & l'empereur lui-même. Rien n'aurait été plus mal avisé.

Dans tous les pays policés les impôts sont très forts, parce que les charges de l'état sont très pesantes. En Espagne, les objets de commerce qu'on envoye à Cadix & de là en Amérique, payent plus de trente pour cent avant qu'on ait fait votre compte.

En Angleterre, tout impôt fur l'importation eſt très conſidérable ; cependant on le paye fans murmure ; on ſe fait même une gloire de le payer. Un négociant ſe vante de faire entrer quatre à cinq mille guinées par an dans le tréſor public.

Plus un pays eſt riche, plus les impôts y ſont lourds.

Des ſpéculateurs voudraient que l'impôt ne tombât que ſur les productions de la campagne. Mais quoi ! j'aurai ſemé un champ de lin qui m'aura rapporté deux cent écus ; & un gros manufacturier aura gagné deux cent mille écus en fefant convertir mon lin en dentelles ; ce manufacturier ne payera rien, & ma terre payera tout, parce que tout vient de la terre ? La femme de ce manufacturier fournira la reine & les princeſſes de beau point d'Alençon ; elle aura de la protection ; ſon fils deviendra intendant de juſtice, police & finance, & augmentera ma taille dans ma miſérable vieilleſſe ! Ah ! meſſieurs les ſpéculateurs, vous calculez mal ; & vous êtes injuſtes.

Le point capital ſerait qu'un peuple entier ne fût point dépouillé par une arméé d'alguazils, pour qu'une vingtaine de fangfues de la cour ou de la ville s'abreuvât de leur fang.

Le duc de Sulli raconte dans fes *Econo-mies politiques*, qu'en 1585 il y avait jufte vingt feigneurs intéreffés au bail des fermes, à qui les adjudicataires donnaient trois millions deux cent quarante-huit mille écus.

C'était encor pis fous *Charles IX* & fous *François I*; ce fut encor pis fous *Louïs XIII*. Il n'y eut pas moins de déprédation dans la minorité de *Louïs XIV*. La France, malgré tant de bleffures, eft en vie. Oui ; mais fi elle ne les avait pas reçues, elle ferait en meilleure fanté. Il en eft ainfi de plufieurs autres états.

SECTION SECONDE.

Il eft jufte que ceux qui jouiffent des avantages de l'état, en fupportent les charges. Les eccléfiaftiques & les moines qui poffèdent de grands biens, devraient par cette raifon contribuer aux impôts en tout pays comme les autres citoyens.

Dans des tems que nous appellons *barbares*, les grands bénéfices & les abbayes ont été taxés en France au tiers de leurs revenus. (*a*)

(*a*) Aimon liv. V. c. LIV. Lebret plaid. M.

IMPOTS. *Sect. II.*

Par une ordonnance de l'an 1188, *Philippe-Auguste* imposa le dixiéme des revenus de tous les bénéfices.

Philippe le bel fit payer le cinquiéme, ensuite le cinquantiéme, & enfin le vingtiéme de tous les biens du clergé.

Le roi *Jean* par une ordonnance du 12 Mars 1355, taxa au dixiéme des revenus de leurs bénéfices & de leurs patrimoines, les évêques, les abbés, les chapitres & généralement tous les ecclésiastiques. (*b*)

(*b*) Ord. du Louvre tom. IV.

Le même prince confirma cette taxe par deux autres ordonnances, l'une du 3 Mars, l'autre du 28 Décembre 1358. (*c*)

(*c*) Ibid.

Dans les lettres-patentes de *Charles V* du 22 Juin 1372, il est statué que les gens d'église payeront les tailles & les autres impositions réelles & personnelles. (*d*)

(*d*) Ibid. tom. V.

Ces lettres-patentes furent renouvellées par *Charles VI* en 1390.

Comment ces loix ont-elles été abolies, tandis que l'on a conservé tant de coutumes monstrueuses, & d'ordonnances sanguinaires ?

Le clergé paye à la vérité une taxe sous le nom de *don gratuit* ; &, comme l'on sait, c'eſt principalement la partie la plus utile & la plus pauvre de l'égliſe, les curés, qui payent cette taxe. Mais pourquoi cette différence & cette inégalité de contributions entre les citoyens d'un même état ? Pourquoi ceux qui jouïſſent des plus grandes prérogatives & qui ſont quelquefois inutiles au bien public, payent-ils moins que le laboureur qui eſt ſi néceſſaire ?

La république de Veniſe vient de donner des réglemens ſur cette matière, qui paraiſſent faits pour ſervir d'exemple aux autres états de l'Europe.

Section troisiéme.

Non-ſeulement les gens d'égliſe ſe prétendent exempts d'impôts, ils ont encor trouvé le moyen dans pluſieurs provinces, de mettre des taxes ſur le peuple, & de ſe les faire payer comme un droit légitime.

Dans quelques pays les moines s'y étant emparés des dixmes au préjudice des curés, les payſans ont été obligés de ſe taxer eux-mêmes pour fournir à la ſubſiſtance de leurs paſteurs ; & ainſi dans pluſieurs villages, ſurtout en Franche-Comté, outre la dixme que les paroiſſiens payent à des moines ou à des chapitres, ils payent encor par feux trois ou quatre meſures de bled à leurs curés.

On appelle cette taxe *droit de moisson* dans quelques provinces, & *boicelage* dans d'autres.

Il est juste sans doute que les curés soient bien rétribués ; mais il vaudrait beaucoup mieux leur rendre une partie de la dixme que les moines leur ont enlevée, que de surcharger de pauvres paysans.

Depuis que le roi de France a fixé les portions congrues par son édit du mois de Mai 1768, & qu'il a chargé les décimateurs de les payer, il semble que les paysans ne devraient plus être tenus à payer une seconde dixme à leurs curés ; taxe à laquelle ils ne s'étaient obligés que volontairement & dans le tems où le crédit & la violence des moines avaient ôté aux pasteurs tous les moyens de subsister.

Le roi a aboli cette seconde dixme dans le Poitou par des lettres-patentes du mois de Juillet 1769, enrégistrées au parlement de Paris le 11 du même mois.

Il serait bien digne de la justice & de la bienfesance de sa majesté, de faire une loi semblable pour les autres provinces qui se trouvent dans le même cas que celle du Poitou, comme la Franche-Comté, &c.

Par Mr. Chr. avocat de Besançon.

IMPUISSANCE.

JE commence par cette question en faveur des pauvres impuissans *frigidi & maleficiati*, comme disent les décrétales. Y a-t-il un médecin, une matrone experte qui puisse assurer qu'un jeune homme bien conformé, qui ne fait point d'enfans à sa femme, ne lui en poura pas faire un jour? la nature le sait; mais certainement les hommes n'en savent rien. Si donc il est impossible de décider que le mariage ne sera pas consommé, pourquoi le dissoudre?

Collat.
IV. tit. 1.
Novel.
XXII. c 6.

On attendait deux ans chez les Romains. Justinien, dans ses *Novelles*, veut qu'on attende trois ans. Mais si on accorde trois ans à la nature pour se guérir, pourquoi pas quatre, pourquoi pas dix, ou même vingt?

On a connu des femmes qui ont reçu dix années entières les embrassemens de leurs maris sans aucune sensibilité, & qui ensuite ont éprouvé les stimulations les plus violentes. Il peut se trouver des mâles dans ce cas; il y en a eu quelques exemples.

IMPUISSANCE.

La nature n'eſt en aucune de ſes opérations ſi bizarre que dans la copulation de l'eſpèce humaine ; elle eſt beaucoup plus uniforme dans celle des autres animaux.

C'eſt chez l'homme ſeul que le phyſique eſt dirigé & corrompu par le moral ; la variété & la ſingularité de ſes appétits & de ſes dégoûts eſt prodigieuſe. On a vu un homme qui tombait en défaillance à la vue de ce qui donne des déſirs aux autres. Il eſt encor dans Paris quelques perſonnes témoins de ce phénomène.

Un prince, héritier d'une grande monarchie, n'aimait que les pieds. On a dit qu'en Eſpagne ce goût avait été aſſez commun. Les femmes, par le ſoin de les cacher, avaient tourné vers eux l'imagination de pluſieurs hommes.

Cette imagination paſſive a produit des ſingularités dont le détail eſt à peine compréhenſible. Souvent une femme, par ſon incomplaiſance, repouſſe le goût de ſon mari & déroute la nature. Tel homme qui ſerait un Hercule avec des facilités, devient un eunuque par des rebuts. C'eſt à la femme ſeule qu'il faut alors s'en prendre. Elle n'eſt pas en droit d'accuſer ſon mari d'une impuiſſance dont elle eſt cauſe. Son mari peut lui dire, Si vous m'aimez, vous devez me faire les careffes dont j'ai befoin pour perpétuer ma race. Si vous ne m'aimez pas, pourquoi m'avez-vous époufé ?

Ceux qu'on appellait les *maléficiés* étaient fouvent réputés enforcelés. Ces charmes étaient fort anciens. Il y en avait pour ôter aux hommes leur virilité, il en était de contraires pour la leur rendre. Dans Pétrone, *Crifis* croit que *Polienos* qui n'a pu joûir de *Circé*, a fuccombé fous les enchantemens des magiciennes appellées *Manicæ*, & une vieille veut le guérir par d'autres fortilèges.

Cette illufion fe perpétua longtems parmi nous; on exorcifa au-lieu de défenchanter; & quand l'exorcifme ne réuffiffait pas, on démariait.

Il s'éleva une grande queftion dans le droit canon fur les maléficiés. Un homme que les fortilèges empêchaient de confommer le mariage avec fa femme, en époufait une autre & devenait père. Pouvait-il, s'il perdait cette feconde femme, répoufer la première ? la négative l'emporta fuivant tous les grands canoniftes, *Alexandre* de Nevo, *André Alberic*, *Turrecramata*, *Soto*, *Ricard*, *Henriquès*, *Rozella* & cinquante autres.

On admire avec quelle fagacité les canoniftes, & furtout des religieux de mœurs irréprochables, ont fouillé dans les mystères de la jouissance. Il n'y a point de singularité qu'ils n'ayent devinée. Ils ont discuté tous les cas où un homme pouvait être impuissant dans une situation, & opérer dans une autre. Ils ont recherché tout ce que l'imagination pouvait inventer pour favoriser la nature : & dans l'intention d'éclaircir ce qui est permis & ce qui ne l'est pas, ils ont révélé de bonne foi tout ce qui devait être caché dans le secret des nuits. On a pu dire d'eux, *nox nocti indicat scientiam.*

Sanchez surtout, a recueilli & mis au grand jour tous ces cas de conscience, que la femme la plus hardie ne confierait qu'en rougissant à la matrone la plus discrète. Il recherche attentivement

Utrum liceat extra vas naturale semen emittere. — De altera femina cogitare in coïtu cum sua uxore. — Seminare consulto separatim. — Congredi cum uxore sine spe seminandi. — Impotentiæ tactibus & illecebris opitulari. — Se retrahere quando mulier seminavit. — Virgam alibi intromittere dum in vase debito semen effundat, &c.

Chacune de ces questions en amène d'autres ; & enfin, Sanchez va jusqu'à discuter, *Utrum Virgo Maria semen emiserit in copulatione cum Spirito Sancto.*

Ces étonnantes recherches n'ont jamais été faites dans aucun lieu du monde, que par nos théologiens ; & les causes d'impuissance n'ont commencé que du tems de *Théodose*. Ce n'est que dans la religion chrétienne que les tribunaux ont retenti de ces querelles entre les femmes hardies & les maris honteux.

Il n'est parlé de divorce dans l'Evangile que pour cause d'adultère. La loi juive permettait au mari de renvoyer celle de ses femmes qui lui déplaisait, sans spécifier la cause. *Si elle ne trouve pas grace devant ses yeux, cela suffit.* C'est la loi du plus fort. C'est le genre-humain dans sa pure & barbare nature. Mais d'impuissance il n'en est jamais question. Le mariage ayant été dans la suite des tems élevé à la dignité de sacrement, de mystère, les ecclésiastiques devinrent insensiblement les juges de tout ce qui se passait entre mari & femme ; & même de tout ce qui ne s'y passait pas.

<small>Deuteron. ch. xxiv. ⱴ. 1.</small>

Les femmes eurent la liberté de présenter requête pour être *embesognées*, c'était le mot dont elles se servaient dans notre gaulois ; car d'ailleurs on instruisait les causes en latin. Des clercs plaidaient ; des prêtres jugeaient. Mais de quoi jugeaient-ils ? des objets qu'ils devaient ignorer ; & les femmes portaient des plaintes qu'elles ne devaient pas proférer.

IMPUISSANCE.

Ces procès roulaient toûjours sur ces deux objets. Sorciers qui empêchaient un homme de consommer son mariage, femmes qui voulaient se remarier.

Ce qui semble très extraordinaire, c'est que tous les canonistes conviennent qu'un mari à qui on a jetté un sort pour le rendre impuissant, ne peut en conscience détruire ce sort, ni même prier le magicien de le détruire. Il falait absolument du tems des sorciers exorciser. Ce sont des chirurgiens qui ayant été reçus à St. Côme, ont le privilège exclusif de vous mettre une emplâtre, & vous déclarent que vous mourrez si vous êtes guéri par la main qui vous a blessé. Il eût mieux valu d'abord se bien assurer si un sorcier peut ôter & rendre la virilité à un homme. On pouvait encor faire une autre observation. Il s'est trouvé beaucoup d'imaginations faibles qui redoutaient plus un sorcier qu'ils n'espéraient en un exorciste. Le sorcier leur avait noué l'aiguillette, & l'eau bénite ne la dénouait pas. Le diable en imposait plus que l'exorcisme ne rassûrait.

Voyez Pontas empêchement de l'impuissance.

Dans les cas d'impuissance dont le diable ne se mêlait pas, les juges ecclésiastiques n'étaient pas moins embarrassés. Nous avons dans les décrétales le titre fameux *de frigi-*

206 IMPUISSANCE.

dis & maleficiatis, qui est fort curieux, mais qui n'éclaircit pas tout.

Le premier cas discuté par *Brocardié* ne laisse aucune difficulté ; les deux parties conviennent qu'il y en a une impuissante, le divorce est prononcé.

<small>Décrétales, livre IV. tit. XV.</small> Le pape *Alexandre III* décide une question plus délicate. Une femme mariée tombe malade. *Instrumentum ejus impeditum est.* Sa maladie est naturelle ; les médecins ne peuvent la soulager ; *nous donnons à son mari la liberté d'en prendre une autre.* Cette décrétale paraît d'un juge plus occupé de la nécessité de la population que de l'indissolubilité du sacrement. Comment cette loi papale est-elle si peu connue ? comment tous les maris ne la savent-ils pas par cœur ?

La décrétale d'*Innocent III* n'ordonne des visites de matrones qu'à l'égard de la femme que son mari a déclaré en justice être trop étroite pour le recevoir ? C'est peut-être pour cette raison que la loi n'est pas en vigueur.

Honorius III ordonne qu'une femme qui se plaindra de l'impuissance du mari, demeurera huit ans avec lui jusqu'à divorce.

On n'y fit pas tant de façon pour déclarer le roi de Castille *Henri IV* impuissant dans le tems qu'il était entouré de maîtresses, & qu'il avait de sa femme une fille héritière de

fon royaume. Mais ce fut l'archevêque de To-
lède qui prononça cet arrêt : le pape ne s'en
mêla pas.

On ne traita pas moins mal *Alphonſe* roi
de Portugal au milieu du dix-ſeptiéme ſiécle. Ce prince n'était connu que par ſa férocité, ſes débauches & ſa force de corps
prodigieuſe. L'excès de ſes fureurs révolta la
nation. La reine ſa femme, princeſſe de Ne-
mours, qui voulait le détrôner & épouſer l'in-
fant *Don Pedre* ſon frère, ſentit combien il ſerait difficile d'épouſer les deux frères l'un après
l'autre, après avoir couché publiquement avec
l'aîné. L'exemple de *Henri VIII* d'Angleterre l'intimidait : elle prit le parti de faire
déclarer ſon mari impuiſſant par le chapitre
de la cathédrale de Lisbonne en 1667 ; après
quoi elle épouſa au plus vîte ſon beau-frère,
avant même d'obtenir une diſpenſe du pape.

La plus grande épreuve à laquelle on ait
mis les gens accuſés d'impuiſſance, a été le
congrès. Le préſident *Bouhier* prétend que
ce combat en champ-clos fut imaginé en
France au quatorziéme ſiécle. Il eſt ſûr qu'il
n'a jamais été connu qu'en France.

Cette épreuve dont on a fait tant de bruit,
n'était point ce qu'on imagine. On ſe per-
ſuade que les deux époux procédaient, s'ils
pouvaient, au devoir matrimonial ſous les

yeux des médecins, chirurgiens & sages-femmes. Mais non, ils étaient dans leur lit à l'ordinaire, les rideaux fermés. Les inspecteurs retirés dans un cabinet voisin, n'étaient appellés qu'après la victoire ou la défaite du mari. Ainsi ce n'était au fond qu'une visite de la femme dans le moment le plus propre à juger l'état de la question. Il est vrai qu'un mari vigoureux pouvait combattre & vaincre en présence de témoins. Mais peu avaient ce courage.

Si le mari en sortait à son honneur, il est clair que sa virilité était démontrée. S'il ne réussissait pas, il est évident que rien n'était décidé, puisqu'il pouvait gagner un second combat; que s'il le perdait il pouvait en gagner un troisiéme, & enfin un centiéme.

On connait le fameux procès du marquis de *Langeais* jugé en 1659; (par appel à la chambre de l'édit, parce que lui & sa femme *Marie de St. Simon* étaient de la religion protestante) il demanda le congrès. Les impertinences rebutantes de sa femme le firent succomber. Il présenta un second cartel. Les juges fatigués des cris des superstitieux, des plaintes des prudes & des railleries des plaisans, refusèrent la seconde tentative, qui pourtant était de droit naturel. Puisqu'on avait ordonné un conflit, on ne pouvait légitimement, ce semble, en refuser un autre.

La

La chambre déclara le marquis impuissant & son mariage nul, lui défendit de se marier jamais, & permit à sa femme de prendre un autre époux.

La chambre pouvait-elle empêcher un homme qui n'avait pu être excité à la jouissance par une femme, d'y être excité par une autre ? Il vaudrait autant défendre à un convive qui n'aurait pu manger d'une perdrix grise, d'essayer d'une perdrix rouge. Il se maria malgré cet arrêt avec *Diane de Navailles*, & lui fit sept enfans.

Sa première femme étant morte, le marquis se pourvut en requête civile à la grand' chambre contre l'arrêt qui l'avait déclaré impuissant, & qui l'avait condamné aux dépens. La grand'chambre sentant le ridicule de tout ce procès & celui de son arrêt de 1659, confirma le nouveau mariage qu'il avait contracté avec *Diane de Navailles* malgré la cour, le déclara très puissant, refusa les dépens, mais abolit le congrès.

Il ne resta donc pour juger de l'impuissance des maris que l'ancienne cérémonie de la visite des experts, épreuve fautive à tous égards ; car une femme peut avoir été déflorée sans qu'il y paraisse ; & elle peut avoir sa virginité avec les prétendues marques de la défloration. Les jurisconsultes ont jugé

Septième partie.

pendant quatorze cent ans des pucelages; comme ils ont jugé des fortilèges & de tant d'autres cas, fans y rien connaître.

Le préfident *Bouhier* publia l'apologie du congrès quand il fut hors d'ufage ; il foutint que les juges n'avaient eu le tort de l'abolir que parce qu'ils avaient eu le tort de le refufer pour la feconde fois au marquis de *Langerais*.

Mais fi ce congrès peut manquer fon effet, fi l'infpection des parties génitales de l'homme & de la femme peut ne rien prouver du tout, à quel témoignage s'en rapporter dans la plûpart des procès d'impuiffance ? Ne pourait-on pas répondre, à aucun ? ne pourait-on pas comme dans Athènes remettre la caufe à cent ans ? Ces procès ne font que honteux pour les femmes, ridicules pour les maris, & indignes des juges. Le mieux ferait de ne les pas fouffrir. Mais voilà un mariage qui ne donnera pas de lignée. Le grand malheur ! tandis que vous avez dans l'Europe trois cent mille moines & quatre-vingt mille nonnes qui étouffent leur poftérité.

INCESTE.

Les Tartares, dit l'Esprit des loix, *qui peuvent épouser leurs filles, n'épousent jamais leurs mères.*

On ne sait de quels Tartares l'auteur veut parler. Il cite trop souvent au hazard. Nous ne connaissons aujourd'hui aucun peuple depuis la Crimée jusqu'aux frontières de la Chine, où l'on soit dans l'usage d'épouser sa fille. Et s'il était permis à la fille d'épouser son père, on ne voit pas pourquoi il serait défendu au fils d'épouser sa mère.

Montesquieu cite un auteur nommé *Priscus*. Il s'appellait *Priscus Panetes*. C'était un sophiste qui vivait du tems d'*Attila*, & qui dit qu'*Attila* se maria avec sa fille *Esca* selon l'usage des Scythes. Ce *Priscus* n'a jamais été imprimé, il pourit en manuscrit dans la bibliothèque du Vatican ; & il n'y a que *Jornandès* qui en fasse mention. Il ne convient pas d'établir la législation des peuples sur de telles autorités. Jamais on n'a connu cette *Esca* : jamais on n'entendit parler de son mariage avec son père *Attila*.

J'avoue que la loi qui prohibe de tels mariages est une loi de bienséance ; & voilà pourquoi je n'ai jamais cru que les Perses ayent épousé leurs filles. Du tems des *Céfars*, quelques Romains les en accufaient pour les rendre odieux. Il fe peut que quelque prince de Perfe eût commis un incefte, & qu'on imputât à la nation entière la turpitude d'un feul. C'eft peut-être le cas de dire *quidquid delirant reges plectuntur achivi*.

Je veux croire qu'il était permis aux anciens Perfes de fe marier avec leurs fœurs, ainfi qu'aux Athéniens, aux Egyptiens, aux Syriens, & même aux Juifs. De là on aura conclu qu'il était commun d'époufer fon père & fa mère. Mais le fait eft que le mariage entre coufins eft défendu chez les Guèbres aujourd'hui ; & ils paffent pour avoir confervé la doctrine de leurs pères auffi fcrupuleufement que les Juifs. Voyez *Tavernier*, fi pourtant vous vous en rapportez à *Tavernier*.

Vous me direz que tout eft contradiction dans ce monde ; qu'il était défendu par la loi juive de fe marier aux deux fœurs ; que cela était fort indécent, & que cependant *Jacob* époufa *Rachel* du vivant de fa fœur aînée, & que cette *Rachel* eft évidemment le type de l'églife catholique, apoftolique & romaine. Vous avez raifon ; mais cela n'empêche pas que fi on couchait en Europe avec les deux fœurs, on ne fût griévement cenfuré.

C'eft bien pis quand vous aurez à faire

avec votre commère ou avec votre marraine ; c'était un crime irrémissible par les capitulaires de *Charlemagne*. Cela s'appelle un inceste spirituel.

Une *Andovère* qu'on appelle reine de France, parce qu'elle était femme d'un *Chilpéric Régule* de Soissons, fut vilipendée par la justice ecclésiastique, censurée, dégradée, divorcée, pour avoir tenu son propre enfant sur les fonts baptismaux, & s'être faite ainsi la commère de son propre mari. Ce fut un péché mortel, un sacrilège, un inceste spirituel ; elle en perdit son lit & sa couronne.

Quant à l'inceste charnel, lisez l'avocat *Vouglan* partie VIII. titre III. chap. IX ; il veut absolument qu'on brûle le cousin & la cousine qui auront eu un moment de faiblesse. L'avocat *Vouglan* est rigoureux. Quel terrible Welche !

INCUBES.

Y A-t-il eu des incubes & des succubes ? tous nos savans jurisconsultes démonographes admettaient également les uns & les autres.

Ils prétendaient que le diable toûjours alerte, inspirait des songes lascifs aux jeunes messieurs & aux jeunes demoiselles ; qu'il ne manquait pas de recueillir le réfultat des songes masculins, & qu'il le portait proprement & tout chaud dans le réservoir féminin qui leur est naturellement destiné. C'est ce qui produisit tant de héros & de demi-dieux dans l'antiquité.

Le diable prenait là une peine fort superflue; il n'avait qu'à laisser faire les garçons & les filles, ils auraient bien sans lui fourni le monde de héros.

On conçoit les incubes par cette explication du grand *Del Rio*, de *Boguet*, & des autres savans en sorcellerie; mais elle ne rend point raison des succubes. Une fille peut faire accroire qu'elle a couché avec un génie, avec un Dieu, & que ce Dieu lui a fait un enfant. L'explication de *Del Rio* lui est très favorable. Le diable a déposé chez elle la matière d'un enfant prise du rêve d'un jeune garçon, elle est grosse, elle accouche sans qu'on ait rien à lui reprocher; le diable a été son incube. Mais si le diable se fait succube, c'est toute autre chose; il faut qu'il soit diablesse, il faut que la semence de l'homme entre dans elle; c'est alors cette diablesse qui est ensorcelée par un homme, c'est à elle à qui nous fesons un enfant.

Que les dieux & les déesses de l'antiquité s'y prenaient d'une manière bien plus nette

& plus noble ! *Jupiter* en personne avait été l'incube d'*Alcmène* & de *Sémélé*. *Thétis* en personne avait été la succube de *Pelée*, & *Vénus* la succube d'*Anchise*, sans avoir recours à tous les subterfuges de notre diablerie.

Remarquons seulement que les Dieux se déguisaient fort souvent pour venir à bout de nos filles ; tantôt en aigle, tantôt en pigeon ou en cigne, en cheval, en pluie d'or; mais les déesses ne se déguisaient jamais ; elles n'avaient qu'à se montrer pour plaire. Or je soutiens que si les Dieux se métamorphosèrent pour entrer sans scandale dans les maisons de leurs maîtresses, ils reprirent leur forme naturelle dès qu'ils y furent admis. *Jupiter* ne put jouïr de *Danaé* quand il n'était que de l'or ; il aurait été bien embarrassé avec *Léda* & elle aussi s'il n'avait été que cigne, mais il devint Dieu, c'est-à-dire un beau jeune homme ; & il jouït.

Quant à la manière nouvelle d'engrosser les filles par le ministère du diable, nous ne pouvons en douter, car la Sorbonne décida la chose dès l'an 1318.

Per tales artes & ritus impios & invocationes dæmonum, nullus unquam sequatur effectus ministerio dæmonum ; error.

C'est une erreur de croire que ces arts magiques & ces invocations des diables soient sans effet.

Elle n'a jamais révoqué cet arrêt ; ainsi nous devons croire aux incubes & aux succubes, puisque nos maîtres y ont toûjours cru.

Il y a bien d'autres maîtres. *Bodin*, dans son livre des sorciers, dédié à *Christophe de Thou*, premier président du parlement de Paris, rapporte que *Jeanne Hervilier* native de Verberie, fut condamnée par ce parlement à être brûlée vive, pour avoir prostitué sa fille au diable qui était un grand homme noir, dont la semence était à la glace. Cela paraît contraire à la nature du diable. Mais enfin notre jurisprudence a toûjours admis que le sperme du diable est froid ; & le nombre prodigieux des sorcières qu'il a fait brûler si longtems est toûjours convenu de cette vérité.

<small>Pag. 104 édition in 4°.</small>

Le célèbre *Pic de la Mirandole* (un prince ne ment point) dit qu'il a connu un vieillard de quatre-vingt ans qui avait couché la moitié de sa vie avec une diablesse, & un autre de soixante & dix qui avait eu le même avantage. Tout deux furent brûlés à Rome. Il ne nous apprend pas ce que devinrent leurs enfans.

<small>*In libro de prænotione.*</small>

Voilà les incubes & les succubes démontrés.

Il est impossible du moins de prouver qu'il n'y en a point ; car s'il est de foi qu'il y a des diables qui entrent dans nos corps, qui les empêchera de nous servir de femmes, &

d'entrer dans nos filles ? S'il est des diables, il est probablement des diablesses. Ainsi pour être conséquent, on doit croire que les diables masculins font des enfans à nos filles, & que nous en fesons aux diables féminins.

Il n'y a jamais eu d'empire plus universel que celui du diable. Qui l'a détrôné ? la raison. (Voyez l'article *Beker*.)

INFINI.

QUi me donnera une idée nette de l'infini ? je n'en ai jamais eu qu'une idée très confuse. N'est-ce pas parce que je suis excessivement fini ?

Qu'est-ce que marcher toûjours sans avancer jamais ? compter toûjours sans faire son compte ? diviser toûjours pour ne jamais trouver la dernière partie ?

Il semble que la notion de l'infini soit dans le fond du tonneau des Danaïdes.

Cependant il est impossible qu'il n'y ait pas un infini. Il est démontré qu'une durée infinie est écoulée.

Commencement de l'être est absurde ; car le rien ne peut commencer une chose. Dès qu'un atome existe, il faut conclure qu'il y a quelque être de toute éternité. Voilà donc un infini en durée rigoureusement démontré. Mais qu'est-ce qu'un infini qui est passé, un infini que j'arrête dans mon esprit au moment que je veux ? Je dis, voilà une éternité écoulée ; allons à une autre. Je distingue deux éternités, l'une ci-devant, & l'autre ci-après.

Quand j'y réfléchis, cela me paraît ridicule. Je m'apperçois que j'ai dit une sottise en prononçant ces mots ; une éternité est passée, j'entre dans une éternité nouvelle.

Car au moment que je parlais ainsi, l'éternité durait, la fluente du tems courait. Je ne pourais la croire arrêtée. La durée ne peut se séparer. Puisque quelque chose a été toûjours, quelque chose est & sera toûjours.

L'infini en durée est donc lié d'une chaîne non interrompue. Cet infini se perpétue dans l'instant même où je dis qu'il est passé. Le tems a commencé & finira pour moi ; mais la durée est infinie.

Voilà déja un infini de trouvé sans pouvoir pourtant nous en former une notion claire.

On nous présente un infini en espace. Qu'entendez-vous par espace ? est-ce un être ? est-ce rien ?

Si c'est un être, de quelle espèce est-il ? vous ne pouvez me le dire. Si c'est *rien*, ce rien n'a aucune propriété : & vous dites qu'il est pénétrable, immenſe ! Je ſuis ſi embarraſſé que je né puis ni l'appeller néant, ni l'appeller quelque choſe.

Je ne ſais cependant aucune choſe qui ait plus de propriétés que le *rien*, le néant. Car en partant des bornes du monde, s'il y en a, vous pouvez vous promener dans le rien, y penſer, y bâtir ſi vous avez des matériaux ; & ce rien, ce néant ne poura s'oppoſer à rien de ce que vous voudrez faire ; car n'ayant aucune propriété il ne peut vous apporter aucun empêchement. Mais auſſi puiſqu'il ne peut vous nuire en rien, il ne peut vous ſervir.

On prétend que c'eſt ainſi que Dieu créa le monde dans le rien, & de rien. Cela eſt abſtrus ; il vaut mieux ſans doute penſer à ſa ſanté qu'à l'eſpace infini.

Mais nous ſommes curieux, & il y a un eſpace. Notre eſprit ne peut trouver ni la nature de cet eſpace, ni ſa fin. Nous l'appellons *immenſe*, parce que nous ne pouvons le meſurer. Que réſulte-t-il de tout cela ? que nous avons prononcé des mots.

Etranges queſtions, qui confondent ſouvent
Le profond s'Graveſande & le ſubtil Mairant.

DE L'INFINI EN NOMBRE.

Nous avons beau déſigner l'infini arithmétique par un las d'amour en cette façon ∞, nous n'aurons pas une idée plus claire de cet infini numeraire. Cet infini n'eſt comme les autres que l'impuiſſance de trouver le bout. Nous appellons *l'infini en grand*, un nombre quelconque qui ſurpaſſera quelque nombre que nous puiſſions ſuppoſer.

Quand nous cherchons l'infiniment petit, nous diviſons ; & nous appellons *infini* une quantité moindre qu'aucune quantité aſſignable. C'eſt encor un autre nom donné à notre impuiſſance.

LA MATIÈRE EST-ELLE DIVISIBLE A L'INFINI ?

Cette queſtion revient préciſément à notre incapacité de trouver le dernier nombre. Nous pourons toûjours diviſer par la penſée une ligne, un grain de ſable, mais par la penſée ſeulement. Et l'incapacité de diviſer toûjours ce grain, eſt appellée *infini*.

On ne peut nier que la matière ne ſoit toûjours diviſible par le mouvement qui peut la broyer toûjours. Mais s'il diviſait le dernier atome, ce ne ſerait plus le dernier, puiſqu'on le diviſerait en deux. Et s'il était le dernier, il ne ſerait plus diviſible. Et s'il était divisible, où seraient les germes, où seraient les élémens des choses ? cela est encor fort abstrus.

DE L'UNIVERS INFINI.

L'univers est-il borné ? son étendue est-elle immense ? les soleils & les planètes sont-ils sans nombre ? quel privilège aurait l'espace qui contient une quantité de soleils & de globes sur une autre partie de l'espace qui n'en contiendrait pas ? Que l'espace soit un être ou qu'il soit rien, quelle dignité a eu l'espace où nous sommes pour être préféré à d'autres ?

Si notre univers matériel n'est pas infini, il n'est qu'un point dans l'étendue. S'il est infini, qu'est-ce qu'un infini actuel auquel je puis toûjours ajouter par la pensée ?

DE L'INFINI EN GÉOMÉTRIE.

On admet en géométrie, comme nous l'avons indiqué, non-seulement des grandeurs infinies, c'est-à-dire plus grandes qu'aucune assignable, mais encor des infinis infiniment plus grands les uns que les autres. Cela étonne d'abord notre cerveau qui n'a qu'environ six pouces de long sur cinq de large, & trois de hauteur dans les plus grosses têtes. Mais cela ne veut dire autre chose, sinon-

qu'un quarré plus grand qu'aucun quarré affignable l'emporte fur une ligne conçue plus longue qu'aucune ligne affignable, & n'a point de proportion avec elle.

C'eft une manière d'opérer ; c'eft la manipulation de la géométrie, & le mot d'*infini* eft l'enfeigne.

DE L'INFINI EN PUISSANCE, EN ACTION, EN SAGESSE, EN BONTÉ, &c.

De même que nous ne pouvons nous former aucune idée pofitive d'un infini en durée, en nombre, en étendue, nous ne pouvons nous en former une en puiffance phyfique, ni même en morale.

Nous concevons aifément qu'un être puiffant arrangea la matière, fit circuler des mondes dans l'efpace, forma les animaux, les végétaux, les métaux. Nous fommes menés à cette conclufion par l'impuiffance où nous voyons tous ces êtres de s'être arrangés eux-mêmes. Nous fommes forcés de convenir que ce grand Etre exifte éternellement par lui-même, puifqu'il ne peut être forti du néant. Mais nous ne découvrons pas fi bien fon infini en étendue, en pouvoir, en attributs moraux.

Comment concevoir une étendue infinie dans un être qu'on dit fimple ? & s'il eft fimple, quelle notion pouvons-nous avoir d'une nature simple ? Nous connaissons Dieu par ses effets, nous ne pouvons le connaître par sa nature.

S'il est évident que nous ne pouvons avoir d'idée de sa nature, n'est-il pas évident que nous ne pouvons connaître ses attributs ?

Quand nous disons qu'il est infini en puissance, avons-nous d'autre d'idée sinon que sa puissance est très grande ? Mais de ce qu'il y a des pyramides de six cent pieds de haut, s'ensuit-il qu'on ait pu en construire de la hauteur de six cent milliards de pieds ?

Rien ne peut borner la puissance de l'Etre éternel existant nécessairement par lui-même ; d'accord, il ne peut avoir d'antagoniste qui l'arrête. Mais comment me prouverez-vous qu'il n'est pas circonscrit par sa propre nature ?

Tout ce qu'on a dit sur ce grand objet est-il bien prouvé ?

Nous parlons de ses attributs moraux, mais nous ne les avons jamais imaginés que sur le modèle des nôtres ; & il nous est impossible de faire autrement. Nous ne lui avons attribué la justice, la bonté &c., que d'après les idées du peu de justice & de bonté que nous appercevons autour de nous.

Mais au fond, quel rapport de quelques-unes de nos qualités si incertaines & si variables avec les qualités de l'Etre suprême éternel ?

Notre idée de juſtice n'eſt autre choſe que l'intérêt d'autrui réſpecté par notre intérêt. Le pain qu'une femme a pêtri de la farine dont ſon mari a ſemé le froment, lui appartient. Un ſauvage affamé lui prend ſon pain & l'emporte; la femme crie que c'eſt une injuſtice énorme: le ſauvage dit tranquillement qu'il n'eſt rien de plus juſte, & qu'il n'a pas dû ſe laiſſer mourir de faim lui & ſa famille pour l'amour d'une vieille.

Au moins il ſemble que nous ne pouvons guères attribuer à Dieu une juſtice infinie, ſemblable à la juſtice contradictoire de cette femme & de ce ſauvage. Et cependant quand nous diſons Dieu eſt juſte, nous ne pouvons prononcer ces mots que d'après nos idées de juſtice.

Nous ne connaiſſons point de vertu plus agréable que la franchiſe, la cordialité. Mais ſi nous allions admettre dans Dieu une franchiſe, une cordialité infinie, nous riſquerions de dire une grande ſottiſe.

Nous avons des notions ſi confuſes des attributs de l'Etre ſuprème, que des écoles admettent en lui une préſcience, une préviſion infinie, qui exclut tout événement contingent, & d'autres écoles admettent une préviſion qui n'exclut pas la contingence.

Enfin, depuis que la Sorbonne a déclaré que Dieu peut faire qu'un bâton n'ait pas deux bouts, qu'une choſe peut être à la fois

&

& n'être pas, on ne fait plus que dire. On craint toûjours d'avancer une héréfie.

Hiſtoire de l'univerſité par Duboulai.

Ce qu'on peut affirmer fans crainte, c'eſt que DIEU eſt infini, & que l'eſprit de l'homme eſt bien borné.

L'eſprit de l'homme eſt ſi peu de choſe, que Paſcal a dit : *Croyez-vous qu'il ſoit impoſſible que* DIEU *ſoit infini & ſans parties ? Je veux vous faire voir une choſe infinie & indiviſible ; c'eſt un point mathématique ſe mouvant partout d'une viteſſe infinie, car il eſt en tout lieux & tout entier dans chaque endroit.*

On n'a jamais rien avancé de plus complettement abſurde ; & cependant c'eſt l'auteur des *Lettres provinciales* qui a dit cette énorme ſottiſe. Cela doit faire trembler tout homme de bon ſens.

INFLUENCE.

Tout ce qui vous entoure, influe ſur vous, en phyſique, en morale. Vous le ſavez aſſez.

Peut-on influer ſur un être ſans toucher, ſans remuer cet être ?

On a démontré enfin cette étonnante propriété de la matière de graviter ſans contact, d'agir à des diſtances immenſes.

Septiéme partie. P

Une idée influe sur une idée ; chose non moins compréhensible.

Je n'ai point au mont Crapac le livre de l'*Empire du soleil & de la lune*, composé par le célebre médecin Meade qu'on prononce *Mid*. Mais je sais bien que ces deux astres sont la cause des marées ; & ce n'est point en touchant les flots de l'Océan qu'ils opèrent ce flux & ce reflux, il est démontré que c'est par les loix de la gravitation.

Mais quand vous avez la fiévre, le soleil & la lune influent-ils sur vos jours critiques ? votre femme n'a-t-elle ses règles qu'au premier quartier de la lune ? les arbres que vous coupez dans la pleine lune pourissent-ils plutôt que s'ils avaient été coupés dans le décours ? non pas que je sache ; mais des bois coupés quand la séve circulait encore, ont éprouvé la putréfaction plutôt que les autres ; & si par hazard c'était en pleine lune qu'on les coupa, on aura dit, c'est cette pleine lune qui a fait tout le mal.

Votre femme aura eu ses menstrues dans le croissant ; mais votre voisine a les siens dans le dernier quartier.

Les jours critiques de la fiévre que vous avez pour avoir trop mangé, arrivent vers le premier quartier : votre voisin a les siens vers le décours.

Il faut bien que tout ce qui agit fur les animaux & fur les végétaux agiffe pendant que la lune marche.

Si une femme de Lyon a remarqué qu'elle a eu trois ou quatre fois fes règles les jours que la diligence arrivait de Paris, fon apoticaire, homme à fyftème, fera-t il en droit de conclure que la diligence de Paris a une influence admirable fur les canaux excrétoires de cette dame ?

Il a été un tems où tous les habitans des ports de mer de l'Océan, étaient perfuadés qu'on ne mourait jamais quand la marée montait, & que la mort attendait toûjours le reflux.

Plufieurs médecins ne manquaient pas de fortes raifons pour expliquer ce phénomène conftant. La mer en montant communique aux corps la force qui l'élève. Elle apporte des particules vivifiantes qui raniment tous les malades. Elle eft falée, & le fel préferve de la pourriture attachée à la mort. Mais quand la mer s'affaiffe & s'en retourne, tout s'affaiffe comme elle ; la nature languit, le malade n'eft plus vivifié, il part avec la marée. Tout cela eft bien expliqué, comme on voit, & n'en eft pas plus vrai.

Les élémens, la nourriture, la veille, le fommeil, les paffions, ont fur vous de continuelles influences. Tandis que ces influen-

P ij

ces exercent leur empire sur votre corps, les planètes marchent & les étoiles brillent. Direz-vous que leur marche & leur lumière sont la cause de votre rhume, de votre indigestion, de votre insomnie, de la colère ridicule où vous venez de vous mettre contre un mauvais raisonneur, de la passion que vous sentez pour cette femme ?

Mais la gravitation du soleil & de la lune a rendu la terre un peu platte au pôle, & élève deux fois l'Océan entre les tropiques en vingt-quatre heures ; donc elle peut régler vos accès de fièvre & gouverner toute votre machine. Attendez au moins que cela soit prouvé, pour le dire.

Le soleil agit beaucoup sur nous par ses rayons qui nous touchent & qui entrent dans nos pores. C'est-là une très sure & très bénigne influence. Il me semble que nous ne devons admettre en physique aucune action sans contact, jusqu'à ce que nous ayons trouvé quelque puissance bien reconnue qui *agisse en distance*, comme celle de la gravitation, & comme celle de vos pensées sur les miennes quand vous me fournissez des idées. Hors de là je ne vois jusqu'à présent que des influences de la matière qui touche à la matière.

Le poisson de mon étang & moi nous existons chacun dans notre séjour. L'eau qui le touche de la tête à la queue agit continuellement fur lui. L'atmofphère qui m'environne & qui me preffe, agit fur moi. Je ne dois attribuer à la lune qui eft à quatre-vingt dix mille lieues de moi, rien de ce que je dois naturellement attribuer à ce qui touche fans ceffe ma peau. C'eft pis que fi je voulais rendre la cour de la Chine refponfable d'un procès que j'aurais en France. N'allons jamais au loin quand ce que nous cherchons eft tout auprès.

Je vois que le favant Mr. *Menuret* eft d'un avis contraire dans l'Encyclopédie à l'article *Influence*. C'eft ce qui m'oblige à me défier de tout ce que je viens de propofer. L'abbé de *St. Pierre* difait qu'il ne faut jamais avoir raifon, mais dire, *Je fuis de cette opinion quant à préfent*.

INFLUENCE DES PASSIONS DES MÈRES SUR LEUR FOETUS.

Je crois, quant à préfent, que les affections violentes des femmes enceintes font quelquefois un prodigieux effet fur l'embrion qu'elles portent dans leur matrice, & je crois que je le croirai toûjours ; ma raifon eft que je l'ai vu. Si je n'avais pour garant de mon opinion que le témoignage des hiftoriens qui rapportent l'exemple de *Marie Stuart* & de son fils *Jacques I*, je suspendrais mon jugement, parce qu'il y a deux cent ans entre cette avanture & moi ; (ce qui affaiblit ma croyance) parce que je puis attribuer l'impression faite sur le cerveau de *Jacques* à d'autres causes qu'à l'imagination de *Marie*. Des assassins royaux, à la tête desquels est son mari, entrent l'épée à la main dans le cabinet où elle soupe avec son amant, & le tuent à ses yeux : la révolution subite qui s'opère dans ses entrailles passe jusqu'à son fruit, & *Jacques I*, avec beaucoup de courage, sentit toute sa vie un frémissement involontaire quand on tirait une épée du fourreau. Il se pourait après tout que ce petit mouvement dans ses organes eût une autre cause.

Mais on amène en ma présence, dans la cour d'une femme grosse, un bateleur qui fait danser un petit chien coëffé d'une espèce de toque rouge ; la femme s'écrie qu'on fasse retirer cette figure ; elle nous dit que son enfant en sera marqué ; elle pleure, rien ne la rassure. C'est la seconde fois, dit-elle, que ce malheur m'arrive. Mon premier enfant porte l'empreinte d'une terreur pareille que j'ai éprouvée ; je suis faible, je sens qu'il m'arrivera un malheur. Elle n'eut que trop raison. Elle accoucha d'un enfant qui ressemblait à cette figure dont elle avait été tant épouvantée. La toque surtout était très aisée à reconnaître ; ce petit animal vécut deux jours.

Du tems de *Mallebranche*, personne ne doutait de l'avanture qu'il rapporte de cette femme qui ayant vu rouer un malfaiteur, mit au jour un fils dont les membres étaient brisés aux mêmes endroits où le patient avait été frappé. Tous les physiciens convenaient alors que l'imagination de cette mère avait eu sur son fœtus une influence funeste.

On a cru depuis être plus rafiné ; on a nié cette influence. On a dit, comment voulez-vous que les affections d'une mère aillent déranger les membres du fœtus ? Je n'en sais rien ; mais je l'ai vu. Philosophes nouveaux, vous cherchez en vain comment un enfant se forme, & vous voulez que je sache comment il se déforme !

INITIATION.
ANCIENS MYSTÈRES.

L'Origine des anciens mystères ne serait-elle pas dans cette même faiblesse qui fait parmi nous les confréries, & qui établissait des congrégations sous la direction des jésuites ? n'est-ce pas ce besoin d'association qui forma tant d'assemblées secrètes d'artisans dont il ne nous reste presque plus que celle des francs-maçons ? Il n'y avait pas jusqu'aux gueux qui n'eussent leurs confréries, leur jargon particulier, dont j'ai vu un petit dictionnaire imprimé au seiziéme siécle.

Cette inclination naturelle de s'associer, de se cantonner, de se distinguer des autres, de se rassurer contre eux, produisit probablement toutes ces bandes particulières, toutes ces initiations mystérieuses qui firent ensuite tant de bruit, & qui tombèrent enfin dans l'oubli, où tout tombe avec le tems.

Que les Dieux Cabires, les hiérophantes de Samothrace, *Isis*, *Orphée*, *Cérès-Eleusine* me le pardonnent; je soupçonne que leurs secrets sacrés ne méritaient pas au fond plus de curiosité que l'intérieur des couvens de carmes & de capucins.

Ces mystères étant sacrés, les participans le furent bientôt. Et tant que le nombre fut petit il fut respecté, jusqu'à ce qu'enfin s'étant trop accru, il n'eut pas plus de considération que les barons Allemands quand le monde s'est vu rempli de barons.

On payait son initiation comme tout récipiendaire paye sa bien-venue; mais il n'était pas permis de parler pour son argent. Dans tous les tems ce fut un grand crime de révéler le secret de ces fimagrées religieufes. Ce fecret fans doute ne méritait pas d'être connu, puifque l'affemblée n'était pas une fociété de philofophes, mais d'ignorans, dirigés par un hiérophante. On fefait ferment de fe taire; & tout ferment fut toûjours un lien facré. Aujourd'hui même encor nos pauvres francs-maçons jurent de ne point parler de leurs myftères. Ces myftères font bien plats, mais on ne fe parjure prefque jamais.

Diagoras fut profcrit par les Athéniens pour avoir fait de l'hymne fecrète d'*Orphée* un fujet de converfation. *Arifote* nous apprend qu'*Efchyle* fut menacé par le peuple d'être mis en piéces pour avoir donné dans une de fes piéces quelque idée de ces mêmes myftères, auxquels alors prefque tout le monde était initié.

Suidas Athenagoras Meurfius eleus.

Il paraît qu'*Alexandre* ne fefait pas grand cas de ces facéties révérées; elles font fort fujettes à être méprifées par les héros. Il révéla le fecret à fa mère *Olimpias*, mais il lui recommanda de n'en rien dire; tant la fuperftition enchaine jufqu'aux héros même.

On frappe dans la ville de Bufiris, dit Hérodote, *les hommes & les femmes après le facrifice; mais de dire où on les frappe, c'eft ce qui ne m'eft pas permis.* Il le fait pourtant affez entendre.

Hérod. liv. II. ch. XLI.

Je crois voir une defcription des myftères de *Cérès-Eleufine* dans le poëme de *Claudien*, du rapt de Proferpine, beaucoup plus que dans le fixiéme livre de l'*Enéide*. Virgile vivait fous un prince qui joignait à toutes fes méchancetés celle de vouloir paffer pour dévot, qui était probablement initié lui-même, pour en impofer au peuple, & qui n'aurait pas toléré cette prétendue prophanation. Vous voyez qu'*Horace* fon favori regarde cette révélation comme un facrilège.

> *Vetabo qui Cereris facrum*
> *Vulgarit arcanæ fub iifdem*
> *Sit trabibus, vel fragilem mecum*
> *Solvat phazelum.*

Je me garderai bien de loger fous mes toits
Celui qui de Cérès a trahi les myftères.

D'ailleurs, la fybille de Cumes, & cette defcente aux enfers, imitée d'*Homère* beaucoup moins qu'embellie, la belle prédiction des deftins des *Céfars* & de l'empire Romain, n'ont aucun rapport aux fables de *Cérès*, de *Proferpine* & de *Triptolême*. Ainfi il eft fort vraifemblable que le fixiéme livre de l'*Enéide* n'eft point une defcription des myftères. Si je l'ai dit je me dédis ; mais je tiens que *Claudien* les a révélés tout au long. Il floriffait dans un tems où il était permis de divul-

INITIATION. 235

guer les myſtères d'*Eleuſis* & tous les myſtères du monde. Il vivait ſous *Honorius* dans la décadence totale de l'ancienne religion grecque & romaine, à laquelle *Théodoſe I* avait déja porté des coups mortels.

Horace n'aurait pas craint alors d'habiter ſous le même toit avec un révélateur des myſtères. *Claudien* en qualité de poéte était de cette ancienne religion, plus faite pour la poeſie que la nouvelle. Il peint les facéties des myſtères de *Cérès* telles qu'on les jouait encor révérentieuſement en Grèce juſqu'à *Théodoſe II*. C'était une eſpèce d'opéra en pantomimes, tels que nous en avons vu de très amuſans, où l'on repréſentait toutes les diableries du docteur *Fauſtus*, la naiſſance du monde & celle d'arlequin qui ſortaient tout deux d'un gros œuf aux rayons du ſoleil. C'eſt ainſi que toute l'hiſtoire de *Cérès* & de *Proſerpine* était repréſentée par tous les myſtagogues. Le ſpectacle était beau; il devait coûter beaucoup; & il ne faut pas s'étonner que les initiés payaſſent les comédiens. Tout le monde vit de ſon métier.

Voici les vers ampoulés de *Claudien*.

Inferni raptoris equos, efflataque curru
Sidera tenario, caligantesque profundæ
Junonis Thalamos audaci promere cantu
Mens congeſta jubet. Greſſus removete prophani.
Jam furor humanos noſtro de pectore ſenſus

Expulit, & totum spirant præcordia phœbum.
Jam mihi cernuntur trepidis delubra moveri
Sedibus, & claram dispergere culmina lucem,
Adventum testata Dei : jam magnus ab imis
Auditur fremitus terris, templumque remugit
Cecropidum, sanctasque faces extollit Eleusis :
Angues Triptolemi strident & squammea curvis
Colla levant attrita jugis, lapsuque sereno
Erecti roseas tendunt ad carmina cristas.
Ecce procul ternis hecate variata figuris
Exoritur, lenisque simul procedit Iacchus,
Crinali florens hedera, quem Parthica velat
Tigris, & auratos in nodum colligit ungues.

Je vois les noirs coursiers du fier Dieu des enfers ;
Ils ont percé la terre, ils font mugir les airs,
Voici ton lit fatal, ô triste Proserpine !
Tous mes sens ont frémi d'une fureur divine ;
Le temple est ébranlé jusqu'en ses fondemens ;
L'enfer a répondu par ses mugissemens :
Cérès a secoué ses torches menaçantes ;
D'un nouveau jour qui luit les clartés renaissantes
Annoncent Proserpine à nos regards contens.
Triptolême la suit. Dragons obéïssans
Trainez sur l'horison son char utile au monde.
Hecate des enfers fuiez la nuit profonde.
Brillez reine des tems. Et toi, divin Bacchus,
Bienfaiteur adoré de cent peuples vaincus,
Que ton superbe tyrse amène l'allégresse.

Chaque myſtère avait ſes cérémonies particulières, mais tous admettaient les veilles, les vigiles, où les garçons & les filles ne perdirent pas leur tems. Et ce fut en partie ce qui décrédita à la fin ces cérémonies nocturnes, inſtituées pour la ſanctification. On abrogea ces cérémonies de rendez-vous en Grèce dans le tems de la guerre du Péloponèſe. On les abolit à Rome dans la jeuneſſe de *Cicéron*, dix-huit ans avant ſon conſulat. Elles étaient ſi dangereuſes que dans l'*Aulularia* de Plaute, Liconide dit à Euclion, *Je vous avoue que dans une vigile de Cérès je fis un enfant à votre fille.*

Notre religion qui purifia beaucoup d'inſtituts payens en les adoptant, ſanctifia le nom d'initiés, les fêtes nocturnes, les vigiles qui furent longtems en uſage, mais qu'on fut enfin obligé de défendre quand la police fut introduite dans le gouvernement de l'égliſe, longtems abandonnée à la piété & au zèle qui tenaient lieu de police.

La formule principale de tous les myſtères était partout, *Sortez, prophanes.* Les chrétiens prirent auſſi dans les premiers ſiécles cette formule. Le diacre diſait, *Sortez, catéchumènes, poſſédés, & tous les non-initiés.*

C'eſt en parlant du batême des morts que St. Chryſoſtome dit, *Je voudrais m'expliquer clairement, mais je ne le puis qu'aux initiés.*

On nous met dans un grand embarras. Il faut ou être inintelligibles, ou publier les secrets qu'on doit cacher.

On ne peut désigner plus clairement la loi du secret & l'initiation. Tout est tellement changé, que si vous parliez aujourd'hui d'initiation à la plûpart de vos prêtres, à vos habitués de paroisse, il n'y en aurait pas un qui vous entendît, excepté ceux qui par hazard auraient lu ce chapitre.

Vous verrez dans *Minutius Felix* les imputations abominables dont les payens chargeaient les mystères chrétiens. On reprochait aux iniriés de ne se traiter de frères & de sœurs que pour prophaner ce nom sacré; ils baisaient, disait-on, les parties génitales de leurs prêtres; (comme on en use encor avec les Santons d'Afrique) ils se souillaient de toutes les turpitudes dont on a depuis flétri les templiers. Les uns & les autres étaient accusés d'adorer une espèce de tête d'âne.

Minutius Felix, page 22. édition in 4°.

Nous avons vu que les premières sociétés chrétiennes se reprochaient tour-à-tour les plus inconcevables infamies. Le prétexte de ces calomnies mutuelles était ce secret inviolable que chaque société fesait de ses mystères. C'est pourquoi dans Minutius Felix, *Cæcilius* l'accusateur des chrétiens s'écrie, pourquoi cachent-ils avec tant de soin ce qu'ils font

& ce qu'ils adorent ? l'honnêté veut le grand jour, le crime seul cherche les ténèbres. *Cur occultare & abscondere quidquid colunt magnopere nituntur ? cum honesta semper publico gaudeant, scelera secreta sint.*

Il n'est pas douteux que ces accusations universellement répandues, n'ayent attiré aux chrétiens plus d'une persécution. Dès qu'une société d'hommes, quelle qu'elle soit est accusée par la voix publique, en vain l'imposture est avérée, on se fait un mérite de persécuter les accusés.

Comment n'aurait-on pas eu les premiers chrétiens en horreur quand *St. Epiphane* lui-même les charge des plus exécrables imputations ? Il assure que les chrétiens phibionites offraient à trois cent soixante & cinq anges la semence qu'ils répandaient sur les filles & sur les garçons ; & qu'après être parvenus sept cent trente fois à cette turpitude, ils s'écriaient, Je suis le CHRIST. *Epiphane édition de Paris 1574. pag. 40.*

Selon lui, ces mêmes phibionites, les gnostiques & les stratiotistes, hommes & femmes répandant leur semence dans les mains les uns des autres, l'offraient à DIEU dans leurs mystères, en lui disant, Nous vous offrons le corps de JESUS-CHRIST. Ils l'avalaient ensuite, & disaient, C'est le corps de CHRIST, c'est la pâque. Les femmes qui avaient leurs ordinaires en remplissaient aussi leurs mains, & disaient, C'est le sang du CHRIST. *Page 38.*

Feuillet 46 au revers.
Les carpocratiens, selon le même père de l'église, commettaient le péché de sodomie dans leurs assemblées, & abusaient de toutes les parties du corps des femmes, après quoi ils sefaient des opérations magiques.

Page 49.
Les cérinthiens ne se livraient pas à ces abominations, mais ils étaient persuadés que Jesus-Christ était fils de *Joseph*.

Les ébionites, dans leur évangile, prétendaient que *St. Paul* ayant voulu épouser la fille de *Gamaliel*, & n'ayant pu y parvenir,

Feuillet 62 au revers.
s'était fait chrétien dans sa colère, & avait établi le christianisme pour se venger.

Toutes ces accusations ne parvinrent pas d'abord au gouvernement. Les Romains firent peu d'attention aux querelles & aux reproches mutuels de ces petites sociétés de Juifs, de Grecs, d'Egyptiens, cachées dans la populace, de même qu'aujourd'hui à Londre le parlement ne s'embarrasse point de ce que font les memnonistes, les piétistes, les anabatistes, les millenaires, les moraves, les méthodistes. On s'occupe d'affaires plus pressantes, & on ne porte des yeux attentifs sur ces accusations secrètes que lorsqu'elles paraissent enfin dangereuses par leur publicité.

Elles parvinrent avec le tems aux oreilles du sénat, soit par les Juifs qui étaient les ennemis implacables des chrétiens, soit par les chrétiens eux-mêmes ; & de là vint qu'on
impu-

imputa à toutes les sociétés chrétiennes les crimes dont quelques-unes étaient accusées. De là vint que leurs initiations furent calomniées si longtems. De là vinrent les persécutions qu'ils essuièrent. Ces persécutions même les obligèrent à la plus grande circonspection ; ils se cantonnèrent, ils s'unirent, ils ne montrèrent jamais leurs livres qu'à leurs initiés. Nul magistrat Romain, nul empereur n'en eut jamais la moindre connaissance, comme on l'a déja prouvé. La providence augmenta pendant trois siécles leur nombre & leurs richesses, jusqu'à-ce qu'enfin *Constance Clore* les protégea ouvertement, & *Constantin* son fils embrassa leur religion.

Cependant les noms d'*initiés* & de *mystères* subsistèrent, & on les cacha aux Gentils autant qu'on le put. Pour les mystères des Gentils, ils durèrent jusqu'au tems de *Théodose*.

INTÉRÊT.

Nous n'apprendrons rien aux hommes nos confrères quand nous leur dirons qu'ils font tout par intérêt. Quoi ! c'est par intérêt que ce malheureux faquir se tient tout nud au soleil, chargé de fers, mourant de faim, mangé de vermine & la mangeant ?

Oui sans doute, nous l'avons dit ailleurs; il compte aller au dix-huitiéme ciel, & il regarde en pitié celui qui ne sera reçu que dans le neuviéme.

L'intérêt de la Malabare qui se brûle sur le corps de son mari est de le retrouver dans l'autre monde, & d'y être plus heureuse que ce faquir. Car avec leur métempsicose les Indiens ont un autre monde ; ils sont comme nous ; ils admettent les contradictoires.

Avez-vous connaissance de quelque roi ou de quelque république qui ait fait la guerre ou la paix, ou des édits, ou des conventions par un autre motif que celui de l'intérêt ?

A l'égard de l'intérêt de l'argent, consultez dans le grand Dictionnaire encyclopédique cet article de Mr. *d'Alembert* pour le calcul, & celui de Mr. *Boucher* pour la jurisprudence. Osons ajouter quelques réflexions.

1°. L'or & l'argent sont-ils une marchandise ? Oui ; l'auteur de l'Esprit des loix n'y pense pas lorsqu'il dit, *l'argent qui est le prix des choses se loue & ne s'achète pas.*

Livre XXII. ch. XIX.

Il se loue & s'achète. J'achète de l'or avec de l'argent, & de l'argent avec de l'or ; & le prix en change tous les jours chez toutes les nations commerçantes.

La loi de la Hollande est qu'on payera les lettres de change en argent monnoié du pays & non en or, si le créancier l'exige. Alors j'achète de la monnoie d'argent, & je la paye

＂ou en or, ou en drap, ou en bled, ou en diamans.

J'ai befoin de monnoie, ou de bled, ou de diamans pour un an : le marchand de bled, de monnoie ou de diamans, me dit : „ Je pourais
„ pendant cette année vendre avantageufe-
„ ment ma monnoie, mon bled, mes dia-
„ mans. Evaluons à quatre, à cinq, à fix
„ pour cent, felon l'ufage du pays, ce que
„ vous me faites perdre. Vous me rendrez
„ par exemple, au bout de l'année vingt &
„ un karats de diamans pour vingt que je
„ vous prête, vingt & un facs de bled pour
„ vingt ; vingt & un mille écus pour vingt
„ mille écus. Voilà l'intérêt. Il eft établi chez
„ toutes les nations par la loi naturelle ; le
„ taux dépend de la loi particulière du pays.
„ A Rome on prête fur gages à deux & de-
„ mi pour cent fuivant la loi, & on vend
„ vos gages fi vous ne payez pas au tems
„ marqué. Je ne prête point fur gages & je
„ ne demande que l'intérêt ufité en Hollande.
„ Si j'étais à la Chine, je vous demanderais
„ l'intérêt en ufage à Macao & à Kanton. "

2°. Pendant qu'on fait ce marché à Amfterdam, arrive de St. Magloire un janféniste, (& le fait eft très vrai, il s'appellait l'abbé des *Iffarts*) ce janféniste dit au négociant Hollandais ; Prenez garde, vous vous damnez ; l'argent ne peut produire de l'argent, *nummus nummum non parit.* Il n'eſt permis de recevoir l'intérêt de ſon argent que lorſqu'on veut bien perdre le fonds. Le moyen d'être ſauvé eſt de faire un contrat avec monſieur ; & pour vingt mille écus que vous ne reverrez jamais, vous & vos hoirs recevrez pendant toute l'éternité mille écus par an.

Vous faites le plaiſant, répond le Hollandais ; vous me propoſez là une uſure qui eſt tout juſte un infini du premier ordre. J'aurais déja reçu moi ou les miens mon capital au bout de vingt ans, le double en quarante, le quadruple en quatre-vingt ; vous voyez bien que c'eſt une ſérie infinie. Je ne puis d'ailleurs prêter que pour douze mois, & je me contente de mille écus de dédommagement.

L'Abbé des Issarts.

J'en ſuis fâché pour votre ame hollandaiſe. Dieu défendit aux Juifs de prêter à intérêt ; & vous ſentez bien qu'un citoyen d'Amſterdam doit obéir ponctuellement aux loix du commerce, données dans un déſert à des fugitifs errans qui n'avaient aucun commerce.

Le Hollandais.

Cela eſt clair, tout le monde doit être juif ; mais il me ſemble que la loi permet à la horde hébraïque la plus forte uſure avec les étran-

INTÉRÊT.

gers; & cette horde y fit très bien ses affaires dans la suite.

D'ailleurs, il falait que la défense de prendre de l'intérêt de Juif à Juif fût bien tombée en désuétude, puisque notre Seigneur JESUS prêchant à Jérusalem, dit expressément, que l'intérêt était de son tems à cent pour cent. Car dans la parabole des talens il dit, que le serviteur qui avait reçu cinq talens en gagna cinq autres dans Jérusalem, que celui qui en avait deux en gagna deux, & que le troisiéme qui n'en avait eu qu'un, & qui ne le fit point valoir, fut mis au cachot par le maître pour n'avoir point fait travailler son argent chez les changeurs. Or ces changeurs étaient Juifs, donc c'était de Juif à Juif qu'on exerçait l'usure à Jérusalem; donc cette parabole tirée des mœurs du tems, indique manifestement que l'usure était à cent pour cent. Lisez St. Matthieu chap. XXV; il s'y connaissait, il avait été commis de la douane en Galilée. Laissez-moi achever mon affaire avec monsieur, & ne me faites perdre ni mon argent, ni mon tems.

L'ABBÉ DES ISSARTS.

Tout cela est bel & bon; mais la Sorbonne a décidé que le prêt à intérêt est un péché mortel.

LE HOLLANDAIS.

Vous vous moquez de moi, mon ami, de citer la Sorbonne à un négociant d'Amsterdam. Il n'y a aucun de ces raisonneurs qui ne fasse valoir son argent quand il le peut à cinq ou six pour cent, en achetant sur la place des billets des fermes, des actions de la compagnie des Indes, des rescriptions, des billets du Canada. Le clergé de France en corps emprunte à intérêt. Dans plusieurs provinces de France on stipule l'intérêt avec le principal. D'ailleurs, l'université d'Oxford & celle de Salamanque ont décidé contre la Sorbonne; c'est ce que j'ai appris dans mes voyages. Ainsi, nous avons dieux contre dieux. Encor une fois ne me rompez pas la tête davantage.

L'ABBÉ DES ISSARTS.

Monsieur, monsieur, les méchans ont toûjours de bonnes raisons à dire. Vous vous perdez vous dis-je. Car l'abbé de *St. Cyran* qui n'a point fait de miracles, & l'abbé *Pâris* qui en a fait à St. Médard...

3°. Alors le marchand impatienté chassa l'abbé des *Issarts* de son comptoir; &, après avoir loyalement prêté son argent au denier vingt, alla rendre compte de sa conversation aux magistrats, qui défendirent aux jansénistes de débiter une doctrine si pernicieuse au commerce.

Messieurs, leur dit le premier échevin, de la grace efficace tant qu'il vous plaira ; de la prédeſtination tant que vous en voudrez ; de la communion auſſi peu que vous voudrez, vous êtes les maîtres ; mais gardez-vous de toucher aux loix de notre état.

INTOLÉRANCE.

Liſez l'article *Intolérance* dans le grand Dictionnaire encyclopédique. Liſez le livre de la *Tolérance* compoſé à l'occaſion de l'affreux aſſaſſinat de *Jean Calas*, citoyen de Toulouſe ; & ſi après cela vous admettez la perſécution en matière de religion, comparez-vous hardiment à *Ravaillac*. Vous ſavez que ce *Ravaillac* était fort intolérant.

Voici la ſubſtance de tous les diſcours que tiennent les intolérans.

Quoi ! monſtre, qui ſeras brûlé à tout jamais dans l'autre monde, & que je ferai brûler dans celui-ci dès que je le pourai, tu as l'inſolence de lire de *Thou* & *Bayle* qui ſont mis à l'index à Rome ? Quand je te prêchais de la part de DIEU que *Samſon* avait tué mille Philiſtins avec une mâchoire d'âne, ta tête plus dure que l'arſenal dont *Samſon* avait tiré ſes armes, m'a fait connaître par un léger mouvement de gauche à droite que tu n'en croyais rien. Et quand je diſais que le diable *Aſmodée* qui tordit le cou par jalouſie aux ſept maris de *Saraï* chez les Mèdes, était enchaîné dans la haute Egypte, j'ai vu une petite contraction de tes lèvres nommée en latin *cachinnus*, me ſignifier que dans le fond de l'ame l'hiſtoire d'*Aſmodée* t'était en dériſion.

Et vous *Iſaac Newton*, *Fréderic le grand* roi de Pruſſe, électeur de Brandebourg; *Jean Locke*, impératrice de Ruſſie victorieuſe des Ottomans, *Jean Milton*, bienfeſant monarque de Dannemarck; *Shakeſpear*, ſage roi de Suède, *Leibnitz*, auguſte maiſon de *Brunſvick*, *Tillotſon*, empereur de la Chine; parlement d'Angleterre, conſeil du grand-mogol, vous tous enfin qui ne croyez pas un mot de ce que j'ai enſeigné dans mes cayers de théologie, je vous déclare que je vous regarde tous comme des payens ou comme des commis de la douane, c'eſt la même choſe. Vous êtes des ſcélérats endurcis; vous irez tous dans la gehenne où le ver ne meurt point, & où le feu ne s'éteint point; car j'ai raiſon, & vous avez tous tort; car j'ai la grace, & vous ne l'avez pas; je confeſſe trois dévotes de mon quartier, & vous n'en confeſſez pas une. J'ai fait des mandemens d'évèques, & vous n'en avez jamais fait; j'ai dit des injures des halles aux philosophes, & vous les avez protégés, ou imités, ou égalés ; j'ai fait de pieux libelles diffamatoires farcis des plus infames calomnies, & vous ne les avez jamais lus. Je dis la messe tous les jours en latin pour douze sous, & vous n'y assistez pas plus que *Cicéron*, *Caton*, *Pompée*, *César*, *Horace* & *Virgile* n'y ont assisté ; par conséquent, vous méritez qu'on vous coupe le poing ; qu'on vous arrache la langue ; qu'on vous mette à la torture & qu'on vous brûle à petit feu ; car DIEU est miséricordieux.

Ce sont là, sans en rien retrancher, les maximes des intolérans, & le précis de tous leurs livres. Avouons qu'il y a plaisir à vivre avec ces gens-là.

JUIF.

LETTRE *à Messieurs* Joseph Ben Jonathan, Aaron Mathathaï, *&* David Wincker.

MESSIEURS,

Lorsque Mr. *Medina* votre compatriote, me fit à Londres une banqueroute de vingt mille francs il y a quarante-quatre ans, il me dit, *que ce n'était pas sa faute, qu'il* était malheureux, qu'il n'avait jamais été enfant de Bélial, qu'il avait toûjours tâché de vivre en fils de Dieu, c'eſt-à-dire en honnête homme, en bon Iſraëlite. Il m'attendrit, je l'embraſſai ; nous louames Dieu enſemble ; & je perdis quatre-vingt pour cent.

Vous devez ſavoir que je n'ai jamais haï votre nation. Je ne hais perſonne, pas même *Fréron*.

Loin de vous haïr, je vous ai toûjours plaints. Si j'ai été quelquefois un peu goguenard comme l'était le bon pape *Lambertini* mon protecteur, je n'en ſuis pas moins ſenſible. Je pleurais à l'âge de ſeize ans quand on me diſait qu'on avait brûlé à Lisbonne une mère & une fille pour avoir mangé debout un peu d'agneau cuit avec des laitues le quatorziéme jour de la Lune rouſſe ; & je puis vous aſſurer que l'extrême beauté qu'on vantait dans cette fille n'entra point dans la ſource de mes larmes, quoi qu'elle dût augmenter dans les ſpectateurs l'horreur pour les aſſaſſins, & la pitié pour la victime.

Je ne ſais comment je m'aviſai de faire un poëme épique à l'âge de vingt ans. (Savez-vous ce que c'eſt qu'un poëme épique ? pour moi je n'en ſavais rien alors.) Le légiſlateur *Monteſquieu* n'avait point encor écrit ſes *Lettres perſanes* que vous me reprochez d'avoir commentées, & j'avais déja dit tout ſeul, en parlant d'un monstre que vos ancêtres ont bien connu, & qui a même encor aujourd'hui quelques dévots :

Il vient ; le fanatisme est son horrible nom,
Enfant dénaturé de la religion,
Armé pour la défendre il cherche à la détruire ;
Et reçu dans son sein l'embrase & le déchire.
   C'est lui qui dans Raba, sur les bords de l'Arnon,
Guidait les descendans du malheureux Ammon,
Quand à Moloc leur Dieu, des mères gémissantes
Offraient de leurs enfans les entrailles fumantes.
Il dicta de Jephté le serment inhumain :
Dans le cœur de sa fille il conduisit sa main.
C'est lui qui de Calcas ouvrant la bouche impie,
Demanda par sa voix la mort d'Iphigénie.
France, dans tes forêts il habita longtems.
A l'affreux Teutatès il offrit ton encens.
Tu n'as point oublié ces sacrés homicides,
Qu'à tes indignes Dieux présentaient tes druides.
Du haut du capitole il criait aux payens,
Frappez, exterminez, déchirez les chrétiens.
Mais lorsqu'au fils de Dieu Rome enfin fut soumise,
Du capitole en cendre il passa dans l'église ;
Et dans les cœurs chrétiens inspirant ses fureurs,
De martyrs qu'ils étaient, les fit persécuteurs.
Dans Londre il a formé la secte turbulente
Qui sur un roi trop faible a mis sa main sanglante ;
Dans Madrid, dans Lisbonne, il allume ces feux,

Ces buchers folemnels où des juifs malheureux
Sont tous les ans en pompe envoyés par des prêtres
Pour n'avoir point quitté la foi de leurs ancêtres.

Vous voyez bien que j'étais dès-lors votre ferviteur, votre ami, votre frère, quoique mon père & ma mère m'euffent confervé mon prépuce.

Je fais que l'inftrument ou prépucé, ou déprépucé, a caufé des querelles bien funeftes. Je fais ce qu'il en a coûté à *Pâris* fils de *Priam*, & à *Menelas* frère d'*Agamemnon*. J'ai affez lu vos livres pour ne pas ignorer que *Sichem* fils d'*Hemor* viola *Dina* fille de *Lia*, laquelle n'avait que fept ans, mais qui était fort avancée pour fon âge. Il voulut l'époufer; les enfans de *Jacob* frères de la violée, la lui donnèrent en mariage, à condition qu'il fe ferait circoncir lui & tout fon peuple. Quand l'opération fut faite, & que tous les Sichemites, ou Sichimites, étaient au lit dans les douleurs de cette befogne, les faints patriarches *Siméon* & *Lévi* les égorgèrent tous l'un après l'autre. Mais après tout, je ne crois pas qu'aujourd'hui le prépuce doive produire de fi abominables horreurs. Je ne penfe pas furtout que les hommes doivent fe haïr, fe détefter, s'anathématifer, fe damner réciproquement le famedi & le dimanche pour un petit bout de chair de plus ou de moins.

Si j'ai dit que quelques déprépucés ont rogné les espèces à Metz, à Francfort-sur-l'Oder & à Varsovie, (ce dont je ne me souviens pas) je leur en demande pardon. Car étant prêt de finir mon pélerinage, je ne veux point me brouiller avec Israël.

J'ai l'honneur d'être comme on dit,
Votre &c.

LETTRE SECONDE.

De l'antiquité des Juifs.

Messieurs,

Je suis toûjours convenu, à mesure que j'ai lu quelques livres d'histoire pour m'amuser, que vous êtes une nation assez ancienne, & que vous datez de plus loin que les Teutons, les Celtes, les Welches, les Sicambres, les Bretons, les Slavons, les Angles & les Hurons. Je vous vois rassemblés en corps de peuple dans une capitale nommée tantôt *Hershalaïm*, tantôt *Shebah* sur la montagne Moriah, & sur la montagne Sion, auprès d'un désert, dans un terrain pierreux, près d'un petit torrent qui est à sec six mois de l'année.

Lorsque vous commençâtes à vous affermir dans ce coin, (je ne dirai pas de terre, mais de cailloux) il y avait environ deux siécles que Troye était détruite par les Grecs ;

Medon était archonte d'Athènes ;
Ekeſtrates régnait dans Lacédémone ;
Latinus Silvius régnait dans le Latium ;
Oſochor en Egypte.

Les Indes étaient floriſſantes depuis une longue ſuite de ſiécles.

C'était le tems le plus illuſtre de la Chine ; l'empereur *Tchinvang* régnait avec gloire ſur ce vaſte empire ; toutes les ſciences y étaient cultivées ; & les annales publiques portent que le roi de la Cochinchine étant venu ſaluer cet empereur *Tchinvang*, il en reçut en préſent une bouſſole. Cette bouſſole aurait bien ſervi à votre *Salomon* pour les flottes qu'il envoyait au beau pays d'Ophir, que perſonne n'a jamais connu.

Ainſi après les Caldéens, les Syriens, les Perſes, les Phéniciens, les Egyptiens, les Grecs, les Indiens, les Chinois, les Latins, les Toſcans, vous êtes le premier peuple de la terre qui ait eu quelque forme de gouvernement connue.

Les Banians, les Guèbres, ſont avec vous les ſeuls peuples, qui diſperſés hors de leur

a) C'eſt ce même *Eglon* roi de Moab qui fut ſi ſaintement aſſaſſiné au nom du Seigneur par *Aod* l'ambidextre, lequel lui avait fait ſerment de fidélité ; & c'eſt ce même *Aod* qui fut ſi ſouvent ré-

patrie, ont conservé leurs anciens rites. Car je ne compte pas les petites troupes égyptiennes qu'on appellait *Zingari* en Italie, *Gipsi* en Angleterre, *Bohêmes* en France, lesquelles avaient conservé les antiques cérémonies du culte d'*Isis*, le cistre, les cimbales, les crotales, la danse d'*Isis*, la prophétie, & l'art de voler les poules dans les basses-cours. Ces troupes sacrées commencent à disparaître de la face de la terre, tandis que leurs pyramides appartiennent encor aux Turcs, qui n'en seront pas peut-être toûjours les maîtres non plus que d'Hershalaïm, tant la figure de ce monde passe.

Vous dites que vous êtes établis en Espagne des le tems de *Salomon*. Je le crois ; & même j'oserais penser que les Phéniciens purent y conduire quelques Juifs longtems auparavant, lorsque vous futes esclaves en Phénicie après les horribles massacres que vous dites avoir été commis par *Josué* & par *Caleb*.

Vos livres disent en effet que vous futes Juges ch. III. réduits en servitude sous *Cusan Rashataim* roi d'Aram-Naharaim pendant huit ans, & sous *Eglon* a) roi de Moab pendant dix-huit ans ; puis sous *Jabin* b) roi de Canaan pen-

clamé à Paris par les prédicateurs de la Ligue. *Il nous faut un Aod, il nous faut un Aod* ; ils crièrent tant qu'ils en trouvèrent un.

b) C'est sous ce *Jabin* que la bonne femme *Jahel*

dant vingt ans ; puis dans le petit canton de Madian dont vous étiez venus, & où vous vécutes dans des cavernes pendant sept ans.

Juges ch. X. Puis en Galaad pendant dix-huit ans, quoique *Jaïr* votre prince eût trente fils, montés chacun sur un bel ânon.

Puis sous les Phéniciens nommés par vous *Philistins* pendant quarante ans, jusqu'à ce qu'enfin le Seigneur envoya *Samson* qui attacha trois cent renards l'un à l'autre par la queue, & tua mille Phéniciens avec une mâchoire d'âne, de laquelle il sortit une belle fontaine d'eau pure, qui a été très bien représentée à la comédie italienne.

Voilà de votre aveu quatre-vingt seize ans de captivité dans la terre promise. Or il est très probable que les Tyriens qui étaient les facteurs de toutes les nations, & qui navigeaient jusques sur l'Océan, achetèrent plusieurs esclaves juifs, & les menèrent à Cadix qu'ils fondèrent. Vous voyez que vous êtes bien plus anciens que vous ne pensiez. Il est très probable en effet que vous avez habité l'Espagne plusieurs siécles avant les

assassina le capitaine *Sizara*, en lui enfonçant un clou dans la cervelle, lequel clou le cloua fort avant dans la terre. Quel maître clou & quelle maîtresse femme que cette *Jahel* ! on ne lui peut com-

JUIF. 257

les Romains, les Goths, les Vandales & les Maures.

Non-ſeulement je ſuis votre ami, votre frère, mais de plus votre généalogiſte.

Je vous ſupplie, Meſſieurs, d'avoir la bonté de croire que je n'ai jamais cru, que je ne crois point, & que je ne croirai jamais que vous ſoyez deſcendus de ces voleurs de grand chemin à qui le roi *Actiſan* fit couper le nez & les oreilles, & qu'il envoya, ſelon le rapport de *Diodore* de Sicile, dans le déſert qui eſt entre le lac Sirbon & le mont Sinaï ; déſert affreux où l'on manque d'eau & de toutes les choſes néceſſaires à la vie. Ils firent des filets pour prendre des cailles qui les nourrirent pendant quelques ſemaines, dans le tems du paſſage des oiſeaux.

Diodore de Sicile liv. I ſection II. ch. XII.

Des ſavans ont prétendu que cette origine s'accorde parfaitement avec votre hiſtoire. Vous dites vous-mêmes que vous habitâtes ce déſert, que vous y manquâtes d'eau, que vous y vécutes de cailles, qui en effet y ſont très abondantes. Le fond de vos récits ſemble confirmer celui de *Diodore* de Sicile ; mais je n'en crois que le Pentateuque. L'auteur ne dit point qu'on vous ait coupé le nez & les

comparer que *Judith*, mais *Judith* a paru bien ſupérieure, car elle coupa la tête à ſon amant dans ſon lit après lui avoir donné ſes tendres faveurs. Rien n'eſt plus héroïque & plus édifiant.

Septiéme partie. R

oreilles. Il me semble même (autant qu'il m'en peut souvenir, car je n'ai pas *Diodore* sous ma main) qu'on ne vous coupa que le nez. Je ne me souviens plus où j'ai lu que les oreilles furent de la partie ; je ne sais point si c'est dans quelques fragmens de *Manéthon*, cité par *St. Ephrem*.

Le secrétaire qui m'a fait l'honneur de m'écrire en votre nom, a beau m'assurer que vous volâtes pour plus de neuf millions d'effets en or monnoié ou orphévri, pour aller faire votre tabernacle dans le désert. Je soutiens que vous n'emportâtes que ce qui vous appartenait légitimement, en comptant les intérêts à quarante pour cent, ce qui était le taux légitime.

Quoiqu'il en soit, je certifie que vous êtes d'une très bonne noblesse, & que vous étiez seigneurs d'Hershalaïm, longtems avant qu'il fût question dans le monde de la maison de *Souabe*, de celle d'*Anhalt*, de *Saxe* & de *Bavière*.

Il se peut que les nègres d'Angola, & ceux de Guinée soient beaucoup plus anciens que vous, & qu'ils ayent adoré un beau serpent avant que les Egyptiens ayent connu leur *Isis*, & que vous ayez habité auprès du lac Sirbon ; mais les nègres ne nous ont pas encor communiqué leurs livres.

TROISIÉME LETTRE.
Sur quelques chagrins arrivés au peuple de Dieu.

Loin de vous accuser, Messieurs, je vous ai toûjours regardés avec compassion. Permettez-moi de vous rappeller ici ce que j'ai lu dans le discours préliminaire de l'*Essai sur les mœurs & l'esprit des nations*, & sur l'*Histoire générale*. On y trouve deux cent trente-neuf mille vingt Juifs égorgés les uns par les autres, depuis l'adoration du veau d'or jusqu'à la prise de l'arche par les Philistins ; laquelle coûta la vie à cinquante mille soixante & dix Juifs pour avoir osé regarder l'arche ; tandis que ceux qui l'avaient prise si insolemment à la guerre en furent quittes pour des hémorroïdes & pour offrir à vos prêtres cinq rats d'or, & cinq anus d'or. Vous m'avouerez que deux cent trente-neuf mille vingt hommes massacrés par vos compatriotes, sans compter tout ce que vous perdites dans vos alternatives de guerre & de servitude, devaient faire un grand tort à une colonie naissante.

Comment puis-je ne vous pas plaindre en voyant dix de vos tribus absolument anéanties, ou peut-être réduites à deux cent familles, qu'on retrouve, dit-on, à la Chine & dans la Tartarie ?

Pour les deux autres tribus, vous favez ce qui leur eft arrivé. Souffrez donc ma compaffion, & ne m'imputez pas de mauvaife volonté.

QUATRIÉME LETTRE.

Sur la femme à Michas.

Trouvez bon que je vous demande ici quelques éclairciffemens fur un fait fingulier de votre hiftoire. Il eft peu connu des dames de Paris & des perfonnes du bon ton.

Il n'y avait pas trente-huit ans que *Moïfe* était mort, lorfque la femme à *Michas* de la tribu de Benjamin, perdit onze cent cycles, qui valent environ fix cent livres de notre monnoie. Son fils les lui rendit, fans que le texte nous apprenne s'il ne les avait pas volés. Auffi-tôt la bonne femme en fait faire des idoles, & leur conftruit une petite chapelle ambulante felon l'ufage. Un lévite de Bethléem s'offrit pour la deffervir moyennant dix francs par an, deux tuniques, & *bouche à cour*, comme on difait autrefois.

Juges ch. XXVII

Une tribu alors (qu'on appella depuis la *Tribu de Dan*) paffa auprès de la maifon de la Michas, en cherchant s'il n'y avait rien à piller dans le voifinage. Les gens de Dan fachant que la *Michas* avait chez elle un prêtre, un voyant, un devin, un rhoé, s'enquirent de lui fi leur voyage ferait heureux, s'il y aurait quelque bon coup à faire. Le lévite leur promit un plein succès. Ils commencèrent par voler la chapelle de la *Michas*, & lui prirent jusqu'à son lévite. La Michas & son mari eurent beau crier, *Vous emportez mes Dieux, & vous me volez mon prêtre;* on les fit taire, & on alla mettre tout à feu & à sang dans la petite bourgade de Dan, dont la tribu prit le nom.

Ces flibustiers conservèrent une grande reconnaissance pour les Dieux de la *Michas* qui les avaient si bien servis. Ces idoles furent placées dans un beau tabernacle. La foule des dévots augmenta, il falut un nouveau prêtre, il s'en présenta un.

Ceux qui ne connaissent pas votre histoire ne devineront jamais qui fut ce chapelain. Vous le savez, messieurs, c'était le propre petit-fils de *Moïse*, un nommé *Jonathan*, fils de *Gersom*, fils de *Moïse* & de la fille à *Jéthro*.

Vous conviendrez avec moi que la famille de *Moïse* était un peu singulière. Son frère à l'âge de cent ans jette un veau d'or en fonte & l'adore; son petit-fils se fait aumônier des idoles pour de l'argent. Cela ne prouverait-il pas que votre religion n'était pas encor faite, & que vous tâtonnâtes longtems avant d'être de parfaits Israëlites tels que vous l'êtes aujourd'hui?

Vous répondez à ma question que notre

St. Pierre Simon Barjone en a fait autant, & qu'il commença son apostolat par renier son maître. Je n'ai rien à repliquer, sinon qu'il faut toûjours se défier de soi ; & je me défie si fort de moi-mème, que je finis ma lettre en vous assurant de toute mon indulgence, & en vous demandant la vôtre.

CINQUIÉME LETTRE.

Pour savoir si les Juifs ont été antropophages, si leurs mères ont couché avec des boucs, si les pères & mères ont immolé leurs enfans, & sur quelques autres belles actions du peuple de DIEU.

MESSIEURS,

J'ai un peu gourmandé votre secrétaire. Il n'est pas dans la civilité de gronder les valets d'autrui devant leurs maîtres ; mais l'ignorance orgueilleuse révolte dans un chrétien qui se fait valet d'un Juif. Je m'adresse directement à vous pour n'avoir plus à faire à votre livrée.

CALAMITÉS JUIVES.

Permettez-moi d'abord de m'attendrir sur toutes vos calamités, car outre les deux cent trente-neuf mille vingt Israelites, tués par l'ordre du Seigneur, je vois la fille de *Jephté* immolée par son père. *Il lui fit comme il l'avait voué.* Tournez-vous de tous les sens; tordez le texte, disputez contre les pères de l'église. Il lui fit comme il avait voué; & il avait voué d'égorger sa fille pour remercier le Seigneur. Belle action de graces!

Oui, vous avez immolé des victimes humaines au Seigneur; mais consolez-vous: je vous ai dit souvent que nos Welches & toutes les nations en firent autant autrefois. Voilà Mr. de *Bougainville* qui revient de l'isle de Taïti, de cette isle de Cithère dont les habitans paisibles, doux, humains, hospitaliers, offrent aux voyageurs tout ce qui est en leur pouvoir, les fruits les plus délicieux, & les filles les plus belles, les plus faciles de la terre. Mais ces peuples ont leurs jongleurs; & ces jongleurs les forcent à sacrifier leurs enfans à des magots qu'ils appellent leurs *Dieux.*

Je vois soixante & dix frères d'*Abimelec* écrasés sur une même pierre par cet *Abimelec* fils de *Gédéon* & d'une coureuse. Ce fils de *Gédéon* était mauvais parent; & ce *Gédéon* l'ami de DIEU était bien débauché.

Votre lévite qui vient sur son âne à Gabaa; les Gabaonites qui veulent le violer, sa pauvre femme qui est violée à sa place & qui meurt à la peine; la guerre civile qui en est la suite, toute votre tribu de Benjamin exterminée, à six cent hommes près, me font une peine que je ne puis vous exprimer.

Vous perdez tout-d'un-coup cinq belles villes que le Seigneur vous destinait au bout du lac de Sodome, & cela pour un attentat inconcevable contre la pudeur de deux anges. En vérité, c'est bien pis que ce dont on accuse vos mères avec les boucs. Comment n'aurais-je pas la plus grande pitié pour vous, quand je vois le meurtre, la sodomie, la bestialité constatés chez vos ancêtres qui sont nos premiers pères spirituels & nos proches parens selon la chair ? Car enfin, si vous descendez de *Sem*, nous descendons de son frère *Japhet*. Nous sommes évidemment cousins.

Roitelets, ou Melchim Juifs.

Votre *Samuel* avait bien raison de ne pas vouloir que vous eussiez des roitelets ; car presque tous vos roitelets sont des assassins, à commencer par *David* qui assassine Miphiboseth fils de Jonathas son tendre ami qu'*il aimait d'un amour plus grand que l'amour des femmes*, qui assassine Uriah le mari de sa Betzabée, qui assassine jusqu'aux enfans qui tettent dans les villages alliés de son protecteur *Achis* ; qui commande en mourant qu'on assassine *Joab* son général, & *Semei* son conseiller ; à commencer, dis-je, par ce *David* & par *Salomon* qui assassine son propre frère *Adonias* embraſſant en vain l'autel, & à finir par *Hérode le grand* qui aſſaſſine ſon beau-frère, ſa femme, tous ſes parens & ſes enfans-même.

Je ne vous parle pas des quatorze mille petits garçons que votre roitelet, ce grand *Hérode*, fit égorger dans le village de Bethléem. Ils ſont enterrés, comme vous ſavez, à Cologne avec nos onze mille vierges; & on voit encor un de ces enfans tout entier. Vous ne croyez pas à cette hiſtoire autentique parce qu'elle n'eſt pas dans votre canon, & que votre *Flavien Joſeph* n'en a rien dit. Je ne vous parle pas des onze cent mille hommes tués dans la ſeule ville de Jéruſalem pendant le ſiége qu'en fit *Titus*.

Par ma foi, la nation chérie eſt une nation bien malheureuſe.

SI LES JUIFS ONT MANGÉ DE LA CHAIR HUMAINE?

Parmi vos calamités qui m'ont fait tant de fois frémir, j'ai toûjours compté le malheur que vous avez eu de manger de la chair humaine. Vous dites que cela n'eſt arrivé que dans les grandes occaſions, que ce n'eſt pas vous que le Seigneur invitait à ſa table pour manger le cheval & le cavalier, que c'étaient les oiſeaux qui étaient les convives; je le veux croire. (Voyez l'article *Antropophages*.)

JUIF.

SI LES DAMES JUIVES COUCHÈRENT AVEC DES BOUCS ?

Vous prétendez que vos mères n'ont pas couché avec des boucs, ni vos pères avec des chèvres. Mais, dites-moi, messieurs, pourquoi vous êtes le seul peuple de la terre à qui les loix ayent jamais fait une pareille défense ? Un légiflateur se ferait-il jamais avisé de promulguer cette loi bizarre si le délit n'avait pas été commun ?

SI LES JUIFS IMMOLÈRENT DES HOMMES ?

Vous ofez affurer que vous n'immoliez pas des victimes humaines au Seigneur ; & qu'est-ce donc que le meurtre de la fille de *Jephté* réellement immolée, comme nous l'avons déja prouvé par vos propres livres ?

Comment expliquerez-vous l'anathême des trente-deux pucelles qui furent le partage du Seigneur quand vous prites chez les Madianites trente-deux mille pucelles & foixante & un mille ânes ? Je ne vous dirai pas ici qu'à ce compte il n'y avait pas deux ânes par pucelles ; mais je vous demanderai ce que c'était que cette part du Seigneur. Il y eut, felon votre livre des Nombres, feize mille filles pour vos foldats, feize mille filles pour vos prêtres ; & fur la part des foldats on préleva trente-deux filles pour le Seigneur. Qu'en fit-on ? vous n'aviez point de religieuses. Qu'est-ce que la part du Seigneur dans toutes vos guerres, sinon du sang ?

Le prêtre *Samuël* ne hacha-t-il pas en morceaux le roitelet *Agag*, à qui le roitelet *Saül* avait sauvé la vie ? ne le sacrifia-t-il pas comme la part du Seigneur ?

Ou renoncez à vos livres auxquels je crois fermement, selon la décision de l'église ; ou avouez que vos pères ont offert à DIEU des fleuves de sang humain, plus que n'a jamais fait aucun peuple du monde.

DES TRENTE-DEUX MILLE PUCELLES, DES SOIXANTE ET QUINZE MILLE BOEUFS, ET DU FERTILE DESERT DE MADIAN.

Que votre secrétaire cesse de tergiverser, d'équivoquer, sur le camp des Madianites & sur leurs villages. Je me soucie bien que ce soit dans un camp ou dans un village de cette petite contrée misérable & déserte que votre prêtre-boucher *Eléazar*, général des armées juives, ait trouvé soixante & douze mille bœufs, soixante & un mille ânes, six cent soixante & quinze mille brebis, sans compter les béliers & les agneaux !

Or, si vous prites trente-deux mille petites filles, il y avait apparemment autant de petits garçons, autant de pères & de mères. Cela irait probablement à cent vingt-huit mille captifs, dans un défert où l'on ne boit que de l'eau faumache, où l'on manque de vivres, & qui n'eft habité que par quelques Arabes vagabonds au nombre de deux ou trois mille tout au plus. Vous remarquerez d'ailleurs que ce pays affreux n'a pas plus de huit lieuës de long & de large fur toutes les cartes.

Mais qu'il foit auffi grand, auffi fertile, auffi peuplé que la Normandie ou le Milanais, cela ne m'importe; je m'en tiens au texte qui dit que la part du Seigneur fut de trente-deux filles. Confondez tant qu'il vous plaira le Madian près de la mer Rouge avec le Madian près de Sodome; je vous demanderai toûjours compte de mes trente-deux pucelles.

Votre fecrétaire a-t-il été chargé par vous de fupputer combien de bœufs & de filles peut nourrir le beau pays de Madian?

J'habite un canton, meffieurs, qui n'eft pas la terre promife; mais nous avons un lac beaucoup plus beau que celui de Sodome. Notre fol eft d'une bonté très médiocre. Votre fecrétaire me dit qu'un arpent de Madian peut nourrir trois bœufs. Je vous affure, meffieurs, que chez moi un arpent ne nourrit qu'un bœuf. Si votre fecrétaire veut tripler le revenu de mes terres, je lui donnerai de bons gages; & je ne le payerai pas en rescriptions sur les receveurs-généraux. Il ne trouvera pas dans tout le pays de Madian une meilleure condition que chez moi. Mais malheureusement cet homme ne s'entend pas mieux en bœufs qu'en veaux d'or.

A l'égard des trente-deux mille pucelages, je lui en souhaite. Notre petit pays est environ de l'étendue de Madian ; il contient environ quatre mille yvrognes, une douzaine de procureurs, deux hommes d'esprit, & environ quatre mille personnes du beau sexe, qui ne sont pas toutes jolies. Tout cela monte à environ huit mille personnes, supposé que le greffier qui m'a produit ce compte n'ait pas exagéré de moitié selon la coutume. Vos prêtres & les nôtres auraient peine à trouver dans mon pays trente-deux mille pucelles pour leur usage. C'est ce qui me donne de grands scrupules sur les dénombremens du peuple Romain, du tems que son empire s'étendait à quatre lieuës du mont Tarpéïen, & que les Romains avaient une poignée de foin au haut d'une perche pour enseignes. Peut-être ne savez-vous pas que les Romains passèrent cinq cent années à piller leurs voisins avant d'avoir aucun historien ; & que leurs dénombremens sont fort suspects ainsi que leurs miracles.

A l'égard des soixante & un mille ânes qui furent le prix de vos conquêtes en Madian, c'est assez parler d'ânes.

DES ENFANS JUIFS IMMOLÉS PAR LEURS MÈRES.

Je vous dis que vos pères ont immolé leurs enfans, & j'appelle en témoignage vos prophètes. *Isaïe* leur reproche ce crime de cannibales, *Vous immolez aux Dieux vos enfans dans des torrens sous des pierres.*

Isaïe ch. XLVII. ℣. 7.

Vous m'allez dire que ce n'était pas au Seigneur *Adonaï* que les femmes sacrifiaient les fruits de leurs entrailles ; que c'était à quelque autre Dieu. Il importe bien vraiment que vous ayez apellé *Melkom* ou *Sadaï*, ou *Baal* ou *Adonaï*, celui à qui vous immoliez vos enfans ! ce qui importe, c'est que vous ayez été des parricides. C'était, dites-vous, à des idoles étrangères que vos pères fefaient ces offrandes ; eh bien, je vous plains encor davantage de descendre d'ayeux parricides & idolâtres. Je gémirai avec vous de ce que vos pères furent toûjours idolâtres pendant quarante ans dans le défert de Sinaï, comme le disent expressément *Jérémie*, *Amos* & *St. Etienne*.

Vous étiez idolâtres du tems des juges, & le petit-fils de *Moïse* était prêtre de la tribu de Dan, idolâtre toute entière comme nous l'avons vu. Car il faut insister, inculquer, sans quoi tout s'oublie.

Vous étiez idolâtres sous vos rois ; vous n'avez été fidèles à un seul DIEU qu'après qu'*Esdras* eut restauré vos livres. C'est-là que votre véritable culte non interrompu commence. Et par une providence incompréhensible de l'Etre suprême, vous avez été les plus malheureux de tous les hommes depuis que vous avez été les plus fidèles, sous les rois de Syrie, sous les rois d'Egypte, sous *Hérode* l'Iduméen, sous les Romains, sous les Persans, sous les Arabes, sous les Turcs, jusqu'au tems où vous me faites l'honneur de m'écrire, & où j'ai celui de vous répondre.

SIXIÉME LETTRE.

Sur la beauté de la terre promise.

Ne me reprochez pas de ne vous point aimer. Je vous aime tant, que je voudrais que vous fussiez tous dans Hershalaïm au-lieu des Turcs qui dévastent tout votre pays, & qui ont bâti cependant une assez belle mosquée sur les fondemens de votre temple, & sur la plateforme construite par votre *Hérode*.

Vous cultiveriez ce malheureux désert comme vous l'avez cultivé autrefois, vous porteriez encor de la terre sur la croupe de vos montagnes arides; vous n'auriez pas beaucoup de bled, mais vous auriez d'assez bonnes vignes, quelques palmiers, des oliviers & des pâturages.

Quoique la Palestine n'égale pas la Provence, & que Marseille seule soit supérieure à toute la Judée qui n'avait pas un port de mer, quoique la ville d'Aix soit dans une situation incomparablement plus belle que Jérusalem, vous pouriez faire de votre terrain à-peu-près ce que les Provençaux ont fait du leur. Vous exécuteriez à plaisir dans votre détestable jargon votre détestable musique.

Il est vrai que vous n'auriez point de chevaux, parce qu'il n'y a que des ânes vers Hershalaïm, & qu'il n'y a jamais eu que des ânes. Vous manqueriez souvent de froment, mais vous en tireriez d'Egypte ou de la Syrie.

Vous pouriez voiturer des marchandises à Damas, à Seïde sur vos ânes, ou même sur des chameaux que vous ne connutes jamais du tems de vos melchim, & qui vous seraient d'un grand secours. Enfin un travail assidu, pour lequel l'homme est né, rendrait fertile cette terre que les seigneurs de Constantinople & de l'Asie mineure négligent.

Elle est bien mauvaise cette terre promise. Connaissez-vous *St. Jérôme?* C'était un prêtre chrétien; vous ne lisez point les livres de ces gens-là. Cependant il a demeuré très longtems dans votre pays; c'était un très docte personnage, peu endurant à la vérité, & prodigue d'injures quand il était contredit;

dit; mais fachant votre langue mieux que vous, parce qu'il était bon grammairien. L'étude était fa paffion dominante, la colère n'était que la feconde. Il s'était fait prêtre avec fon ami *Vincent*, à condition qu'ils ne diraient jamais la meffe ni vêpres, de peur d'être trop interrompus dans leurs études. Car étant directeurs de femmes & de filles, s'ils avaient été obligés encor de vaquer aux œuvres presbitériales, il ne leur ferait pas refté deux heures dans la journée pour le grec, le caldéen & l'idiome judaïque. Enfin, pour avoir plus de loifir, *Jérôme* fe retira tout-à-fait chez les Juifs à Bethléem, comme l'évêque d'Avranche *Huet* fe retira chez les jéfuites à la maifon profeffe rue St. Antoine à Paris. C'eſt-à-dire qu'ils ne feraient aucune fonction facerdotale.

Jérôme fe brouilla il eſt vrai avec l'évêque de jérufalem nommé *Jean*, avec le célèbre prêtre *Rufin*, avec plufieurs de fes amis. Car, ainfi que je l'ai déja dit, *Jérôme* était colère & plein d'amour-propre; & *St. Auguſtin* l'accufe d'être inconſtant & léger, *c*) mais enfin il n'en était pas moins faint; il n'en était pas moins docte; fon témoignage

---

c) En récompenfe *Jérôme* écrit à *Auguſtin* dans fa cent quatorziéme lettre, Je n'ai point critiqué vos ouvrages, car je ne les ai jamais lus; & fi je voulais les critiquer, je pourais vous faire voir que vous n'entendez point les pères Grecs..... Vous ne favez pas même ce dont vous parlez.

Septiéme partie.

n'en est pas moins recevable sur la nature du misérable pays dans lequel son ardeur pour l'étude & sa mélancolie l'avaient confiné.

Ayez la complaisance de lire sa lettre à *Dardanus* écrite l'an 414 de notre ère vulgaire, qui est, suivant le comput juif, l'an du monde quatre mille, ou 4001, ou 4003, ou 4004, comme on voudra.

„ Je prie ceux qui prétendent que le peu-
„ ple Juif après sa sortie d'Egypte, prit
„ possession de ce pays, qui est devenu pour
„ nous, par la passion & la résurrection du
„ Sauveur, une véritable terre de promesse; je
„ les prie, dis-je, de nous faire voir ce que
„ ce peuple en a possédé. Tout son domaine
„ ne s'étendait que depuis Dan jusqu'à Ber-
„ sabée, c'est-à-dire, l'espace de cent soixante
„ milles de longueur. L'Ecriture sainte n'en
„ donne pas davantage à *David* & à *Salo-*
„ *mon*...... J'ai honte de dire quelle est la
„ largeur de la terre promise, & je crains
„ que les payens ne prennent delà occasion
„ de blasphémer. On ne compte que qua-
„ rante & six milles depuis Joppé jusqu'à
„ notre petit bourg de Bethléem, après quoi
„ on ne trouve plus qu'un affreux désert. "

Lisez aussi la lettre à une de ses dévotes où il dit, qu'il n'y a que des cailloux & point d'eau à boire de Jérusalem à Bethléem : mais plus loin, vers le Jourdain, vous auriez d'assez bonnes vallées dans ce pays hérissé de montagnes pelées. C'était véritablement une contrée de lait & de miel, comme vous difiez, en comparaifon de l'abominable défert d'Oreb & de Sinaï dont vous êtes originaires. La Champagne pouilleufe eft la terre promife par rapport à certains terrains des landes de Bordeaux. Les bords de l'Aar font la terre promife en comparaifon des petits cantons Suiffes. Toute la Paleftine eft un fort mauvais terrain en comparaifon de l'Egypte, dont vous dites que vous fortites en voleurs; mais c'eft un pays délicieux fi vous le comparez aux déferts de Jérufalem, de Nazareth, de Sodome, d'Oreb, de Sinaï, de Cadès-barné, &c.

Retournez en Judée le plutôt que vous pourez. Je vous demande feulement deux ou trois familles hébraïques pour établir au mont Crapac, où je demeure, un petit commerce néceffaire. Car fi vous êtes de très ridicules théologiens (& nous auffi) vous êtes des commerçans très intelligens ; ce que nous ne fommes pas.

SEPTIÉME LETTRE.

Sur la charité que le peuple de DIEU *& les chrétiens doivent avoir les uns pour les autres.*

Ma tendreffe pour vous n'a plus qu'un mot à vous dire. Nous vous avons pendus entre deux chiens pendant des siécles ; nous vous avons arraché les dents pour vous forcer à nous donner votre argent ; nous vous avons chaſſés pluſieurs fois par avarice, & nous vous avons rappellés par avarice & par bêtiſe ; nous vous feſons payer encor dans plus d'une ville la liberté de reſpirer l'air ; nous vous avons ſacrifiés à DIEU dans plus d'un royaume ; nous vous avons brûlés en holocauſtes : car je ne veux pas, à votre exemple, diſſimuler que nous ayons offert à DIEU des ſacrifices de ſang humain. Toute la différence eſt que nos prêtres vous ont fait brûler par des laïques, ſe contentant d'appliquer votre argent à leur profit, & que vos prêtres ont toûjours immolé les victimes humaines de leurs mains ſacrées. Vous futes des monſtres de cruauté & de fanatiſme en Paleſtine ; nous l'avons été dans notre Europe. Oublions tout cela, mes amis.

Voulez-vous vivre paiſibles ? imitez les Banians & les Guèbres ; ils ſont beaucoup plus anciens que vous ; ils ſont diſperſés comme vous ; ils ſont ſans patrie comme vous. Les Guèbres ſurtout, qui ſont les anciens Perſans, ſont eſclaves comme vous après avoir été longtems vos maîtres. Ils ne diſent mot ; prenez ce parti. Vous êtes des animaux calculans ; tâchez d'être des animaux penſans.

JULIEN.

Quoique nous ayons déja parlé de *Julien* à l'article *Apoſtat*, quoique nous ayons, à l'exemple de tous les ſages, déploré le malheur horrible qu'il eut de n'être pas chrétien, & que d'ailleurs nous ayons rendu juſtice à toutes ſes vertus, cependant nous ſommes forcés d'en dire encor un mot.

C'eſt à l'occaſion d'une impoſture auſſi abſurde qu'atroce, que nous avons lue par hazard dans un de ces petits dictionnaires dont la France eſt inondée aujourd'hui, & qu'il eſt malheureuſement trop aiſé de faire. Ce dictionnaire théologique eſt d'un ex-jéſuite nommé *Paulian*; il répète cette fable ſi décréditée, que l'empereur *Julien* bleſſé à mort en combattant contre les Perſes, jetta ſon ſang contre le ciel, en s'écriant, *Tu as vaincu, Galiléen.* Fable qui ſe détruit d'elle-même, puiſque *Julien* fut vainqueur dans le combat, & que certainement JESUS-CHRIST n'était pas le Dieu des Perſes.

Cependant, *Paulian* oſe affirmer que le fait eſt inconteſtable. Et ſur quoi l'affirme-t-il ? ſur ce que *Théodoret*, l'auteur de tant d'inſignes menſonges, le rapporte ; encor ne le rapporte-t-il que comme un bruit vague; il *Théodoret* se sert du mot, *On dit*. Ce conte est digne des ch. XXV calomniateurs qui écrivirent que *Julien* avait sacrifié une femme à la lune, & qu'on trouva après sa mort un grand coffre rempli de têtes parmi ses meubles.

Ce n'est pas le seul mensonge & la seule calomnie dont cet ex-jésuite *Paulian* se soit rendu coupable. Si ces malheureux savaient quel tort ils font à notre sainte religion en cherchant à l'appuyer par l'imposture, & par les injures grossières qu'ils vomissent contre les hommes les plus respectables, ils seraient moins audacieux & moins emportés; mais ce n'est pas la religion qu'ils veulent soutenir; ils veulent gagner de l'argent par leurs libelles; & désespérant d'être lus des gens du monde, ils compilent, compilent, compilent du fatras théologique dans l'espérance que leurs opuscules feront fortune dans les séminaires. (Voyez *Philosophie*.)

JUSTICE.

CE n'est pas d'aujourd'hui que l'on dit que la justice est bien souvent très injuste: *Summum jus summa injuria*, est un des plus anciens proverbes. Il y a plusieurs manières affreuses d'être injuste; par exemple, celle de rouer l'innocent *Calas* sur des indices équivoques, & de se rendre coupable du sang innocent pour avoir trop cru des vaines présomptions.

Une autre manière d'être injuste, est de condamner au dernier supplice, un homme qui mériterait tout-au-plus trois mois de prison. Cette espèce d'injustice est celle des tyrans, & surtout des fanatiques, qui deviennent toûjours tyrans dès qu'ils ont la puissance de mal faire.

Nous ne pouvons mieux démontrer cette vérité que par la lettre qu'un célèbre avocat au conseil, écrivit en 1766 à Mr. le marquis de *Beccaria*, l'un des plus célèbres professeurs de jurisprudence qui soient en Europe.

LETTRE DE MR. CASS.... A MR. BECCARIA.

Il semble, Monsieur, que toutes les fois qu'un génie bienfesant cherche à rendre service au genre-humain, un démon funeste s'élève aussi-tôt pour détruire l'ouvrage de la raison.

A peine eutes-vous instruit l'Europe par votre excellent livre sur les *Délits & les peines*, qu'un homme qui se dit jurisconsulte, écrivit contre vous en France. Vous aviez soutenu la cause de l'humanité, & il fut

S iiij

l'avocat de la barbarie. C'est peut-être ce qui a préparé la cataftrophe du jeune chevalier de *la Barre* âgé de dix-neuf ans, & du fils du préfident de *Talonde* qui n'en avait pas encor dix-huit.

Avant que je vous raconte, monfieur, cette horrible avanture qui excite l'étonnement & la piété de l'Europe entière, (excepté peut-être de quelques fanatiques ennemis de la nature humaine) permettez-moi de pofer ici deux principes que vous trouverez inconteftables.

1°. Quand une nation eft encore affez attachée aux anciens ufages pour faire fubir aux accufés le fupplice de la torture, c'eft-à-dire, pour leur faire fouffrir mille morts au lieu d'une, fans favoir s'ils font innocens ou coupables ; il eft clair au moins qu'on ne doit point exercer cette cruauté contre un accufé quand il convient de fon crime, & qu'on n'a plus befoin d'aucune preuve.

2°. Il eft contre la nature des chofes de punir les violations des ufages reçus dans un pays, les délits commis contre l'opinion régnante, & qui n'ont opéré aucun mal phyfique, du même fupplice dont on punit les parricides & les empoifonneurs.

Si ces deux règles ne font pas démontrées, il n'y a plus de loix, il n'y a plus de raifon fur la terre ; les hommes font abandonnés à la plus capricieufe tyrannie ;

& leur fort est fort au dessous de celui des bêtes.

Ces deux principes établis, je viens, monsieur, à la funeste histoire que je vous ai promise.

Il y avait dans Abbeville, petite cité de Picardie, une abbesse, fille d'un conseiller d'état très estimé; c'est une dame aimable, de mœurs au fond très régulières, d'une humeur douce & enjouée, bienfesante, & sage sans superstition.

Un habitant d'Abbeville nommé B*** âgé de soixante ans, vivait avec elle dans une grande intimité, parce qu'il était chargé de quelques affaires du couvent; il est lieutenant d'une espèce de petit tribunal qu'on appelle l'*Election*, si on peut donner le nom de *tribunal* à une compagnie de bourgeois, uniquement préposés pour régler l'assise de l'impôt appellé *la taille*. Cet homme devint amoureux de l'abbesse, qui ne le repoussa d'abord qu'avec sa douceur ordinaire; mais qui fut ensuite obligée de marquer son aversion & son mépris pour ses importunités trop redoublées.

Elle fit venir chez elle dans ce tems-là, en 1764, le chevalier de *la Barre* son neveu, petit-fils d'un lieutenant-général des armées, mais dont le père avait dissipé une fortune de plus de quarante mille livres de rente. Elle prit soin de ce jeune homme, comme de fon fils, & elle était prête de lui faire obtenir une compagnie de cavalerie : il fut logé dans l'extérieur du couvent, & madame fa tante lui donnait fouvent à fouper, ainfi qu'à quelques jeunes gens de fes amis. Le fieur B*** exclus de ces foupers, fe vengea en fufcitant à l'abbeffe quelques affaires d'intérêt.

Le jeune *la Barre* prit vivement le parti de fa tante, & parla à cet homme avec une hauteur qui le révolta entiérement. B*** réfolut de fe venger ; il fut que le chevalier de *la Barre* & le jeune *Talonde* fils du préfident de l'élection, avaient paffé depuis peu devant une proceffion fans ôter leur chapeau : c'était au mois de Juillet 1765. Il chercha dès ce moment à faire regarder cet oubli momentané des bienféances comme une infulte préméditée faite à la religion. Tandis qu'il ourdiffait fecrétement cette trâme, il arriva malheureufement que le 9 Août de la même année on s'apperçut que le crucifix de bois pofé fur le pont-neuf d'Abbeville était endommagé, & l'on foupçonna que des foldats yvres avaient commis cette infolence impie.

Je ne puis m'empêcher, monfieur, de remarquer ici qu'il eft peut-être indécent & dangereux d'expofer fur un pont ce qui doit être révéré dans un temple catholique ; les voitures publiques peuvent aifément le brifer ou le renverfer par terre. Des yvrognes peuvent l'infulter au fortir d'un cabaret, fans favoir même quel excès ils commettent. Il faut remarquer encore que ces ouvrages grofſiers, ces crucifix de grand chemin, ces images de la Vierge *Marie*, ces enfans JESUS qu'on voit dans des niches de plâtre au coin des rues de pluſieurs villes, ne font pas un objet d'adoration tels qu'ils le font dans nos égliſes : cela eſt ſi vrai, qu'il eſt permis de paſſer devant ces images fans les faluer. Ce font des monumens d'une piété mal éclairée : & au jugement de tous les hommes fenſés, ce qui eſt faint ne doit être que dans le lieu faint.

Malheureufement l'évêque d'Amiens étant auſſi évêque d'Abbeville, donna à cette avanture une célébrité, & une importance qu'elle ne méritait pas. Il fit lancer des monitoires ; il vint faire une proceſſion folemnelle auprès de ce crucifix, & on ne parla dans Abbeville que de facrilèges pendant une année entière. On difait qu'il ſe formait une nouvelle fecte qui briſait tous les crucifix, qui jettait par terre toutes les hoſties & les perçait à coups de couteaux. On aſſurait qu'elles avaient répandu beaucoup de fang. Il y eut des femmes qui crurent en avoir été témoins. On renouvella tous les contes calomnieux répandus contre les Juifs dans tant de villes de l'Europe. Vous connaiſſez, monfieur, à quel excès la populace porte la crédulité & le fanatifme, trop fouvent encouragés par quelques moines.

Le Sr. *B**** voyant les efprits échauffés, confondit malicieufement enfemble l'avanture du crucifix & celle de la proceffion, qui n'avaient aucune connexité. Il rechercha toute la vie du chevalier de *la Barre*: il fit venir chez lui valets, fervantes, manœuvres; il leur dit d'un ton d'infpiré qu'ils étaient obligés en vertu des monitoires, de révéler tout ce qu'ils avaient pu apprendre à la charge de ce jeune homme ; ils répondirent tous qu'ils n'avaient jamais entendu dire que le chevalier de *la Barre* eût la moindre part à l'endommagement du crucifix.

On ne découvrit aucun indice touchant cette mutilation, & même alors il parut fort douteux que le crucifix eût été mutilé exprès. On commença à croire (ce qui était affez vraifemblable) que quelque charrette chargée de bois avait caufé cet accident.

Mais, dit *B**** à ceux qu'il voulait faire parler, fi vous n'êtes pas fûrs que le chevalier de *la Barre* ait mutilé un crucifix en paffant fur le pont, vous favez au moins que cette année au mois de Juillet, il a paffé dans une rue avec deux de fes amis à trente pas d'une proceffion fans ôter fon chapeau. Vous avez ouï dire qu'il a chanté une fois des chanfons libertines ; vous êtes obligés de l'accufer fous peine de péché mortel.

Après les avoir ainsi intimidés, il alla lui-même chez le premier juge de la sénéchaussée d'Abbeville. Il y déposa contre son ennemi ; il força ce juge à entendre les dénonciateurs.

La procédure une fois commencée, il y eut une foule de délations ; chacun disait ce qu'il avait vu ou cru voir, ce qu'il avait entendu ou cru entendre. Mais quel fut, monsieur, l'étonnement de B*** lorsque les témoins qu'il avait suscités lui-même contre le chevalier de *la Barre*, dénoncèrent son propre fils comme un des principaux complices des impiétés secrètes qu'on cherchait à mettre au grand jour. B*** fut frappé comme d'un coup de foudre, il fit incontinent évader son fils ; mais ce que vous croirez à peine, il n'en poursuivit pas avec moins de chaleur cet affreux procès.

Voici, monsieur, quelles sont les charges.

Le 13 Août 1765, six témoins déposent qu'ils ont vu passer trois jeunes gens à trente pas d'une procession, que les Srs. de *la Barre* & de *Talonde* avaient leur chapeau sur la tête, & le Sr. *Moinel* le chapeau sous le bras.

Dans une addition d'information, une *Elizabeth Lacrivel*, dépose avoir entendu dire à un de ses cousins, que ce cousin avait entendu dire au chevalier de *la Barre* qu'il n'avait pas ôté son chapeau.

Le 26 Septembre une femme du peuple nommée *Ursule Goudalier*, dépose qu'elle a entendu dire que le chevalier de *la Barre* voyant une image de *St. Nicolas* en plâtre chez la sœur *Marie* tourière du couvent, il demanda à cette tourière si elle avait acheté cette image pour avoir celle d'un homme chez elle.

Le nommé *Bauvalet* dépose, que le chevalier de *la Barre* a proféré un mot impie en parlant de la Vierge *Marie*.

Claude, dit *Sélincourt*, témoin unique, dépose que l'accusé lui a dit que les commandemens de DIEU ont été faits par des prêtres; mais à la confrontation l'accusé soutient que *Sélincourt* est un calomniateur, & qu'il n'a été question que des commandemens de l'église.

Le nommé *Héquet*, témoin unique, dépose que l'accusé lui a dit ne pouvoir comprendre comment on avait adoré un Dieu de pâte. L'accusé, dans la confrontation, soutient qu'il a parlé des Egyptiens.

Nicolas la Vallée dépose qu'il a entendu chanter au chevalier de *la Barre* deux chansons libertines de corps-de-garde. L'accusé avoue qu'un jour étant yvre il les a chantées avec le Sr. de *Talonde* sans savoir ce qu'il disait, que dans cette chanson on appelle à la vérité la Ste. Marie-Madelaine *putain*; mais qu'avant sa conversion elle avait mené une vie débordée. Il est convenu d'avoir récité l'ode à Priape du Sr. *Pyrrhon*.

Le nommé *Héquet* dépose encore dans une addition, qu'il a vû le chevalier de *la Barre* faire une petite génuflexion devant les livres intitulés *Thérèse philosophe*, la *Tourière des carmelites* & le *Portier des chartreux*. Il ne désigne aucun autre livre; mais au récolement & à la confrontation, il dit qu'il n'est pas sûr que ce fût le chevalier de *la Barre* qui fit ces génuflexions.

Le nommé *la Cour*, dépose qu'il a entendu dire à l'accusé *au nom du C...* au-lieu de dire au nom du père &c. Le chevalier, dans son interrogatoire sur la sellette, a nié ce fait.

Le nommé *Petignot* dépose qu'il a entendu l'accusé réciter les litanies du *C...* telles à-peu-près qu'on les trouve dans *Rabelais*, & que je n'ose rapporter ici. L'accusé le nie dans son interrogatoire sur la sellette; il avoue qu'il a en effet prononcé C...; mais il nie tout le reste.

Ce sont là, monsieur, toutes les accusations que j'ai vues portées contre le chevalier de *la Barre*, le Sr. *Moinel*, le Sr. de *Talonde*, *Jean-François Douville de Maillefeu*, & le fils du nommé B*** auteur de toute cette tragédie.

Il est constaté qu'il n'y avait eu aucun scandale public; puisque *la Barre* & *Moinel* ne furent arrêtés que sur des monitoires lancés à l'occasion de la mutilation du crucifix, dont ils ne furent chargés par aucun témoin.

On rechercha toutes les actions de leur vie; leurs conversations secrètes, des paroles échappées un an auparavant; on accumula des choses qui n'avaient aucun rapport ensemble, & en cela même la procédure fut très vicieuse.

Sans ces monitoires & sans les mouvemens violens que se donna B***, il n'y aurait jamais eu de la part de ces enfans infortunés ni scandale, ni procès criminel. Le scandale public a été surtout dans le procès même.

Le monitoire d'Abbeville fit précisément le même effet que celui de Toulouse contre les *Calas*; il troubla les cervelles & les consciences. Les témoins excités par B***, comme ceux de Toulouse l'avaient été par le capitoul *David*, rappellèrent dans leur mémoire des faits, des discours vagues, dont il n'était guères possible qu'on pût se rappeller exactement les circonstances ou favorables ou aggravantes.

Il faut avouer, monsieur, que s'il y a quelques cas où un monitoire est nécessaire, il y en a beaucoup d'autres où il est très dangereux. Il invite les gens de la lie du peuple à porter des accusations contre les personnes élevées au dessus d'eux, dont ils sont toûjours jaloux. C'est alors un ordre intimé par l'église de faire le métier infame de délateur. Vous êtes ménacés de l'enfer, si vous ne mettez pas votre prochain en péril de sa vie.

Il n'y a peut-être rien de plus illégal dans les tribunaux de l'inquisition ; & une grande preuve de l'illégalité de ces monitoires, c'est qu'ils n'émanent point directement des magistrats, c'est le pouvoir ecclésiastique qui les décerne. Chose étrange qu'un ecclésiastique qui ne peut juger à mort, mette ainsi dans la main des juges le glaive qu'il lui est défendu de porter.

Il n'y eut d'interrogés que le chevalier & le Sr. *Moinel*, enfant d'environ quinze ans. Moinel tout intimidé & entendant prononcer au juge le mot d'attentat contre la religion, fut si hors de lui, qu'il se jetta à genoux & fit une confession générale, comme s'il eût été devant un prêtre. Le chevalier de *la Barre* plus instruit & d'un esprit plus ferme, répondit toûjours avec beaucoup de raison, & disculpa *Moinel* dont il avait pitié. Cette conduite qu'il eut jusqu'au dernier moment, prouve qu'il avait une belle ame. Cette preuve aurait dû être comptée pour beaucoup aux yeux des juges intelligens, & ne lui servit de rien.

Dans ce procès, monsieur, qui a eu des suites si affreuses, vous ne voyez que des indécences réprimables, & pas une action noire ; vous n'y trouvez pas un seul de ces délits qui sont des crimes chez toutes les nations, point de brigandage, point de violence, point de lacheté ; rien de ce qu'on reproche à ces enfans ne serait même un délit

Septième partie. T

dans les autres communions chrétiennes. Je suppose que le chevalier de la Barre & Mr. de Talonde ayent dit que *l'on ne doit pas adorer un Dieu de pâte*, ils ont commis une très grande faute parmi nous ; mais c'est précisément, & mot-à-mot ce que disent tous ceux de la religion réformée.

Le chancelier d'Angleterre prononcerait ces mots en plein parlement, sans qu'ils fussent relevés par personne. Lorsque mylord *Lockart* était ambassadeur à Paris, un habitué de paroisse porta furtivement l'eucharistie dans son hôtel à un domestique malade qui était catholique ; mylord *Lockart* qui le sut, chassa l'habitué de sa maison ; il dit au cardinal *Mazarin* qu'il ne souffrirait pas cette insulte. Il traita en propres termes l'eucharistie de Dieu de pâte & d'idolâtrie. Le cardinal *Mazarin* lui fit des excuses.

Le grand archevêque *Tillotson*, le meilleur prédicateur de l'Europe, & presque le seul qui n'ait point deshonoré l'éloquence par de fades lieux communs, ou par de vaines phrases fleuries comme *Chemiuais* ; ou par de faux raisonnemens comme *Bourdaloue* ; l'archevêque *Tillotson*, dis-je, parle précisément de notre eucharistie comme le chevalier de *la Barre*. Les mêmes paroles respectées dans mylord *Lockart* à Paris, & dans la bouche de mylord *Tillotson* à Londres, ne peuvent donc être en France qu'un délit local, un délit de lieu & de tems, un mépris de l'opinion vulgaire, un discours échappé au hazard devant une ou deux personnes. N'est-ce pas le comble de la cruauté de punir ces discours secrets, du même supplice dont on punirait celui qui aurait empoisonné son père & sa mère, & qui aurait mis le feu aux quatre coins de sa ville?

Remarquez, monsieur, je vous en supplie, combien on a deux poids & deux mesures. Vous trouverez dans la XXIVe lettre persane de Mr. de *Montesquieu*, président à mortier du parlement de Bordeaux, de l'académie française, ces propres paroles: *Ce magicien s'appelle le pape; tantôt il fait croire que trois ne font qu'un, tantôt que le pain qu'on mange n'est pas du pain, & que le vin qu'on boit n'est pas du vin;* & mille autres traits de cette espece.

Mr. de *Fontenelle* s'était exprimé de la même maniere dans sa rélation de Rome & de Geneve, sous le nom de *Mero* & d'*Enegu*. Il y avait dix mille fois plus de scandale dans ces paroles de Mrs. de *Fontenelle* & de *Montesquieu*, exposées par la lecture aux yeux du public, qu'il n'y en avait dans deux ou trois mots échappés au chevalier de *la Barre* devant un seul témoin; paroles perdues dont il ne restait aucune trace. Les discours secrets devraient être regardés comme des pensées; c'est un axiome dont la plus détestable barbarie doit convenir.

Je vous dirai plus, monsieur ; il n'y a point en France de loi expresse qui condamne à mort pour des blasphèmes. L'ordonnance de 1666 prescrit une amende pour la première fois, le double pour la seconde &c., & le pilori pour la sixiéme récidive.

Cependant les juges d'Abbeville, par une ignorance & une cruauté inconcevable, condamnèrent le jeune de *Talonde* âgé de dix-huit ans, 1°. à souffrir le supplice de l'amputation de la langue jusqu'à la racine, ce qui s'exécute de manière que si le patient ne présente pas la langue lui-même, on la lui tire avec des tenailles de fer, & on la lui arrache.

2°. On devait lui couper la main droite à la porte de la principale église.

3°. Ensuite il devait être conduit dans un tombereau à la place du marché, être attaché à un poteau avec une chaîne de fer, & être brûlé à petit feu. Le Sr. de *Talonde* avait heureusement épargné à ses juges l'horreur de cette exécution par la fuite.

Le chevalier de *la Barre* étant entre leurs mains, ils eurent l'humanité d'adoucir la sentence, en ordonnant qu'il serait décapité avant d'être jetté dans les flammes ; mais s'ils diminuèrent le supplice d'un côté, ils l'augmentèrent de l'autre, en le condamnant à subir la question ordinaire & extraordinaire pour lui faire déclarer ses complices ; comme si des extravagances de jeune homme, des paroles emportées dont il ne reste pas le moindre vestige, étaient un crime d'état, une conspiration. Cette étonnante sentence fut rendue le 28 Février de l'année 1766.

La jurisprudence de France est dans un si grand chaos, & conséquemment l'ignorance des juges de province est quelquefois si grande, que ceux qui portèrent cette sentence se fondèrent sur une déclaration de *Louïs XIV*, émanée en 1682, à l'occasion des prétendus sortilèges & des empoisonnemens réels commis par la *Voisin*, la *Vigoureux*, & les deux prêtres nommés *le Vigoureux* & *le Sage*. Cette ordonnance de 1682 prescrit à la vérité la peine de mort pour le *sacrilège joint à la superstition*; mais il n'est question dans cette loi que de magie & de sortilège ; c'est-à-dire, de ceux qui en abusant de la crédulité du peuple, & en se disant magiciens, sont à la fois prophanes & empoisonneurs. Voilà la lettre & l'esprit de la loi ; il s'agit dans cette loi de faits criminels pernicieux à la société, & non pas de vaines paroles, d'imprudences, de légéreté, de sottises commises sans aucun dessein prémédité, sans aucun complot, sans même aucun scandale public.

Que dirait-on d'un juge qui condamnerait aux galères perpétuelles une famille honnête pour avoir entrepris un pélérinage à Notre-Dame de Lorette, sous prétexte qu'en effet il y a une loi de *Louis XIV* enrégistrée, laquelle condamne à cette peine les vagabonds, les artisans qui abandonnent leur profession, qui mènent une vie licentieuse, & qui vont en pélérinage à Notre-Dame de Lorette, sans une permission signée d'un ministre d'état ?

Les juges de la ville d'Abbeville semblaient donc pécher visiblement contre la loi autant que contre l'humanité, en condamnant à des supplices aussi épouvantables que recherchés un gentilhomme, & un fils d'une très honnète famille, tous deux dans un âge où l'on ne pouvait regarder leur étourderie que comme un égarement qu'une année de prison aurait corrigé. Il y avait même si peu de corps de délit, que les juges dans leur sentence se servent de ces termes vagues & ridicules employés par le petit peuple, *pour avoir chanté des chansons abominables, & exécrables, contre la Vierge Marie, les saints & saintes;* remarquez, monsieur, qu'ils n'avaient chanté *ces chansons abominables & exécrables contre les saints & saintes*, que devant un seul témoin qu'ils pouvaient recuser légalement. Ces épithètes sont-elles de la dignité de la magistrature ? Une ancienne chanson de table n'est après tout qu'une chanson. C'est le sang humain légérement répandu ; c'est la torture, c'est le supplice de la langue arrachée, de la main coupée, du corps jetté dans les flammes, qui *est abominable & exécrable.*

La sénéchaussée d'Abbeville ressortit au parlement de Paris. Le chevalier de *la Barre* y fut transféré, son procès y fut instruit. Dix des plus célèbres avocats de Paris signèrent une consultation, par laquelle ils démontrèrent l'illégalité des procédures & l'indulgence qu'on doit à des enfans mineurs qui ne sont accusés ni d'un complot, ni d'un crime réfléchi ; le procureur-général versé dans la jurisprudence, conclut à réformer la sentence d'Abbeville. Il y avait vingt-cinq juges, dix acquiescèrent aux conclusions du procureur-général ; les quinze autres animés par des principes respectables, dont ils tiraient des conclusions affreuses, se crurent obligés de confirmer cette abominable sentence le 5 Juin de cette année 1766. Ils voulaient signaler leur zèle pour la religion catholique ; mais ils pouvaient être religieux sans être meurtriers.

Il est triste, monsieur, que cinq voix sur vingt-cinq, suffisent pour arracher la vie à un accusé, & quelquefois à un innocent. Ne faudrait-il pas, peut-être, dans un tel cas de l'unanimité ? ne faudrait-il pas au moins que les trois quarts des voix concluffent à la mort ? encor en ce dernier cas le quart des juges qui mitigerait l'arrêt, ne pourait-il pas dans l'opinion des cœurs bien faits l'emporter sur les trois quarts ? Je ne vous propose cette idée que comme un doute, en respectant le sanctuaire de la justice, & en le plaignant.

Le chevalier de *la Barre* fut renvoyé à Abbeville pour y subir son horrible supplice; & c'est dans la patrie des plaisirs & des arts qui adoucissent les mœurs, dans ce même royaume si fameux par les graces & par la mollesse, qu'on voit de ces horribles avantures. Mais vous savez que ce pays n'est pas moins fameux par la St. Barthelemi, & par les plus énormes cruautés.

Enfin, le premier Juillet de cette année se fit dans Abbeville cette exécution trop mémorable : cet enfant fut d'abord appliqué à la torture. Voici quel est ce genre de tourment.

Les jambes du patient sont serrées entre des ais ; on enfonce des coins de fer ou de bois entre les ais & les genoux, les os en sont brisés. Le chevalier s'évanouit ; mais il revint bientôt à lui à l'aide de quelques liqueurs spiritueuses, & déclara, sans se plaindre, qu'il n'avait point de complice.

On lui donna pour confesseur & pour assistant un dominicain ami de sa tante l'abbesse, avec lequel il avait souvent soupé dans le couvent. Ce bon homme pleurait, & le chevalier le consolait. On leur servit à dîner. Le dominicain ne pouvait manger. Prenons un peu de nourriture, lui dit le chevalier, vous aurez besoin de force autant que moi pour soutenir le spectacle que je vais donner.

Le spectacle en effet était terrible : on avait envoyé de Paris cinq bourreaux pour cette exécution. Je ne puis dire en effet si on lui coupa la langue & la main. Tout ce que je sais par les lettres d'Abbeville, c'est qu'il monta sur l'échaffaut avec un courage tranquille, sans plainte, sans colère, & sans ostentation. Tout ce qu'il dit au religieux qui l'assistait, se réduit à ces paroles ; *Je ne croyais pas qu'on pût faire mourir un jeune gentilhomme pour si peu de chose.*

Il serait devenu certainement un excellent officier : il étudiait la guerre par principes ; il avait fait des remarques sur quelques ouvrages du roi de Prusse & du maréchal de Saxe, les deux plus grands généraux de l'Europe.

Lorsque la nouvelle de sa mort fut reçue à Paris, le nonce dit publiquement qu'il n'aurait point été traité ainsi à Rome ; & que s'il avait avoué ses fautes à l'inquisition d'Espagne ou de Portugal, il n'eût été condamné qu'à une pénitence de quelques années.

Je vous prie, monsieur, de vouloir bien me communiquer vos pensées sur cet événement.

Chaque siécle voit de ces catastrophes qui effrayent la nature. Les circonstances ne sont jamais les mêmes ; ce qui eût été regardé

avec indulgence il y a quarante ans, peut at-
tirer une mort affreufe quarante ans après.
Le cardinal de Retz prend féance au parlement de Paris avec un poignard qui déborde
quatre doigts hors de fa foutane ; & cela ne
produit qu'un bon mot. Des frondeurs jettent par terre le faint facrement qu'on portait
à un malade domeftique du cardinal *Mazarin*, & chaffent les prêtres à coups de plat
d'épée ; & on n'y prend pas garde. Ce même
Mazarin, ce premier miniftre revêtu du fa-
cerdoce, honoré du cardinalat, eft profcrit
fans être entendu, fon fang eft proclamé à
cinquante mille écus. On vend fes livres pour
payer fa tête, dans le tems même qu'il conclut la paix de Munfter, & qu'il rend le re-
pos à l'Europe ; mais on n'en fait que rire ;
& cette profcription ne produit que des
chanfons.

Altri tempi, *altre curæ*; ajoutons d'autres
tems d'autres malheurs, & ces malheurs
s'oublieront pour faire place à d'autres. Sou-
mettons-nous à la providence qui nous éprou-
ve tantôt par des calamités publiques, tantôt
par des défaftres particuliers. Souhaitons des
loix plus fenfées, des miniftres des loix
plus fages, plus éclairés, plus humains.

LANGUES.

Section première.

ON dit que les Indiens commencent presque tous leurs livres par ces mots, *béni soit l'inventeur de l'écriture*. On pourait aussi commencer ses discours par bénir l'inventeur d'un langage.

Nous avons reconnu au mot *Alphabet*, que probablement il n'y' eut jamais de langue primitive dont toutes les autres soient dérivées.

Nous voyons que le mot *Al* ou *El* qui signifiait Dieu chez quelques orientaux, n'a nul rapport au mot *Got* qui veut dire Dieu en Allemagne. *House*, *huis*, ne peut guères venir du grec *domos* qui signifie maison.

Nos mères, & les langues dites mères, ont beaucoup de ressemblance. Les unes & les autres ont des enfans qui se marient dans le pays voisin, & qui en altèrent le langage & les mœurs. Ces mères ont d'autres mères dont les généalogistes ne peuvent débrouiller l'origine. La terre est couverte de familles qui disputent de noblesse, sans savoir d'où elles viennent.

DES MOTS LES PLUS COMMUNS ET LES PLUS NATURELS EN TOUTE LANGUE.

L'expérience nous apprend que les enfans ne font qu'imitateurs ; que fi on ne leur difait rien ils ne parleraient pas ; qu'ils fe contenteraient de crier.

Dans prefque tous les pays connus on leur dit d'abord *baba*, *papa*, *mama*, *maman*, ou des mots approchans aifés à prononcer, & ils les répètent. Cependant vers le mont Krapac où je vis comme l'on fait, nos enfans, difent toûjours *mon dada* & non pas *mon papa*. Dans quelques provinces ils difent *mon bibi*.

On a mis un petit vocabulaire chinois à la fin du premier tome des *Mémoires fur la Chine*. Je trouve dans ce dictionnaire abrégé, que *fou*, prononcé d'une façon dont nous n'avons pas l'ufage, fignifie père ; les enfans qui ne peuvent prononcer la lettre *f* difent *ou*. Il y a loin d'*ou* à *papa*.

Que ceux qui veulent favoir le mot qui répond à notre *papa* en japonois, en tartare, dans le jargon du Kamshatka & de la baie d'Hudfon, daignent voyager dans ces pays pour nous inftruire.

On court rifque de tomber dans d'étranges méprifes quand, fur les bords de la Seine ou de la Saone, on donne des leçons fur la langue des pays où l'on n'a point été. Alors il faut avouer fon ignorance ; il faut dire, J'ai lu cela dans *Vachter*, dans *Ménage*, dans *Bochart*, dans *Kirker*, dans *Pezron* qui n'en favaient pas plus que moi ; je doute beaucoup ; je crois, mais je fuis très difpofé à ne plus croire, &c. &c.

Un récollet nommé *Sagart Théodat* qui a prêché pendant trente ans les Iroquois, les Algonquins & les Hurons, nous a donné un petit dictionnaire huron, imprimé à Paris chez *Denis Moreau* en 1632. Cet ouvrage ne nous fera pas déformais fort utile depuis que la France eft foulagée du fardeau du Canada. Il dit qu'en huron père eft *ayftan*, & en canadien *notoui*. Il y a encor loin de notoui & d'ayftan à *pater* & à *papa*. Gardez-vous des fyftêmes, vous dis-je, mes chers Welches.

D'UN SYSTÊME SUR LES LANGUES.

L'auteur de la *Mécanique du langage*, explique ainfi fon fyftême.

„ La terminaifon latine *urire* eft appropriée
„ à défigner un défir vif & ardent de faire
„ quelque chofe ; *micturire*, *efurire* ; par
„ où il femble quelle ait été fondamentale-
„ ment formée fur le mot *urere* & fur le
„ figne radical *ur*, qui en tant de langues

« signifie le feu. Ainsi la terminaison *urire* était bien choisie pour désigner un désir brûlant. »

Cependant, nous ne voyons pas que cette terminaison en *ire* soit appropriée à un désir vif & ardent dans *ire*, *exire*, *abire*, aller, sortir, s'en aller, dans *vencire*, lier ; *scaturire*, sourdir, jaillir ; *condire*, assaisonner ; *parturire*, accoucher ; *grunnire*, gronder, grouiner, ancien mot qui exprimait très bien le cri d'un porc.

Il faut avouer surtout que cet *ire* n'est approprié à aucun désir très vif, dans *balbutire*, balbutier ; *singultire*, sangloter ; *perire*, périr. Personne n'a envie ni de balbutier, ni de sangloter, encor moins de périr. Ce petit système est fort en défaut ; nouvelle raison pour se défier des systèmes.

Le même auteur paraît aller trop loin en disant, *Nous allongeons les lèvres en dehors, & tirons, pour ainsi dire, le bout d'en-haut de cette corde pour faire sonner u voyelle particulière aux Français, & que n'ont pas les autres nations.*

Il est vrai que le précepteur du bourgeois gentilhomme lui apprend qu'il fait un peu la moue en prononçant *u* ; mais il n'est pas vrai que les autres nations ne fassent pas un peu la moue aussi.

L'auteur ne parle sans doute ni l'espagnol, ni l'anglais, ni l'allemand, ni le hollandais;

il s'en est rapporté à d'anciens auteurs qui ne savaient pas plus ces langues que celles du Senegal & du Thibet, que cependant l'auteur cite. Les Espagnols disent *su padre*, *su madre* avec un son qui n'est pas tout-à-fait le *u* des Italiens; ils prononcent *mui* en approchant un peu plus de la lettre *u* que de l'*ou*; ils ne prononcent pas fortement *ousted* : ce n'est pas le *furiale sonans u* des Romains.

Les Allemands se sont accoutumés à changer un peu l'*u* en *i*; de là vient qu'ils vous demandent toûjours des *ékis* au-lieu d'écus. Plusieurs Allemands prononcent aujourd'hui *flûte* comme nous; ils prononçaient autrefois *flaûte*. Les Hollandais ont conservé l'*u*, témoin la comédie de madame *Alikruc*, & leur *u diener*. Les Anglais qui ont corrompu toutes les voyelles, n'ont point abandonné l'*u*; ils prononcent toûjours *wi* & non *oui*, qu'ils n'articulent qu'à peine. Ils disent *vertu* & *true*, le vrai, non *vertou* & *troûe*.

Les Grecs ont toûjours donné à l'*upsilon* le son de notre *u*, comme l'avouent Calepin & Scapula à la lettre *upsilon*; & comme le dit Cicéron *de oratore*.

Le mème auteur se trompe encor en assurant que les mots anglais *humour* & *spleen*, ne peuvent se traduire. Il en a cru quelques Français mal instruits. Les Anglais ont pris leur *humour* qui signifie chez eux plaisanterie naturelle, de notre mot *humeur* employé en ce sens dans les premières comédies de *Corneille*; & dans toutes les comédies antérieures. Nous dîmes ensuite *belle humeur*. D'Assouci donna son *Ovide* en belle humeur; & ensuite on ne se servit de ce mot que pour exprimer le contraire de ce que les Anglais entendent. *Humeur* aujourd'hui signifie chez nous chagrin. Les Anglais se sont ainsi emparés de presque toutes nos expressions. On en ferait un livre.

A l'égard de *spleen*, il se traduit très exactement; c'est la rate. Nous disions, il n'y a pas longtems, *vapeurs de rate*.

> Veut-on qu'on rabate
> Les vapeurs de rate
> Qui nous minent tous?
> Qu'on laisse Hippocrate.
> Et qu'on vienne à nous.

Nous avons supprimé rate, & nous nous sommes bornés aux vapeurs.

Tome I.
pag. 73.
Le même auteur dit *que les Français se plaisent surtout à ce qu'ils appellent avoir de l'esprit. Cette expression est propre à leur langue, & ne se trouve en aucune autre.* Il n'y en a point en anglais de plus commune; *wit*, *witty*, sont précisément la même chose. Le comte Rochester appelle toûjours *witty king* le roi Charles II, qui, selon lui, disait tant de jolies choses, & n'en fit jamais une

bonne

bonne. Les Anglais prétendent que ce sont eux qui disent les bons mots, & que ce sont les Français qui rient.

Et que deviendra l'*ingegnoso* des Italiens, & l'*agudezza* des Espagnols dont nous avons parlé à l'article *Franc* ?

Le même auteur remarque très judicieuse- Tome II. ment que lorsqu'un peuple est sauvage, il est pag. 146. simple, & ses expressions le sont aussi. „ Le „ peuple Hébreu était à demi sauvage, le „ livre de ses loix traite sans détour des cho- „ ses naturelles que nos langues ont soin de „ voiler. C'est une marque que chez eux „ ces façons de parler n'avaient rien de li- „ centieux ; car on n'aurait pas écrit un „ livre de loix d'une manière contraire aux „ mœurs, &c. "

Nous avons donné un exemple frappant de cette simplicité qui serait aujourd'hui plus que cynique, quand nous avons cité les avantures d'*Oolla* & d'*Ooliba*, & celles d'*Osée*. Et quoiqu'il soit permis de changer d'opinion, nous espérons que nous serons toûjours de celle de l'auteur de la *Mécanique du langage*, quand même plusieurs doctes n'en seraient pas.

Mais nous ne pouvons penser comme l'auteur de cette Mécanique, quand il dit : „ En Occident l'idée mal-honnête est atta- Pag. 147. „ chée à l'union des sexes ; en Orient elle

Septième partie. V

„ est attachée à l'usage du vin; ailleurs elle
„ pourrait l'être à l'usage du fer ou du feu.
„ Chez les musulmans, à qui le vin est dé-
„ fendu par la loi, le mot *cherab* qui signi-
„ fie en général sirop, sorbet, liqueur, mais
„ plus particuliérement le vin, & les autres
„ mots rélatifs à celui-là, sont regardés par
„ les gens fort religieux comme des termes
„ obscènes, ou du moins trop libres pour
„ être dans la bouche d'une personne de
„ bonnes mœurs. Le préjugé sur l'obscénité
„ du discours a pris tant d'empire qu'il ne
„ cesse pas, même dans le cas où l'action
„ à laquelle on a attaché l'idée est honnète
„ & légitime, permise & prescrite; de sorte
„ qu'il est toûjours mal-honnète de dire ce
„ qu'il est très souvent honnète de faire.

„ A dire vrai, la décence s'est ici conten-
„ tée d'un fort petit sacrifice. Il doit toûjours
„ paraitre singulier que l'obscénité soit dans
„ les mots, & ne soit pas dans les idées, &c."

L'auteur parait mal instruit des mœurs de Constantinople. Qu'il interroge Mr. *Du Tot*, il lui dira que le mot de *vin* n'est point du tout obscène chez les Turcs. Il est même impossible qu'il le soit; puisque les Grecs sont autorisés chez eux à vendre du vin. Jamais dans aucune langue l'obscénité n'a été attachée qu'à certains plaisirs qu'on ne s'est presque jamais permis devant témoins, parce qu'on ne les goûte que par des organes qu'il faut cacher. On ne cache point fa bouche. C'eft un péché chez les mufulmans de jouer aux dés ; de ne point coucher avec fa femme le vendredi, de boire du vin, de manger pendant le ramadan avant le coucher du foleil; mais ce n'eft point une chofe obfcène.

Il faut de plus remarquer que toutes les langues ont des termes divers qui donnent des idées toutes différentes de la même chofe. Mariage, *fponfalia*, exprime un engagement légal. Confommer le mariage, *matrimonio uti*, ne préfente que l'idée d'un devoir accompli. *Membrum virile in vaginam intromittere*, n'eft qu'une expreffion d'anatomie. *Amplecti amorofe juvenem uxorem*, eft une idée voluptueufe. D'autres mots font des images qui allarment la pudeur.

Ajoutons que fi dans les premiers tems d'une nation fimple, dure & groffière, on fe fert des feuls termes qu'on connaiffe pour exprimer l'acte de la génération, comme l'auteur l'a très bien obfervé, chez les demi-fauvages Juifs ; d'autres peuples employent les mots obfcènes quand ils font devenus plus rafinés & plus polis. Ofée ne fe fert que du terme qui répond au *fodere* des Latins ; mais Augufte hazarde effrontément les mots *futuere*, *mentula*, dans fon infame épigramme contre Fulvie. Horace prodigue le *futuo*, le *mentula*, le *cunnus*. On inventa même les expreſſions honteuſes de *criſſare fellare irrumare cevere*, *cunni linguis*. On les trouve trop ſouvent dans Catulle & dans Martial. Elles repréſentent des turpitudes à peine connues parmi nous ; auſſi n'avons-nous point de termes pour les rendre.

Le mot de *gabaoutar* inventé à Veniſe au ſeizième ſiécle, exprimait une infamie inconnue aux autres nations.

Il n'y a point de langue qui puiſſe traduire certaines épigrammes de *Martial*, ſi chères aux empereurs *Hadrien* & *Lucius Verus*.

GÉNIE DES LANGUES.

On appelle *génie d'une langue* ſon aptitude à dire de la manière la plus courte & la plus harmonieuſe, ce que les autres langages expriment moins heureuſement.

Le latin, par exemple, eſt plus propre au ſtile lapidaire que les langues modernes, à cauſe de leurs verbes auxiliaires qui allongent une inſcription & qui l'énervent.

Le grec par ſon mélange mélodieux de voyelles & de conſonnes, eſt plus favorable à la muſique que l'allemand & le hollandais.

L'italien par des voyelles beaucoup plus répétées ſert peut-être encor mieux la muſique efféminée.

Le latin & le grec étant les ſeules langues

qui ayent une vraie quantité, font plus faites pour la poéſie que toutes les autres langues du monde.

Le français par la marche naturelle de toutes ſes conſtructions, & auſſi par ſa proſodie, eſt plus propre qu'aucune autre à la converſation. Les étrangers, par cette raiſon même, entendent plus aiſément les livres français que ceux des autres peuples. Ils aiment dans les livres philoſophiques français une clarté de ſtile qu'ils trouvent ailleurs aſſez rarement.

C'eſt ce qui a donné enfin la préférence au français ſur la langue italienne même, qui, par ſes ouvrages immortels du ſeiziéme ſiécle, était en poſſeſſion de dominer dans l'Europe.

L'auteur du *Mécaniſme du langage* penſe dépouiller le français de cet ordre même, & de cette clarté qui fait ſon principal avantage. Il va juſqu'à citer des auteurs peu accrédités, & même *Pluche*, pour faire croire que les inverſions du latin ſont naturelles, & que c'eſt la conſtruction naturelle du français qui eſt forcée. Il rapporte cet exemple tiré de la manière d'étudier les langues. Je n'ai jamais lu ce livre, mais voici l'exemple.

| *Goliathum proceritatis inuſitatæ virum David adoleſcens impacto* | Le jeune David renverſa d'un coup de fronde au milieu du | Tom. I. pag. 76. |

in ejus frontem lapide proſtravit : & allophylum cùm inermis puer eſſet ei detracto gladio confecit.	front Goliath, homme d'une taille prodigieuſe, & tua cet étranger avec ſon propre ſabre qu'il lui arracha : car David était un enfant déſarmé.

Premiérement, j'avouerai que je ne connais guères de plus plat latin, ni de plus plat français, ni d'exemple plus mal choiſi. Pourquoi écrire dans la langue de *Cicéron* un morceau d'hiſtoire judaïque, & ne pas prendre quelque phraſe de *Cicéron* même, pour exemple ? Pourquoi me faire de ce géant Goliath un *Goliathum ?* Ce Goliathus était, dit-il, d'une grandeur *inuſitée, proceritatis inuſitatæ.* On ne dit inuſité en aucun pays que des choſes d'uſage qui dépendent des hommes ; une phraſe inuſitée, une cérémonie inuſitée, un ornement inuſité ; mais pour une taille inuſitée, comme ſi *Goliathus* s'était mis ce jour-là une taille plus haute qu'à l'ordinaire, cela me paraît fort inuſité.

Cicéron dit à Quintus ſon frère, *abſurdæ & inuſitatæ ſcriptæ epiſtolæ ;* ſes lettres ſont abſurdes & d'un ſtile inuſité. N'eſt-ce pas là le cas de Pluche ?

In ejus frontem ; Tite-Live & Tacite auraient-ils mis ce froid *ejus ?* n'auraient-ils pas dit ſimplement *in frontem ?*

Que veut dire *impacto lapide?* cela n'exprime pas un coup de fronde.

Et *allophylum cùm inermis esset?* voilà une plaisante antithèse ; il renversa l'étranger quoiqu'il fût désarmé ; étranger & désarmé ne sont-ils pas une belle opposition ? & de plus, dans cette phrase lequel des deux était désarmé ? il y a quelque apparence que c'était *Goliath*, puisque le petit *David* le tua si aisément.

Je n'examine point comment on renverse avec un petit caillou lancé au front de bas en haut, un guerrier dont le front est armé d'un casque ; je me borne au latin de *Pluche*.

Le français ne vaut guères mieux que le latin. Voici comme un jeune écolier vient de le refaire.

„ *David* à peine dans son adolescence, sans
„ autres armes qu'une simple fronde, ren-
„ verse le géant *Goliath* d'un coup de pierre
„ au milieu du front ; il lui arrache son épée,
„ il lui coupe la tête de son propre glaive.

Ensuite, pour nous convaincre de l'obscurité de la langue française, & le renversement qu'elle fait des idées, on nous cite les paralogismes de *Pluche*. Tom. I. pag. 76.

„ Dans la marche que l'on fait prendre à
„ la phrase française, on *renverse* entière-
„ ment l'ordre de choses qu'on y rapporte ;
„ & pour avoir égard au génie, ou plutôt à

„ la pauvreté de nos langues vulgaires, on
„ met en piéce le tableau de la nature. Dans
„ le français le jeune homme *renverſe* avant
„ qu'on ſache qu'il y ait quelqu'un à *ren-*
„ *verſer* : le grand Goliath eſt déja par terre,
„ qu'il n'a encor été fait aucune mention
„ ni de la fronde, ni de la pierre qui a fait
„ le coup; & ce n'eſt qu'après que l'étran-
„ ger a la tête coupée que le jeune homme
„ trouve une épée au-lieu de fronde pour
„ l'achever. Ceci nous conduit à une vérité
„ fort remarquable, que c'eſt ſe tromper de
„ croire, comme on fait, qu'il y ait inver-
„ ſion ou *renverſement* dans la phraſe des
„ anciens, tandis que c'eſt réellement dans
„ notre langue moderne qu'eſt le déſordre. "

Je vois ici tout le contraire; & de plus, je vois dans chaque partie de la phraſe française un ſens achevé qui me fait attendre un nouveau ſens, une nouvelle action. Si je dis comme dans le latin, *Goliath homme d'une procérité inuſitée, l'adoleſcent David* ; je ne vois là qu'un géant & qu'un enfant; point de commencement d'action; peut-être que l'enfant prie le géant de lui abattre des noix; & peu m'importe. Mais, *David à peine dans ſon adoleſcence, ſans autres armes qu'une ſimple fronde* ; voilà déja un ſens complet, voilà un enfant avec une fronde, qu'en va-t-il faire? il renverſe; qui? un géant; comment? en l'atteignant au front. Il lui arrache ſon grand fabre, pourquoi ? pour couper la tête du géant. Y a-t-il une gradation plus marquée ?

Mais ce n'était pas de tels exemples que l'auteur du *Mécanisme du langage* devait proposer. Que ne rapportait-il de beaux vers de *Racine ?* que n'en comparait-il la syntaxe naturelle avec les inversions admises dans toutes nos anciennes poësies ?

Autrefois la fortune & la victoire mêmes
Cachaient mes cheveux blancs sous trente diadêmes.
Cet heureux tems n'est plus !

Transposez les termes selon le génie latin à la manière de Ronsard ; *Sous diadêmes trente cachaient mes cheveux blancs fortune & victoire mêmes. Plus n'est ce tems heureux !*

C'est ainsi que nous écrivions autrefois ; il n'aurait tenu qu'à nous de continuer : mais nous avons senti que cette construction ne convenait pas au génie de notre langue, qu'il faut toûjours consulter. Ce génie, qui est celui du dialogue, triomphe dans la tragédie & dans la comédie, qui n'est qu'un dialogue continuel ; il plait dans tout ce qui demande de la naïveté, de l'agrément dans l'art de narrer, d'expliquer, &c. Il s'accommode peut-être assez peu de l'ode qui demande, dit-on, une espèce d'yvresse & de désordre, & qui autrefois exigeait de la musique.

Quoiqu'il en soit, connaissez bien le génie de votre langue; &, si vous avez du génie, mèlez-vous peu des langues étrangères, & surtout des orientales ; à moins que vous n'ayez vécu trente ans dans Alep.

SECTION SECONDE.

Sans la langue, en un mot, l'auteur le plus divin
Est toûjours, quoi qu'il fasse, un mauvais écrivain,

Trois choses sont absolument nécessaires, régularité, clarté, élégance. Avec les deux premières on parvient à ne pas écrire mal ; avec la troisiéme on écrit bien.

Ces trois mérites qui furent absolument ignorés dans l'université de Paris depuis sa fondation, ont été presque toûjours réunis dans les écrits de *Rollin* ancien professeur. Avant lui on ne savait ni écrire ni penser en français ; il a rendu un service éternel à la jeunesse.

Ce qui peut paraître étonnant, c'est que les Français n'ont point d'auteur plus châtié en prose que *Racine* & *Boileau* le sont en vers ; car il est ridicule de regarder comme des fautes quelques nobles hardiesses de poësie qui sont de vraies beautés, & qui enrichissent la langue au-lieu de la défigurer.

Corneille pécha trop souvent contre la langue, quoiqu'il écrivit dans le tems même qu'elle se perfectionnait. Son malheur était d'avoir été élevé en province, & d'y composer même ses meilleures piéces. On trouve trop souvent chez lui des impropriétés, des solécismes, des barbarismes & de l'obscurité. Mais aussi dans ses beaux morceaux il est souvent aussi pur que sublime.

Celui qui commenta *Corneille* avec tant d'impartialité, celui qui dans son commentaire parla avec tant de chaleur des beaux morceaux de ces tragédies, & qui n'entreprit le commentaire que pour mieux parvenir à l'établissement de la petite-fille de ce grand-homme, a remarqué qu'il n'y a pas une seule faute de langage dans la grande scène de *Cinna* & d'*Emilie*, où *Cinna* rend compte de son entrevue avec les conjurés; & à peine en trouve-t-il une ou deux dans cette autre scène immortelle où *Auguste* délibère s'il se démettra de l'empire.

Par une fatalité singulière, les scènes les plus froides de ses autres piéces sont celles où l'on trouve le plus de vices de langage. Presque toutes ces scènes n'étant point animées par des sentimens vrais & intéressans, & n'étant remplies que de raisonnemens alambiqués, péchent autant par l'expression que par le fond même. Rien n'est clair, rien ne se montre au grand jour : tant est vrai ce que dit *Boileau* :

Ce que l'on conçoit bien se montre clairement.

L'impropriété des termes est le défaut le plus commun dans les mauvais ouvrages.

HARMONIE DES LANGUES.

J'ai connu plus d'un Anglais & plus d'un Allemand, qui ne trouvaient d'harmonie que dans leurs langues. La langue russe qui est la slavone, mêlée de plusieurs mots grecs & de quelques-uns tartares, paraît mélodieuse aux oreilles russes.

Cependant, un Allemand, un Anglais qui aura de l'oreille & du goût sera plus content d'*ouranos* que de heaven & de himmel; d'*antropos* que de man; de *Theos* que de God ou Gott; d'*aristos* que de goud. Les dactyles & les spondées flatteront plus son oreille que les syllabes uniformes & peu senties de tous les autres langages.

Toutefois, j'ai connu de grands scoliastes qui se plaignaient violemment d'*Horace*. Comment, disent-ils, ces gens-là qui passent pour les modèles de la mélodie, non-seulement font heurter continuellement des voyelles les unes contre les autres, ce qui nous est expressément défendu. Non-seulement ils vous allongent ou vous raccourcissent un mot à la façon grecque selon leur besoin, mais ils vous coupent hardiment un mot en deux; ils en mettent une moitié à la fin d'un vers , & l'autre moitié à la fin du vers suivant.

Redditum Cyri solio Phraaten
Dissidens plebi numero beato-
rum eximit virtus, &c.

C'est comme si nous écrivions dans une ode en français,

Défions-nous de la fortu-
ne & n'en croyons que la vertu.

Horace ne se bornait pas à ces petites libertés ; il met à la fin de son vers la première lettre du mot qui commence le vers qui suit.

Jove non probante u-
xorius amnis.

Ce Dieu du Tibre, ai-
mait beaucoup sa femme.

Que dirons-nous de ces vers harmonieux ,

Septimi gades aditure mecum, &
Cantabrum indoctum juga ferre nostra, &

Septime qu'avec moi je mène à Cadix, et
Qui verrez le Cantabre ignorant du joug, et,

Horace en a cinquante de cette force, & *Pindare* en est tout rempli.

Tout est noble dans Horace, dit Dacier dans sa préface. N'aurait-il pas mieux fait de dire, tantôt *Horace* a de la noblesse, tantôt de la délicatesse & de l'enjouement &c. ?

Le malheur des commentateurs de toute espèce, est, ce me semble, de n'avoir jamais d'idée précise, & de prononcer de grands mots qui ne signifient rien. Mr. & Mad. *Dacier* y étaient fort sujets avec tout leur mérite.

Je ne vois pas quelle noblesse, quelle grandeur peut nous frapper dans ces ordres qu'*Horace* donne à son laquais, en vers qualifiés du nom d'*ode*. Je me sers, à quelques mots près, de la traduction même de Dacier.

Laquais, je ne suis point pour la magnificence des Perses. Je ne puis souffrir les couronnes pliées avec des bandelettes de tilleul. Cesse donc de t'informer où tu pourras trouver des roses tardives. Je ne veux que du simple myrthe sans autre façon. Le myrthe sied bien à un laquais comme toi, & à moi qui bois sous une petite treille.

Ses vers contre de pauvres vieilles & contre des sorcières, me semblent encor moins nobles que l'ode à son laquais.

Mais revenons à ce qui dépend uniquement de la langue. Il paraît évident que les Romains & les Grecs se donnaient des libertés qui seraient chez nous des licences intolérables.

Pourquoi voyons-nous tant de moitiés de mots à la fin des vers dans les odes d'*Horace*, & pas un exemple de cette licence dans *Virgile* ?

N'est-ce pas parce que les odes étaient faites pour être chantées, & que la musique fesait disparaître ce défaut ? il faut bien que cela soit, puisqu'on voit dans *Pindare* tant de mots coupés en deux d'un vers à l'autre, & qu'on n'en voit pas dans *Homère*.

Mais, me dira-t-on, les rapsodes chantaient les vers d'*Homère*. On chantait des morceaux de l'Enéide à Rome comme on chante des stances de l'*Arioste* & du *Tasse* en Italie. Il est clair, par l'exemple du Tasse, que ce ne fut pas un chant proprement dit, mais une déclamation soutenue, à-peu-près comme quelques morceaux assez mélodieux du chant grégorien.

Les Grecs prenaient d'autres libertés qui nous sont rigoureusement interdites. Par exemple, de répéter souvent dans la même page des épithètes, des moitiés de vers, des vers même tout entiers ; & cela prouve qu'ils ne s'astraignaient pas à la même correction que nous. Le *podas okus akilles*, l'*olimpia domata ékontas*, l'*ekibolon apollona* &c. &c., flattent agréablement l'oreille. Mais si dans nos langues modernes nous fesions rimer si souvent *Achille aux-pieds-légers*, les flèches d'Apollon, *les demeures célestes*, nous ne ferions pas tolérés.

Si nous fesions répéter par un personnage les mêmes paroles qu'un autre personnage lui a dites, ce double emploi serait plus insupportable encore.

Si le *Tasse* s'était servi tantôt de la dialecte bergamasque, tantôt du patois de Piémont, tantôt de celui de Gènes, il n'aurait été lu de personne. Les Grecs avaient donc pour leur poësie des facilités qu'aucune nation ne s'est permises. Et de tous les peuples, le Français est celui qui s'est asservi à la gêne la plus rigoureuse.

LETTRES, GENS DE LETTRES, ou LETTRÉS.

Dans nos tems barbares, lorsque les Francs, les Germains, les Bretons, les Lombards, les Mosarabes Espagnols, ne savaient ni lire ni écrire, on institua des écoles, des universités, composées presque toutes d'ecclésiastiques, qui ne sachant que leur jargon enseignèrent ce jargon à ceux qui voulurent l'apprendre ; les académies, ne sont venues que longtems après ; elles ont méprisé les

les sottises des écoles, mais elles n'ont pas toûjours osé s'élever contre elles, parce qu'il y a des sottises qu'on respecte, attendu qu'elles tiennent à des choses respectables.

Les gens de lettres qui ont rendu le plus de service au petit nombre d'êtres pensans répandus dans le monde, sont les lettrés isolés, les vrais savans renfermés dans leur cabinet, qui n'ont ni argumenté sur les bancs des universités, ni dit les choses à moitié dans les académies ; & ceux-là ont presque tous été persécutés. Notre misérable espèce est tellement faite que ceux qui marchent dans le chemin battu jettent toûjours des pierres à ceux qui enseignent un chemin nouveau.

Montesquieu dit que les Scythes crevaient les yeux à leurs esclaves, afin qu'ils fussent moins distraits en battant leur beurre ; c'est ainsi que l'inquisition en use; & presque tout le monde est aveugle dans les pays où ce monstre régne. On a deux yeux depuis plus de cent ans en Angleterre ; les Français commencent à ouvrir un œil ; mais quelquefois il se trouve des hommes en place qui ne veulent pas même permettre qu'on soit borgne.

Ces pauvres gens en place sont comme le docteur *Balouard* de la comédie italienne, qui ne veut être servi que par le balourd arlequin, & qui craint d'avoir un valet trop pénétrant.

Septiéme partie. X

Faites des odes à la louange de monseigneur *Superbus fadus*, des madrigaux pour sa maîtresse, dédiez à son portier un livre de géographie, vous serez bien reçu ; éclairez les hommes, vous serez écrasé.

Descartes est obligé de quitter sa patrie, *Gassendi* est calomnié, *Arnauld* traîne ses jours dans l'exil ; tout philosophe est traité comme les prophètes chez les Juifs.

Qui croirait que dans le dix-huitiéme siécle un philosophe ait été traîné devant les tribunaux séculiers & traité d'impie par les tribunaux d'argumens, pour avoir dit que les hommes ne pouraient exercer les arts s'ils n'avaient pas de mains ? Je ne desespère pas qu'on ne condamne bientôt aux galères le premier qui aura l'insolence de dire qu'un homme ne penserait pas s'il était sans tête ; car, lui dira un bachelier, l'ame est un esprit pur, la tête n'est que de la matière ; Dieu peut placer l'ame dans le talon, aussi-bien que dans le cerveau ; partant, je **vous** dénonce comme un impie.

Le plus grand malheur d'un homme de lettres n'est peut-être pas d'être l'objet de la jalousie de ses confrères, la victime de la cabale, le mépris des puissans du monde, c'est d'être jugé par des sots. Les sots vont loin quelquefois, surtout quand le fanatisme se joint à l'ineptie, & à l'ineptie l'esprit de vengeance. Le grand malheur encor d'un homme de lettres eſt ordinairement de ne tenir à rien. Un bourgeois achète un petit office, & le voilà ſoutenu par ſes confrères. Si on lui fait une injuſtice, il trouve auſſi-tôt des défenſeurs. L'homme de lettres eſt ſans ſecours ; il reſſemble aux poiſſons volans ; s'il s'élève un peu, les oiſeaux le dévorent ; s'il plonge, les poiſſons le mangent.

Tout homme public paye tribut à la malignité, mais il eſt payé en deniers & en honneurs.

LIBERTÉ.

OU je me trompe fort, ou *Locke* le définiſſeur a très bien défini la liberté *puiſſance*. Je me trompe encor, ou *Colins* célèbre magiſtrat de Londre eſt le ſeul philoſophe qui ait bien approfondi cette idée ; & *Clarke* ne lui a répondu qu'en théologien. Mais de tout ce qu'on a écrit en France ſur la liberté, le petit dialogue ſuivant eſt ce qui m'a paru de plus net.

A. Voilà une batterie de canons qui tire à nos oreilles, avez-vous la liberté de l'entendre ou de ne l'entendre pas ?

B. Sans doute, je ne peux pas m'empêcher de l'entendre.

A. Voulez-vous que ce canon emporte votre tête, & celles de votre femme & de votre fille qui se promènent avec vous?

B. Quelle proposition me faites-vous là? je ne peux pas tant que je suis de sens rassis vouloir chose pareille, cela m'est impossible.

A. Bon; vous entendez nécessairement ce canon, & vous voulez nécessairement ne pas mourir vous & votre famille d'un coup de canon à la promenade; vous n'avez ni le pouvoir de ne pas entendre; ni le pouvoir de vouloir rester ici?

B. Cela est clair. *)

A. Vous avez en conséquence fait une trentaine de pas pour être à l'abri du canon, vous avez eu le pouvoir de marcher avec moi ce peu de pas?

B. Cela est encor très clair.

A. Et si vous aviez été paralitique, vous n'auriez pu éviter d'être exposé à cette batterie, vous n'auriez pas eu le pouvoir d'être où vous êtes; vous auriez nécessairement entendu & reçu un coup de canon; & vous seriez mort nécessairement?

*) Un pauvre d'esprit dans un petit écrit honnête, poli, & surtout bien raisonné, objecte que si le prince ordonne à B. de rester exposé au canon, il y restera. Oui, sans doute, s'il a plus de courage, ou plutôt plus de crainte de la honte que d'amour de la vie, comme il arrive très souvent. Premiérement, il s'agit ici d'un cas tout différent. Secondement, quand l'instinct de la crainte de la

B. Rien n'est plus véritable.

A. En quoi consiste donc votre liberté, si ce n'est dans le pouvoir que votre individu a exercé de faire ce que votre volonté exigeait d'une nécessité absolue ?

B. Vous m'embarrassez ; la liberté n'est donc autre chose que le pouvoir de faire ce que je veux.

A. Réfléchissez-y, & voyez si la liberté peut être entendue autrement ?

B. En ce cas mon chien de chasse est aussi libre que moi ; il a nécessairement la volonté de courir quand il voit un lièvre, & le pouvoir de courir s'il n'a pas mal aux jambes. Je n'ai donc rien au-dessus de mon chien, vous me réduisez à l'état des bêtes ?

A. Voilà les pauvres sophismes des pauvres sophistes qui vous ont instruit. Vous voilà bien malade d'être libre comme votre chien ! Ne mangez-vous pas, ne dormez-vous pas, ne propagez-vous pas comme lui, à l'attitude près ? Voudriez-vous avoir l'odorat autrement que par le nez ? Pourquoi

honte l'emporte sur l'instinct de la conservation de soi-même, l'homme est autant nécessité à demeurer exposé au canon, qu'il est nécessité à fuir quand il n'est pas honteux de fuir. Le pauvre d'esprit était nécessité à faire des objections ridicules, & à dire des injures ; & les philosophes se sentent nécessités à se moquer un peu de lui, & à lui pardonner.

voulez-vous avoir la liberté autrement que votre chien ?

B. Mais j'ai une ame qui raisonne beaucoup ; & mon chien ne raisonne guères. Il n'a presque que des idées simples, & moi j'ai mille idées métaphysiques.

A. Eh bien, vous êtes mille fois plus libre que lui ; c'est-à-dire, vous avez mille fois plus de pouvoir de penser que lui, mais vous n'êtes pas libre autrement que lui.

B. Quoi ? je ne suis pas libre de vouloir ce que je veux ?

A. Qu'entendez-vous par-là ?

B. J'entends ce que tout le monde entend. Ne dit-on pas tous les jours, les volontés sont libres ?

A. Un proverbe n'est pas une raison ; expliquez-vous mieux.

B. J'entends que je suis libre de vouloir comme il me plaira.

A. Avec votre permission, cela n'a pas de sens ; ne voyez-vous pas qu'il est ridicule de dire, je veux vouloir. Vous voulez nécessairement en conséquence des idées qui se sont présentées à vous. Voulez-vous vous marier, oui, ou non ?

B. Mais si je vous disais que je ne veux ni l'un ni l'autre ?

A. Vous répondriez comme celui qui disait, les uns croyent le cardinal *Mazarin* mort, les autres le croyent vivant, & moi je ne crois ni l'un ni l'autre.

B. Eh bien, je veux me marier.

A. Ah ! c'est répondre cela. Pourquoi voulez-vous vous marier ?

B. Parce que je suis amoureux d'une jeune fille, belle, douce, bien élevée, assez riche, qui chante très bien, dont les parens sont de très honnêtes gens, & que je me flatte d'être aimé d'elle, & fort bien venu de sa famille.

A. Voilà une raison. Vous voyez que vous ne pouvez vouloir sans raison. Je vous déclare que vous êtes libre de vous marier, c'est-à-dire, que vous avez le pouvoir de signer le contrat &c, de faire la noce & de coucher avec votre femme.

B. Comment ! je ne peux vouloir sans raison ? Eh que deviendra cet autre proverbe, *sit pro ratione voluntas* ; ma volonté est ma raison, je veux parce que je veux ?

A. Cela est absurde, mon cher ami ; il y aurait en vous un effet sans cause.

B. Quoi ! lorsque je joue à pair ou non, j'ai une raison de choisir pair plutôt qu'impair ?

A. Oui, sans doute.

B. Et quelle est cette raison, s'il vous plait ?

A. C'est que l'idée d'impair s'est présentée à votre esprit plutôt que l'idée opposée. Il serait plaisant qu'il y eût des cas où vous voulez parce qu'il y a une cause de vouloir, & qu'il y eût quelques cas où vous voulussiez sans cause. Quand vous voulez vous marier, vous en sentez la raison dominante évidemment ; vous ne la sentez pas quand vous jouez à pair ou non ; & cependant il faut bien qu'il y en ait une.

B. Mais encor une fois, je ne suis donc pas libre ?

A. Votre volonté n'est pas libre ; mais vos actions le sont. Vous êtes libre de faire, quand vous avez le pouvoir de faire.

B. Mais tous les livres que j'ai lus sur la liberté d'indifférence......

A. Qu'entendez-vous par liberté d'indifférence ?

B. J'entends de cracher à droite ou à gauche, de dormir sur le côté droit ou sur le gauche, de faire quatre tours de promenade ou cinq.

A. Vous auriez là vraiment une plaisante liberté : Dieu vous aurait fait un beau présent. Il y aurait bien là de quoi se vanter. Que vous servirait un pouvoir qui ne s'exercerait que dans des occasions si futiles ? Mais le fait est qu'il est ridicule de supposer la *volonté de vouloir* cracher à droite. Non-seulement cette *volonté de vouloir* est absurde, mais il est certain que plusieurs petites circonstances vous déterminent à ces actes que vous appellez *indifférens*. Vous n'êtes pas plus libre dans ces actes que dans les autres. Mais encor une fois vous êtes libre en tout tems, en tout lieu, dès que vous faites ce que vous voulez faire.

B. Je soupçonne que vous avez raison. J'y réverai.

LIBERTÉ DE PENSER.

VErs l'an 1707, tems où les Anglais gagnèrent la bataille de Sarragosse, protégèrent le Portugal, & donnèrent pour quelque tems un roi à l'Espagne, mylord *Boldmind* officier-général qui avait été blessé, était aux eaux de Barège. Il y rencontra le comte *Médroso*, qui étant tombé de cheval derrière le bagage, à une lieuë & demi du champ de bataille, venait prendre les eaux aussi. Il était familier de l'inquisition ; mylord *Boldmind* n'était familier que dans la conversation ; un jour après boire il eut avec *Médroso* cet entretien.

BOLDMIND.

Vous êtes donc sergent des dominicains ? vous faites-là un vilain métier.

MÉDROSO.

Il est vrai ; mais j'ai mieux aimé être leur valet que leur victime, & j'ai préféré le malheur de brûler mon prochain à celui d'être cuit moi-même.

BOLDMIND.

Quelle horrible alternative ! vous étiez cent fois plus heureux sous le joug des Maures qui vous laissaient croupir librement dans toutes vos superstitions, & qui tout vainqueurs qu'ils étaient ne s'arrogeaient pas le droit inouï de tenir les ames dans les fers.

MÉDROSO.

Que voulez-vous ! il ne nous est permis ni d'écrire, ni de parler ; ni même de penser. Si nous parlons, il est aisé d'interpréter nos paroles, encor plus nos écrits. Enfin, comme on ne peut nous condamner dans un auto-da-fé pour nos pensées secrètes, on nous menace d'être brûlés éternellement par l'ordre de DIEU même, si nous ne pensons pas comme les jacobins. Ils ont persuadé au gouvernement que si nous avions le sens commun, tout l'état serait en combustion, & que la nation deviendrait la plus malheureuse de la terre.

BOLDMIND.

Trouvez-vous que nous soyons si malheureux nous autres Anglais qui couvrons les mers de vaisseaux, & qui venons gagner pour vous des batailles au bout de l'Europe ?

Voyez-vous que les Hollandais qui vous ont ravi presque toutes vos découvertes dans l'Inde, & qui aujourd'hui sont au rang de vos protecteurs, soient maudits de DIEU pour avoir donné une entière liberté à la presse, & pour faire le commerce des pensées des hommes ? L'empire Romain en a-t-il été moins puissant parce que *Tullius Cicero* a écrit avec liberté ?

MÉDROSO.

Quel est ce *Tullius Cicero* ? jamais je n'ai entendu prononcer ce nom là à la Ste. Hermandad.

BOLDMIND.

C'était un bachelier de l'université de Rome qui écrivait ce qu'il pensait ainsi que *Julius Cesar*, *Marcus Aurelius*, *Titus Lucretius Carus*, *Plinius*, *Seneca*, & autres docteurs.

MÉDROSO.

Je ne les connais point ; mais on m'a dit que la religion catholique, basque & romaine est perdue si on se met à penser.

BOLDMIND.

Ce n'est pas à vous à le croire : car vous êtes sûrs que votre religion est divine, & que les portes d'enfer ne peuvent prévaloir contre elle. Si cela eſt, rien ne poura jamais la détruire.

MÉDROSO.

Non ; mais on peut la réduire à peu de choſe, & c'eſt pour avoir penſé que la Suède, le Dannemarck, toute votre iſle, la moitié de l'Allemagne gémiſſent dans le malheur épouvantable de n'être plus ſujets du pape. On dit même que ſi les hommes continuent à ſuivre leurs fauſſes lumières, ils s'en tiendront bientôt à l'adoration ſimple de DIEU & à la vertu. Si les portes de l'enfer prévalent jamais juſques-là, que deviendra le ſaint Office ?

BOLDMIND.

Si les premiers chrétiens n'avaient pas eu la liberté de penſer, n'eſt-il pas vrai qu'il n'y eût point eu de chriſtianiſme ?

MÉDROSO.

Que voulez-vous dire ? Je ne vous entends point.

BOLDMIND.

Je le crois bien. Je veux dire que ſi *Tibère* & les premiers empereurs avaient eu des jacobins, qui euſſent empêché les premiers chrétiens d'avoir des plumes & de l'encre; s'il n'avait pas été longtems permis dans l'empire Romain de penſer librement, il eût été impossible que les chrétiens établissent leurs dogmes. Si donc le christianisme ne s'est formé que par la liberté de penser, par quelle contradiction, par quelle injustice voudrait-il anéantir aujourd'hui cette liberté sur laquelle seule il est fondé ?

Quand on vous propose quelque affaire d'intérêt, n'examinez-vous pas longtems avant de conclure ? quel plus grand intérêt y a-t-il au monde que celui de notre bonheur ou de notre malheur éternel ? Il y a cent religions sur la terre qui toutes vous damnent si vous croyez à vos dogmes, qu'elles appellent *absurdes & impies* ; examinez donc ces dogmes.

MÉDROSO.

Comment puis-je les examiner ? je ne suis pas jacobin.

BOLDMIND.

Vous êtes homme, & cela suffit.

MÉDROSO.

Hélas ! vous êtes bien plus homme que moi.

BOLDMIND.

Il ne tient qu'à vous d'apprendre à penser ; vous êtes né avec de l'esprit ; vous êtes un oiseau dans la cage de l'inquisition ; le saint Office vous a rogné les aîles, mais elles peuvent revenir. Celui qui ne fait pas la géométrie peut l'apprendre ; tout homme peut s'inftruire ; il eft honteux de mettre fon ame entre les mains de ceux à qui vous ne confieriez pas votre argent : ofez penfer par vous-même.

MÉDROSO.

On dit que fi tout le monde penfait par foi-même, ce ferait une étrange confufion.

BOLDMIND.

C'eft tout le contraire. Quand on affifte à un fpectacle, chacun en dit librement fon avis, & la paix n'eft point troublée ; mais fi quelque protecteur infolent d'un mauvais poëte voulait forcer tous les gens de goût à trouver bon ce qui-leur paraît mauvais, alors les fiflets fe feraient entendre & les deux partis pouraient fe jetter des pommes à la tête comme il arriva une fois à Londres. Ce font ces tyrans des efprits, qui ont caufé une partie des malheurs du monde. Nous ne fommes heureux en Angleterre que depuis que chacun jouit librement du droit de dire fon avis.

MÉDROSO.

Nous fommes auffi fort tranquilles à Lisbonne où perfonne ne peut dire le fien.

BOLDMIND.

Vous êtes tranquilles ; mais vous n'êtes pas heureux. C'est la tranquillité des galériens qui rament en cadence & en silence.

MÉDROSO.

Vous croyez donc que mon ame est aux galères ?

BOLDMIND.

Oui ; & je voudrais la délivrer.

MÉDROSO.

Mais si je me trouve bien aux galères ?

BOLDMIND.

En ce cas vous méritez d'y être.

LIEUX COMMUNS EN LIT-TÉRATURE.

Quand une nation se dégrossit, elle est d'abord émerveillée de voir l'aurore ouvrir de ses doigts de rose les portes de l'orient, & semer de topazes & de rubis le chemin de la lumière ; le zéphir caresser Flore, & l'amour se jouer des armes de Mars.

Toutes les images de ce genre qui plaisent par la nouveauté, dégoûtent par l'habitude. Les premiers qui les employaient passaient pour des inventeurs, les derniers ne font que des perroquets.

Il y a des formules de profe qui ont le même fort. *Le roi manquerait à ce qu'il se doit à lui-même si...... Le flambeau de l'expérience a conduit ce grand apoticaire dans les routes ténébreuses de la nature. — Son esprit ayant été la dupe de son cœur — il ouvrit trop tard les yeux sur le bord de l'abîme. — Messieurs, plus je sens mon insuffisance, plus je sens aussi vos bienfaits ; mais éclairé par vos lumières, soutenu par vos exemples, vous me rendrez digne de vous. —*

La plûpart des piéces de théâtre deviennent enfin des lieux communs, comme les oraisons funèbres & les difcours de réception. Dès qu'une princesse est aimée on devine qu'elle aura une rivale. Si elle combat sa passion il est clair qu'elle y succombera. Le tyran a-t-il envahi le trône d'un pupille, soyez fûr qu'au cinquiéme acte justice se fera, & que l'usurpateur mourra de mort violente.

Si un roi & un citoyen Romain paraiffent fur la fcène, il y a cent contre un à parier que le roi fera traité par le Romain plus indignement que les miniftres de *Louïs XIV* ne le furent à Gertrudemberg par les Hollandais.

Toutes les situations tragiques sont prévues, tous les sentimens que ces situations amènent sont devinés; les rimes mêmes sont souvent prononcées par le parterre avant de l'être par l'acteur. Il est difficile d'entendre parler à la fin d'un vers d'une *lettre*, sans voir clairement à quel héros on doit la *remettre*. L'héroine ne peut guères manifester ses *allarmes*, qu'aussi-tôt on ne s'attende à voir couler ses *larmes*. Peut-on voir un vers finir par *César*, & n'être pas sûr de voir des vaincus traînés après son *char*?

Vient un tems où l'on se lasse de ces lieux communs d'amour, de politique, de grandeur & de vers alexandrins. L'opéra comique prend la place d'*Iphigénie* & d'*Eriphile*, de *Xiphares* & de *Monime*. Avec le tems cet opéra comique devient lieu commun à son tour; & DIEU sait alors à quoi on aura recours.

Nous avons les lieux communs de la morale. Ils sont si rebattus, qu'on devrait absolument s'en tenir aux bons livres faits sur cette matière en chaque langue. Le spectateur Anglais conseilla à tous les prédicateurs d'Angleterre de réciter les excellens sermons de *Tillotson* ou de *Smaldrige*. Les prédicateurs

Septiéme partie.

de France pouraient bien s'en tenir à réciter *Massillon*, ou des extraits de *Bourdaloue*. Quelques-uns de nos jeunes orateurs de la chaire ont appris de *Lekain* à déclamer; mais ils ressemblent tous à *Dancour* qui ne voulait jamais jouer que dans ses piéces.

Les lieux communs de la controverse sont absolument passés de mode; & probablement ne reviendront plus. Mais ceux de l'éloquence & de la poësie pouront renaître après avoir été oubliés: pourquoi? c'est que la controverse est l'éteignoir & l'opprobre de l'esprit humain; & que la poësie & l'éloquence en sont le flambeau & la gloire.

LIVRES.

VOus les méprisez les livres, vous dont toute la vie est plongée dans les vanités de l'ambition & dans la recherche des plaisirs, ou dans l'oisiveté; mais songez que tout l'univers connu n'est gouverné que par des livres, excepté les nations sauvages. Toute l'Afrique jusqu'à l'Ethiopie & la Nigritie obéit au livre de l'Alcoran après avoir fléchi sous le livre de l'Evangile. La Chine est régie par le livre moral de *Confucius*; une grande partie de l'Inde par le livre du Veidam. La Perse fut gouvernée pendant des siécles par les livres d'un des *Zoroastres*.

Si vous avez un procès, votre bien, votre honneur, votre vie même dépend de l'interprétation d'un livre que vous ne lisez jamais.

Robert le diable, les *Quatre fils Aimon*, les *Imaginations de Mr. Oufle*, sont des livres aussi ; mais il en est des livres comme des hommes, le très petit nombre joue un grand rôle, le reste est confondu dans la foule.

Qui mène le genre-humain dans les pays policés ? ceux qui savent lire & écrire. Vous ne connaissez ni *Hippocrate*, ni *Boerhaave*, ni *Sidenham* ; mais vous mettez votre corps entre les mains de ceux qui les ont lus. Vous abandonnez votre ame à ceux qui sont payés pour lire la Bible, quoiqu'il n'y en ait pas cinquante d'entre eux qui l'ayent lue toute entière avec attention.

Les livres gouvernent tellement le monde, que ceux qui commandent aujourd'hui dans la ville des Scipions & des Catons, ont voulu que les livres de leur loi ne fussent que pour eux, c'est leur sceptre ; ils ont fait un crime de lèze-majesté à leurs sujets d'y toucher sans une permission expresse. Dans d'autres pays on a défendu de penser par écrit sans lettres-patentes.

Il est des nations chez qui l'on regarde les pensées purement comme un objet de commerce. Les opérations de l'entendement humain n'y sont considérées qu'à deux sous la feuille. Si par hazard le libraire veut un privilège pour sa marchandise, soit qu'il vende *Rabelais*, soit qu'il vende les *Pères de l'église*, le magistrat donne le privilège sans répondre de ce que le livre contient.

Dans un autre pays, la liberté de s'expliquer par des livres est une des prérogatives des plus inviolables. Imprimez tout ce qu'il vous plaira sous peine d'ennuier, ou d'être puni si vous avez trop abusé de votre droit naturel.

Avant l'admirable invention de l'imprimerie, les livres étaient plus rares & plus chers que les pierres précieuses. Presque point de livres chez nos nations barbares jusqu'à *Charlemagne*, & depuis lui jusqu'au roi de France *Charles V* dit *le sage* ; & depuis ce *Charles* jusqu'à *François I*, c'est une disette extrême.

Les Arabes seuls en eurent depuis le huitième siécle de notre ère jusqu'au treiziéme.

La Chine en était pleine quand nous ne savions ni lire ni écrire.

Les copistes furent très employés dans

l'empire Romain depuis le tems des *Scipions* jufqu'à l'inondation des barbares.

Les Grecs s'occupèrent beaucoup à tranfcrire vers le tems d'*Amintas*, de *Philippe* & d'*Alexandre* ; ils continuèrent furtout ce métier dans Alexandrie.

Ce métier eft affez ingrat. Les marchands de livres payèrent toûjours fort mal les auteurs & les copiftes. Il falait deux ans d'un travail affidu à un copifte pour bien tranfcrire la Bible fur du vélin. Que de tems & de pèine pour copier correctement en grec & en latin les ouvrages d'*Origène*, de *Clément* d'Alexandrie, & de tous ces autres écrivains nommés *pères !*

St. Hieronimos, ou *Hieronimus*, que nous nommons *Jérôme*, dit dans une de fes lettres fatyriques contre *Rufin*, qu'il s'eft ruiné en achetant les œuvres d'*Origène*, contre lequel il écrivit avec tant d'amertume & d'emportement. *Oui*, dit-il, *j'ai lu Origène ; fi c'eft un crime, j'avoue que je fuis coupable, & que j'ai épuifé toute ma bourfe à acheter fes ouvrages dans Alexandrie.* [Lettre de Jérôme à Pammaque.]

Les fociétés chrétiennes eurent dans les trois premiers fiécles cinquante-quatre évangiles, dont à peine deux ou trois copies tranfpirèrent chez les Romains de l'ancienne religion jufqu'au tems de *Dioclétien*.

C'était un crime irrémiffible chez les chrétiens, de montrer les évangiles aux Gentils ; ils ne les prêtaient pas même aux catéchumènes.

Quand Lucien raconte dans son *Philopatris* (en insultant notre religion qu'il connaissait très peu) *qu'une troupe de gueux le mena dans un quatriéme étage où l'on invoquait le père par le fils, & où l'on prédisait des malheurs à l'empereur & à l'empire*, il ne dit point qu'on lui ait montré un seul livre. Aucun historien, aucun auteur Romain ne parle des évangiles.

Lorsqu'un chrétien malheureusement téméraire & indigne de sa sainte religion eut mis en piéces publiquement, & foulé aux pieds un édit de l'empereur *Dioclétien*, & qu'il eut attiré sur le christianisme la persécution qui succéda à la plus grande tolérance, les chrétiens furent alors obligés de livrer leurs évangiles & leurs autres écrits aux magistrats, ce qui ne s'était jamais fait jusqu'à ce tems. Ceux qui donnèrent leurs livres dans la crainte de la prison ou même de la mort, furent regardés par les autres chrétiens comme des apostats sacriléges ; on leur donna le surnom de *traîtres* ; & plusieurs évèques prétendirent qu'il falait les rebatiser, ce qui causa un schisme épouvantable.

LIVRES.

Les poëmes d'*Homère* furent longtems si peu connus, que *Pisistrate* fut le premier qui les mit en ordre, & qui les fit transcrire dans Athènes environ cinq cent ans avant l'ère dont nous nous servons.

Il n'y a peut-être pas aujourd'hui une douzaine de copies du Veidam, & du Zenda-Vesta dans tout l'Orient.

Vous n'auriez pas trouvé un seul livre dans toute la Russie en 1700, excepté des Missels & quelques Bibles chez des papas yvres d'eau-de-vie.

Aujourd'hui on se plaint du trop; mais ce n'est pas aux lecteurs à se plaindre; le remède est aisé, rien ne les force à lire. Ce n'est pas non plus aux auteurs. Ceux qui font la foule ne doivent pas crier qu'on les presse. Malgré la quantité énorme de livres, combien peu de gens lisent! & si on lisait avec fruit, verrait-on les déplorables sottises auxquelles le vulgaire se livre encor tous les jours en proie?

Ce qui multiplie les livres, malgré la loi de ne point multiplier les êtres sans nécessité, c'est qu'avec des livres on en fait d'autres, c'est avec plusieurs volumes déja imprimés qu'on fabrique une nouvelle histoire de France ou d'Espagne sans rien ajouter de nouveau. Tous les dictionnaires sont faits avec des dictionnaires ; presque tous les livres nouveaux de géographie sont des répétitions de livres de géographie. La *Somme* de St. Thomas a produit deux mille gros volumes de théologie. Et les mêmes races de petits vers qui ont rongé la mère, rongent aussi les enfans.

 Ecrive qui voudra, chacun à ce métier
 Peut perdre impunément de l'encre & du papier.

SECTION SECONDE.

Il est quelquefois bien dangereux de faire un livre. *Silhouète*, avant qu'il pût se douter qu'il serait un jour contrô'eur-général des finances, avait imprimé un livre sur l'accord de la religion avec la politique : & son beau-père le médecin *Astruc* avait donné au public les mémoires dans lesquels l'auteur du Pentateuque avait pu prendre toutes les choses étonnantes qui s'étaient passées si long--tems avant lui.

Le jour même que *Silhouète* fut en place, quelque bon ami chercha un exemplaire des livres du beau-père & du gendre, pour les déférer au parlement, & les faire condamner au feu selon l'usage. Ils rachetèrent tout deux tous les exemplaires qui étaient dans le royaume : de là vient qu'ils sont très rares aujourd'hui.

Il n'est guéres de livre philosophique ou théologique dans lequel on ne puisse trouver des hérésies & des impiétés, pour-peu qu'on aide à la lettre.

Théodore de Mopsuète osait appeller le Cantique des cantiques un *recueil d'impuretés*; Grotius les détaille, il en fait horreur. Chatillon le traite d'*ouvrage scandaleux*.

Croirait-on qu'un jour le docteur *Tamponet* dit à plusieurs docteurs, Je me ferais fort de trouver une foule d'hérésies dans le *Pater noster*, si on ne savait pas de quelle bouche divine sortit cette prière, & si c'était un jésuite qui l'imprimât pour la première fois?

Voici comme je m'y prendrais.

Notre père qui êtes aux cieux.

Proposition sentant l'hérésie, puisque Dieu est partout. On peut même trouver dans cet énoncé un levain de socinianisme, puisqu'il n'y est rien dit de la Trinité.

Que votre règne arrive, que votre volonté soit faite dans la terre comme au ciel.

Proposition sentant encor l'hérésie; puisqu'il est dit cent fois dans l'Ecriture que Dieu régne éternellement. De plus, il est téméraire de demander que sa volonté s'accomplisse; puisque rien ne se fait, ni ne peut se faire que par la volonté de Dieu.

Donnez-nous aujourd'hui notre pain quo-

tidien (*notre pain subſtantiel, notre bon pain, notre pain nourriſſant.*)

Propoſition directement contraire à ce qui eſt émané ailleurs de la bouche de JESUS-CHRIST ; „ Ne dites point, que mangerons-„ nous, que boirons-nous comme font les „ Gentils, &c. Ne demandez que le royaume „ des cieux & tout le reſte vous ſera donné.

Matthieu chap. VI. ⍟. 33.

Remettez-nous nos dettes comme nous les remettons à nos débiteurs.

Propoſition téméraire qui compare l'homme à DIEU, qui détruit la prédeſtination gratuite, & qui enſeigne que DIEU eſt tenu d'en agir avec nous comme nous en agiſſons avec les autres. De plus, qui a dit à l'auteur que nous feſons grace à nos débiteurs ? nous ne leur avons jamais fait grace d'un écu. Il n'y a point de couvent en Europe qui ait jamais remis un ſou à ſes fermiers. Oſer dire le contraire eſt une héréſie formelle.

Ne nous induiſez point en tentation.

Propoſition ſcandaleuſe, manifeſtement hérétique, attendu qu'il n'y a que le diable qui ſoit tentateur ; & qu'il eſt dit expreſſément dans l'épitre de *St. Jacques,* DIEU eſt intentateur des méchans ; cependant il ne tente perſonne. DEUS *enim intentator malorum eſt ; ipſe autem neminem tentat.*

Chap. I. ⍟. 13.

Vous voyez, dit le docteur Tamponet, qu'il n'eſt rien de ſi reſpectable auquel on ne puiſſe donner un mauvais ſens. Quel ſera donc le livre à l'abri de la cenſure humaine ſi on peut attaquer juſqu'au *Pater noſter*, en interprétant diaboliquement tous les mots divins qui le compoſent? Pour moi, je tremble de faire un livre. Je n'ai jamais, Dieu merci, rien imprimé; je n'ai même jamais fait jouer aucune de mes piéces de théâtre, comme ont fait les frères *La Rue*, *Du Cerceau* & *Folard*; cela eſt trop dangereux.

 Un clerc pour quinze ſous, ſans craindre le hola,
 Peut aller au parterre attaquer Attila;
 Et ſi le roi des Huns ne lui charme l'oreille,
 Traiter de viſigoths tous les vers de Corneille.

Si vous imprimez, un habitué de paroiſſe vous accuſe d'héréſie, un cuiſtre de collège vous dénonce, un homme qui ne ſait pas lire vous condamne; le public ſe moque de vous; votre libraire vous abandonne; votre marchand de vin ne veut plus vous faire crédit. J'ajoute toûjours à mon Pater noſter, *Mon* DIEU, *délivrez-moi de la rage de faire des livres!*

O vous qui mettez comme moi du noir ſur du blanc, & qui barbouillez du papier, ſouvenez-vous de ces vers que j'ai lus autrefois, & qui auraient dû nous corriger.

 Tout ce fatras fut du chanvre en ſon tems,
 Linge il devint par l'art des tiſſerans;
 Puis en lambeaux des pilons le preſſèrent,

Il fut papier. Cent cerveaux à l'envers
De visions à l'envi le chargèrent ;
Puis on le brûle : il vole dans les airs,
Il est fumée aussi bien que la gloire.
De nos travaux voilà quelle est l'histoire.
Tout est fumée : & tout nous fait sentir
Ce grand néant qui doit nous engloutir.

LOI NATURELLE.

DIALOGUE.

B. Qu'est-ce que la loi naturelle ?

A. L'instinct qui nous fait sentir la justice.

B. Qu'appellez-vous juste & injuste ?

A. Ce qui paraît tel à l'univers entier.

B. L'univers est composé de bien des têtes. On dit qu'à Lacédémone on applaudissait aux larcins, pour lesquels on condamnait aux mines dans Athènes.

A. Abus de mots, logomachie, équivoque ; il ne pouvait se commettre de larcin à Sparte lorsque tout y était commun. Ce que vous appellez *vol*, était la punition de l'avarice.

B. Il était défendu d'épouser sa sœur à Rome. Il était permis chez les Egyptiens, les Athéniens & même chez les Juifs, d'épouser sa sœur de père. Je ne cite qu'à regret ce malheureux petit peuple Juif, qui ne doit assurément servir de règle à personne, & qui (en mettant la religion à part) ne fut jamais qu'un peuple de brigands ignorans & fanatiques. Mais enfin, selon ses livres, la jeune Thamar avant de se faire violer par son frère Ammon, lui dit ; *Mon frère, ne me faites pas de sottises, mais demandez-moi en mariage à mon père, il ne vous refusera pas.*

A. Loix de convention que tout cela, usages arbitraires, modes qui passent ; l'essentiel demeure toûjours. Montrez-moi un pays où il soit honnête de me ravir le fruit de mon travail, de violer sa promesse, de mentir pour nuire, de calomnier, d'assassiner, d'empoisonner, d'être ingrat envers son bienfaicteur, de battre son père & sa mère quand ils vous présentent à manger ?

B. Avez-vous oublié que *Jean-Jacques*, un des pères de l'église moderne, a dit ; *Le premier qui osa clore & cultiver un terrain fut l'ennemi du genre-humain, qu'il falait l'exterminer, & que les fruits sont à tous, & que la terre n'est à personne ?* N'avous-nous pas déja examiné ensemble cette belle proposition si utile à la société ?

A. Quel est ce *Jean-Jacques ?* ce n'est assurément ni *Jean-Batiste*, ni *Jean* l'évangéliste, ni *Jacques* le majeur, ni *Jacques* le mineur ; il faut que ce soit quelque Hun, bel esprit, qui ait écrit cette impertinence abominable, ou quelque mauvais plaifant *bufo magro* qui ait voulu rire de ce que le monde entier a de plus férieux. Car au-lieu d'aller gâter le terrain d'un voifin fage & induftrieux, il n'avait qu'à l'imiter ; & chaque père de famille ayant fuivi cet exemple, voilà bientôt un très joli village tout formé. L'auteur de ce paffage me paraît un animal bien infociable.

B. Vous croyez donc qu'en outrageant & en volant le bon homme qui a entouré d'une haye vive fon jardin & fon poulailler, il a manqué aux devoirs de la loi naturelle ?

A. Oui, oui encor une fois, il y a une loi naturelle ; & elle ne confifte ni à faire le mal d'autrui, ni à s'en réjouïr.

B. Je conçois que l'homme n'aime & ne fait le mal que pour fon avantage. Mais tant de gens font portés à fe procurer leur avantage par le malheur d'autrui ; la vengeance eft une paffion fi violente, il y en a des exemples fi funeftes ; l'ambition plus fatale encor a inondé la terre de tant de fang, que lorfque je m'en retrace l'horrible tableau, je fuis tenté d'avouer que l'homme eft très diabolique. J'ai beau avoir dans mon cœur la notion du jufte & de l'injufte ; un *Attila* que *St. Léon* courtife, un *Phocas* que *St. Grégoire* flatte avec la plus lâche baffeffe, un *Aléxandre VI* fouillé de tant d'inceftes, de tant d'homicides, de tant d'empoifonnemens, avec lequel le faible *Louïs XII* qu'on appelle *bon*, fait la plus indigne & la plus étroite alliance; un *Cromwell* dont le cardinal *Mazarin* recherche la protection, & pour qui il chasse de France les héritiers de *Charles I*, cousins-germains de *Louïs XIV*, &c. &c. &c. : cent exemples pareils dérangent mes idées, & je ne sais plus où j'en suis.

A. Eh bien, les orages empêchent-ils que nous ne jouïssions aujourd'hui d'un beau soleil ? Le tremblement qui a détruit la moitié de la ville de Lisbonne, empêche-t-il que vous n'ayez fait très commodément le voyage de Madrid ? Si *Attila* fut un brigand & le cardinal *Mazarin* un fripon, n'y a-t-il pas des princes & des ministres honnêtes gens ? N'a-t-on pas remarqué que dans la guerre de 1701 le conseil de *Louïs XIV* était composé des hommes les plus vertueux ? le duc de *Beauvilliers*, le marquis de *Torci*, le maréchal de *Villars*, *Chamillard* enfin qui passa pour incapable, mais jamais pour mal-honnête homme. L'idée de la justice ne subsiste-t-elle pas toûjours ? C'est sur elle que sont fondées toutes les loix. Les Grecs les appellaient *filles du ciel*, cela ne veut dire que filles de la nature.

N'avez-vous pas des loix dans votre pays ?

B. Oui, les unes bonnes, les autres mauvaises.

A. Où en auriez-vous pris l'idée, si ce n'est

dans les notions de la loi naturelle que tout homme a dans foi quand il a l'efprit bien fait ? il faut bien les avoir puifées là ou nulle part.

B. Vous avez raifon, il y a une loi naturelle ; mais il eft encor plus naturel à bien des gens de l'oublier.

A. Il eft naturel auffi d'être borgne, boffu, boiteux, contrefait, mal fain ; mais on préfère les gens bien faits & bien fains.

B. Pourquoi y a-t-il tant d'efprits borgnes & contrefaits ?

A. Paix. Mais allez à l'article *Toute-puiffance*.

LOIX.

IL eft difficile qu'il y ait une feule nation qui vive fous de bonnes loix. Ce n'eft pas feulement parce qu'elles font l'ouvrage des hommes, car ils ont fait de très bonnes chofes ; & ceux qui ont inventé & perfectionné les arts pouvaient imaginer un corps de jurifprudence tolérable.

Mais les loix ont été établies dans prefque tous les états par l'interet du légiflateur, par le befoin du moment, par l'ignorance, par la fuperftition. On les a faites à mefure, au hazard,

hazard, irréguliérement, comme on bâtiffait les villes, Voyez à Paris le quartier des Halles, de St. Pierre-aux-bœufs, la rue Brifemiche, celle du Pet-au-diable, contrafter avec le Louvre & les Tuileries ; voilà l'image de nos loix.

Londres n'eft devenue digne d'être habitée que depuis qu'elle fut réduite en cendre. Les rues, depuis cette époque, furent élargies & allignées ; Londres fut une ville pour avoir été brûlée. Voulez-vous avoir de bonnes loix ? brûlez les vôtres & faites-en de nouvelles.

Les Romains furent trois cent années fans loix fixes. Ils furent obligés d'en aller demander aux Athéniens, qui leur en donnèrent de fi mauvaifes, que bientôt elles furent prefque toutes abrogées. Comment Athènes elle-même aurait-elle eu une bonne légiflation ? on fut obligé d'abolir celle de *Dracon* ; & celle de *Solon* périt bientôt.

Votre coutume de Paris eft interprétée différemment par vingt-quatre commentaires ; donc il eft prouvé vingt-quatre fois qu'elle eft mal conçue. Elle contredit cent quarante autres coutumes, ayant toutes force de loi chez la même nation, & toutes fe contredifant entre elles. Il eft donc dans une feule province de l'Europe, entre les Alpes & les Pyrénées, plus de cent quarante petits peu-

Septiéme partie. Z

ples qui s'appellent *compatriotes*, & qui font réellement étrangers les uns pour les autres, comme le Tunquin l'est pour la Cochinchine.

Il en est de même dans toutes les provinces de l'Espagne. C'est bien pis dans la Germanie, personne n'y sait quels sont les droits du chef ni des membres. L'habitant des bords de l'Elbe ne tient au cultivateur de la Souabe que parce qu'ils parlent à-peu-près la même langue, laquelle est un peu rude.

La nation Angaise a plus d'uniformité ; mais n'étant sortie de la barbarie & de la servitude que par intervalles & par secousses, & ayant dans sa liberté conservé plusieurs loix promulguées autrefois par de grands tyrans qui disputaient le trône, ou par de petits tyrans qui envahissaient des prélatures, il s'en est formé un corps assez robuste, sur lequel on apperçoit encor beaucoup de blessures couvertes d'emplâtres.

L'esprit de l'Europe a fait de plus grands progrès depuis cent ans que le monde entier n'en avait fait depuis *Brama*, *Fohi*, *Zoroastre*, & le *Thaut* de l'Egypte. D'où vient que l'esprit de législation en a fait si peu ?

Nous fumes tous sauvages depuis le cinquiéme siécle. Telles sont les révolutions du globe ; brigands qui pillaient, cultivateurs pillés, c'était là ce qui compofait le genre humain du fond de la mer Baltique au détroit de Gibraltar ; & quand les Arabes parurent au midi, la défolation du bouleverfement fut univerfelle.

Dans notre coin d'Europe le petit nombre étant compofé de hardis ignorans vainqueurs & armés de pied en cap, & le grand nombre d'ignorans efclaves défarmés, prefque aucun ne fachant ni lire ni écrire, pas même *Charlemagne*, il arriva très naturellement que l'églife romaine avec fa plume & fes cérémonies gouverna ceux qui paffaient leur vie à cheval la lance en arrêt & le morion en tête.

Les defcendans des Sicambres, des Bourguignons, des Oftrogoths, Vifigoths, Lombards, Hérules &c. fentirent qu'ils avaient befoin de quelque chofe qui reffemblât à des loix. Ils en cherchèrent où il y en avait. Les évêques de Rome en favaient faire en latin. Les barbares les prirent avec d'autant plus de refpect qu'ils ne les entendaient pas. Les décrétales des papes, les unes véritables, les autres effrontément fuppofées, devinrent le code des nouveaux regas, des leuds, des barons qui avaient partagé les terres. Ce furent des loups qui fe laiffèrent enchaîner par des renards. Ils gardèrent leur férocité, mais elle fut fubjuguée par la crédulité, & par la crainte que la crédulité produit. Peu-à-peu l'Europe, excepté la Grèce & ce qui appartenait encor à l'empire d'Orient, se vit sous l'empire de Rome ; de sorte qu'on put dire une seconde fois,

Romanos rerum dominos gentemque togatam.

<small>Voyez l'article *Appel comme d'abus.*</small> Presque toutes les conventions étant accompagnées d'un signe de croix & d'un serment qu'on fesait souvent sur des reliques ; tout fut du ressort de l'église. Rome, comme la métropole, fut juge suprême des procès de la Kersonèse Cimbrique & de ceux de la Gascogne. Mille seigneurs féodaux joignant leurs usages au droit canon, il en résulta cette jurisprudence monstrueuse dont il reste encor tant de vestiges.

Lequel eût le mieux valu, de n'avoir point du tout de loix, ou d'en avoir de pareilles ?

Il a été avantageux à un empire plus vaste que l'empire Romain, d'être longtems dans le chaos ; car tout étant à faire, il était plus aisé de bâtir un édifice que d'en réparer un dont les ruines seraient respectées.

La *Thesmophore* du Nord assembla en 1767 des députés de toutes les provinces, qui contenaient environ douze cent mille lieues quarrées. Il y avait des payens, des mahométans d'*Ali*, des mahométans d'*Omar*, des chrétiens d'environ douze sectes différentes. On proposait chaque loi à ce nouveau synode ; & si elle paraissait convenable à l'intérêt de toutes les provinces, elle recevait alors la sanction de la souveraine & de la nation.

La première loi qu'on porta fut la tolérance, afin que le prêtre grec n'oubliât jamais que le prêtre latin est homme ; que le musulman supportât son frère le payen, & que le romain ne fût pas tenté de sacrifier son frère le presbytérien.

La souveraine écrivit de sa main dans ce grand conseil de législation, *Parmi tant de croyances diverses, la faute la plus nuisible serait l'intolérance.*

On convint unanimement qu'il n'y a qu'une puissance, qu'il faut dire toûjours puissance civile, & discipline ecclésiastique ; & que l'allégorie des deux glaives est le dogme de la discorde. *Voyez Puissance.*

Elle commença par affranchir les serfs de son domaine particulier.

Elle affranchit tous ceux du domaine ecclésiastique ; ainsi elle créa des hommes.

Les prélats & les moines furent payés du trésor public.

Les peines furent proportionnées aux délits, & les peines furent utiles ; les coupables, pour la plûpart, furent condamnés aux travaux publics, attendu que les morts ne servent à rien.

La torture fut abolie, parce que c'est punir avant de connaître, & qu'il est absurde de punir pour connaître ; parce que les Romains ne mettaient à la torture que les esclaves ; parce que la torture est le moyen de sauver le coupable & de perdre l'innocent.

On en était là quand *Mouſtapha III*, fils de *Mahmoud*, força l'impératrice d'interrompre son code pour le battre.

Fin de la ſeptiéme partie.

TABLE
DES ARTICLES

contenus dans cette septiéme partie.

HÉRÉSIE. . . . Pag. 1.
   Section seconde. *De l'extirpation des hé-*
     résies. . . . . 9.
HERMÈS, *ou* ERMÈS, *ou* MERCURE
   TRISMÉGISTE, *ou* THAUT,
   ou TAUT, *ou* THOT. . . 12.
HISTOIRE (de l'). . . 17.
   Definition. . . . 19.
   Premiers fondemens de l'histoire. . ibid.
   Des monumens. . . . 21.
   De l'ancienne Egypte. . . 28.
   D'Hérodote. . . . 32.
   *Usage qu'on peut faire d'*Hérodote. 35.
   De Thucidide. . . . 38.
   *Epoque d'*Alexandre. . . ibid.

*Des peuples nouveaux & particuliére-
ment des Juifs.* . . Pag. 42.
Des villes sacrées. . . . 47.
Des autres peuples nouveaux. . 50.
De l'utilité de l'histoire. . . 54.
De la certitude de l'histoire. . 56.
Incertitude de l'histoire. . . 58.
*Les temples, les fêtes, les cérémonies an-
nuelles, les médailles mêmes, sont-
elles des preuves historiques ?* . 60.
De quelques faits rapportés dans Tacite
& dans Suétone. . . . 62.
De Néron *&* d'Agrippine. . 66.
*Suite de l'article concernant les diffama-
tions.* . . . . 72.
Des écrivains de parti. . . 75.
*Doit-on dans l'histoire insérer des haran-
gues, & faire des portraits ?* . 79.
De la maxime de Cicéron *concernant
l'histoire ; que l'historien n'ose dire une
fausseté, ni cacher une vérité.* . 80.
De l'histoire satyrique. . . 81.
*De la méthode, de la manière d'écrire
l'histoire, & du stile.* . - 85.
De l'histoire ecclésiastique de Fleuri. 89.
HOMME.

HOMME. . . . . . Pag. 91.
   Différentes races d'hommes. . . 97.
   Que toutes les races d'hommes ont toûjours vécu en société. . . 100.
   L'homme est-il né méchant ? . 105.
   De l'homme dans l'état de pure nature. 109.
   Examen d'une pensée de Pascal sur l'homme. . . . . 111.
HONNEUR. . . . 114.
HUMILITÉ. . . . 119.
JAPON. . . . . 122.
IDÉE. Section première. . . 126.
   Section seconde. . . . 129.
   Loix de la nature. . . . 131.
   Mécanique des sens, & des idées. . 132.
   Le grand Etre fait tout. . . ibid.
   Comment tout est-il action de DIEU ? 134.
IDENTITÉ. . . . 136.
IDOLE, IDOLATRE, IDOLATRIE. 141.
   Section première. Y a-t-il jamais eu un gouvernement idolâtre ? . 142.
   Section seconde. Examen de l'idolâtrie ancienne. . . . . 145.
   Section troisiéme. Si les Perses, les Sabéens, les Egyptiens, les Tartares,

Septiéme partie.   A a

TABLE

les Turcs ont été idolâtres ? & de quelle antiquité est l'origine des simulacres appellés idoles. Histoire de leur culte. . . . . Pag. 150.

JEPHTÉ. . . . . 161.
JÉSUITES, ou ORGUEIL. 164.
IGNACE DE LOYOLA. . 171.
IGNORANCE. . . . 175.
IMAGINATION. . . . 186.
IMPIE. . . . , 192.
IMPOT. Section première. . 194.
   Section seconde. . . . 196.
   Section troisiéme. . . . 198.
IMPUISSANCE. . . . 200.
INCESTE. . . . . 211.
INCUBES. . . . , 213.
INFINI. . . . . 217.
   De l'infini en nombre. . . 220.
   La matière est-elle divisible à l'infini ? . . . . ibid.
   De l'univers infini. . . . 221.
   De l'infini en géométrie. . . ibid.
   De l'infini en puissance, en action, en sagesse, en bonté, &c. . . 222.
INFLUENCE. . . . 225.

Influence des passions des mères sur leur fœtus. Pag. 229.
INITIATION. *Anciens mystères.* 231.
INTÉRÊT. 241.
INTOLÉRANCE. 247.
JUIF. *Lettre à Mrs.* Joseph Ben Jonathan, Aaron Mathathaï, & David Wincker. 249.
Lettre seconde. *De l'antiquité des Juifs.* 253.
Troisiéme lettre. *Sur quelques chagrins arrivés au peuple de* DIEU. 259.
Quatriéme lettre. *Sur la femme de Michas.* 260.
Cinquiéme lettre. *Pour savoir si les Juifs ont été antropophages, si leurs mères ont couché avec des boucs, si les pères & mères ont immolé leurs enfans, & sur quelques autres belles actions du peuple de* DIEU. 262.
Sixiéme lettre. *Sur la beauté de la terre promise.* 271.
Septiéme lettre. *Sur la charité que le peuple de* DIEU *& les chrétiens doivent avoir les uns pour les autres.* 275.
JULIEN. 277.

TABLE DES ARTICLES.

JUSTICE. . . . 278.
 Lettre de Mr. Caff. à Mr. Beccaria. Pag. 279.
LANGUES. Section première. . 299.
 Des mots les plus communs & les plus
  naturels en toute langue. . . 300.
 D'un syftême sur les langues. . 301.
 Génie des langues. . . . 308.
 Section seconde. . . . 314.
 Harmonie des langues. . . . 316.
LETTRES, GENS DE LETTRES,
 ou LETTRÉS. . . . 320.
LIBERTÉ. . . . . 323.
LIBERTÉ DE PENSER. . 329.
LIEUX COMMUNS EN LITTÉ-
 RATURE. . . . . 335.
LIVRES. . . . . 338.
 Section seconde. . . . 344.
LOI NATURELLE. Dialogue. . 348.
LOIX. . . . . 352.

ERRATA

du septiéme volume.

Page 27. *ligne* 7. terrain, les villes, *corrigez*, terrain des villes.

page 215. *lig.* 19. il devint Dieu, *corr.* il redevint Dieu.

page 236. *lig.* 13. *ungues*, corr. *angues*.

www.ingramcontent.com/pod-product-compliance
Lightning Source LLC
Chambersburg PA
CBHW050312170426
43202CB00011B/1868